奇蹟課程釋義

教師指南 行旅

Journey through the Manual of A Course in Miracles

第一冊（序言～17篇）

肯尼斯・霍布尼克博士（Kenneth Wapnick, Ph.D.）◎著

若　水◎譯

奇蹟課程基金會授權出版

目　次

序　言

　　《奇蹟課程釋義》共有三部，當中最早問世的是〈練習手冊行旅〉，已於2005年出版，本書〈教師指南行旅〉為第二部，而第三部〈正文行旅〉將於2014年出版。另外，我曾針對〈正文〉序言的第三部分「本書的內容」做過一番詳盡解析，這一解說也已經在2006年出版。〔譯註〕

　　整套《奇蹟課程釋義》的問世，可說是無心插柳之作。猶記得1990年代，「奇蹟課程基金會」仍在紐約州羅斯科鎮（Roscoe）時，我應學生之請，為〈學員練習手冊〉做了一系列的講解。後來，基金會決定將整套的研習錄音整理出來，增編彙整為逐句詮釋的〈練習手冊行旅〉〔原註〕。此案既定，〈正文行旅〉以及〈教師指南行旅〉隨之應運而生。最後，為了讓《奇蹟課程釋義》三部曲更為完整，我納入海倫‧舒曼1976年

〔譯註〕除本書之外，奇蹟資訊中心已經先後在2017年11月、2018年6月、2019年3月，陸續出版了中文版的《學員練習手冊行旅》（第一、二、三冊）、《奇蹟課程序言行旅》、《正文行旅》（第一冊）。

〔原註〕關於〈練習手冊行旅〉的編纂細節，請見該書之序言。

筆錄的〈正文〉序言的第三部分「本書的內容」，這本小書可說是《奇蹟課程》最全面、最精闢的入門概論。〔譯註〕

　　本書包含了〈教師指南〉和〈詞彙解析〉，形式上與另外兩部〈行旅〉相似，是根據我自2004年起針對〈教師指南〉所作系列性的演講內容整理而成，那時基金會已經搬遷到加州的德美鎮（Temecula）。這批演講錄音經過專業編纂成書後，大大提高了可讀性。我在後續的編纂過程所增添的內容不多，盡可能保持〈教師指南〉言簡意賅的特質，而與〈練習手冊行旅〉的編輯手法有所不同。

　　〈教師指南〉是《奇蹟課程》三部書的最後一部，它以「如何才是上主之師」為主軸，提綱挈領地梳理出〈正文〉的核心觀念，全書以問答形式鋪述而成，為其他兩部書作了最實用的補充。它的篇幅是三部書中最簡短的一本，行文簡單扼要，讓奇蹟學員倍感親切，因此，不少學員選擇從〈教師指南〉入門。雖然內容的長度和廣度上，比〈正文〉和〈練習手冊〉輕薄短小得多，但它在整部《奇蹟課程》占有舉足輕重的地位。凡是有心修持《課程》者，〈教師指南〉是絕不可輕忽的教本。

〔譯註〕此書之中文版即是《奇蹟課程序言行旅》。

致　謝

　　本書得以出版問世，應該感謝的功臣可說不勝枚舉，投入最多的莫過於基金會的幾位工作同仁：Jennye Cooke, Jackie Futterman, Loral Reeves, Elizabeth Schmit, 以及 Virginia Tucker，感謝他們不辭辛勞地為本書催生成形。此外，基金會出版部的發行經理羅玫莉（Rosemarie LoSasso）更是功不可沒，她精湛的編輯技巧和勤勉不懈的奉獻精神，著實令我感佩不已。最後，當然還得感謝我的愛妻葛洛莉，她在編輯過程提供了不少專業協助，才讓本書有今日的風貌。

前　言

　　我在詮釋〈正文〉時〔原註〕，曾經以音樂的形式作為類比來解構課文。這個靈感不只來自耶穌，更是受到了貝多芬的啟發。可以說，這一趟奇蹟之旅就好比是交響樂中的交響樂，每一講次都環繞著三十一章的不同主題，襯托出〈正文〉交響樂般的特質。本書也採用了同一形式，以音樂結構為靈感，為〈教師指南〉解構。不消說，我仍然以貝多芬為典範，特別是用第九號交響曲第三樂章作為比喻。第九號交響曲的前兩個樂章引領聽眾漸入佳境，然後推向峰頂；壓軸的第四樂章，更是蕩氣迴腸扣人心弦。而第三樂章則以慢板銜接其中，說它是前無古人後無來者之作，仍不足以道盡它的美妙聖境。這個樂章環繞著兩個主旋律，其中一個主旋律又化為曼妙的變奏曲穿梭其間。它以仙樂一般的**慢板**（adagio）為基調，漸漸滑入行歌般的第二主旋律（標示為**行板**andante），曲調柔緩優雅又不至於沉滯散漫。此時的旋律已不再像開場的慢板那般不食人間

〔原註〕#CD-61, V-12.

煙火，而是緩緩潛入人性最深的情感，兩段旋律實在都美得出奇。樂章的尾聲則以第一主旋律的變奏曲為主軸，第二主旋律的基調穿插其間，為整部交響曲畫上了完美的句點。

當我思考〈教師指南行旅〉的架構時，自然聯想到第九號交響曲第三樂章，是因為〈教師指南〉全書也一樣環繞著兩個主題，以及由之衍生的變奏曲（尤其是第一主題的變奏）。在開宗明義第壹篇「誰是上主之師？」的標題下推出了第一個主題：**個別利益與共同福祉**。耶穌在文中即明確提示了上主之師的資格：「他只需具備一項資格，就是：他在某時某地，以某種形式下定決心，要把別人的福祉與自己的福祉視為同一回事。」（M-1.1:2）這個主題幾乎一字不差地重現於其他的章節，同時又衍生出種種的變奏，「施與受是同一回事」即是其中一例。不僅如此，「共同福祉」可說是整部《奇蹟課程》寬恕觀念的精髓，〈正文〉曾以極長的篇幅解說**形式**與**內涵**之別，所根據的正是同一原則。唯有在「共同福祉」的前提下，療癒才可能發生。耶穌在〈教師指南〉一開始就點出的「教與學是同一回事」，以及由此衍生的變奏「放下判斷」，全都繫於「**個別利益與共同福祉**」這一主題。

所謂「共同福祉」，就是不把別人的福祉和自己的福祉視為兩回事。這是《奇蹟課程》的核心訊息，也是〈教師指南〉的第一主旋律，而將全書狀似不相干的主題串連為一個整體。〈教師指南〉再三重申「我們全都一樣」，直接與〈正文〉和

〈練習手冊〉所強調的「上主之子的一體性」以及「上主之子
與造物主的一體生命」緊密呼應，只是它沒有像那兩部書著墨
的程度而已。雖然〈正文〉已經明說了「合一與一體的觀念對
活在時空世界中的我們毫無意義」（T-25.I.7:1），因為自以為
活得獨立自主的人類是不可能了解一體之境的，但是，我們仍
能從一體之境的倒影中學習，而學習的關鍵即在於「不再把別
人的福祉與自己的福祉看成兩回事」。

　　接下來要談的是第二主題「**向聖靈求助**」，它與第一主題
同等重要──若不向聖靈求助，我們根本學不會「共享福祉」
這個功課。另外，「向聖靈求助」並無需歷經第一主題各式各
樣的變奏曲，它自成一格，可說是操練《奇蹟課程》的金鑰。
唯有向這一位內在導師求助，我們才可能意識到自己的妄念體
系，並覺察出由此妄念而起的無情、分化與敵意等種種的行為
反應。換言之，唯有聖靈，也就是《課程》所說的正念之心，
才能溫柔地修正我們心中所有的妄念。

　　我在逐句解說〈教師指南〉時，會迴繞著這兩個主題來發
揮。中間也會穿插不少副題，就像貝多芬的偉大樂章那樣，不
時編入數小節旋律，讓主題曲與變奏曲銜接得更加天衣無縫。
我希望藉由本書，讓學員看出耶穌是如何高明地把他的基本訊
息串連為一個整體，一如交響樂以主旋律與變奏曲那般迴旋反
覆地將我們領上心靈的旅程。我們已在〈正文〉見識了更大規
模的交響樂結構，於此不再贅述。

　　我將藉由〈教師指南〉的書名，為這趟心靈之旅揭幕，並從「形式與內涵」兩個層次切入。**形式**層次會解釋它的文字詞彙究竟何所指；**內涵**層次則將揭曉文字背後所蘊含的深意，此亦為本書的宗旨所在。這與佛洛依德區分夢的**有形象徵**以及**背後的隱喻**，可說有異曲同工之妙。《奇蹟課程》的編排採取了一般課程的結構，包括〈正文〉的理論、給學生的「練習」作業，以及給老師的「指南」，與一般學院的課程編排極為相似（至少是我求學年代的教學形式）。講師會為學生指定教科書（即本學期要教授的基本教材），此外還有一套與教材相配合的練習，幫助學生消化教科書中的理論。最後，再加上一套專門為教師設計的「使用指南」（學生通常看不到這份資料），指點教師如何把這套教材編排成整學期的課程。

　　整部卷帙浩繁的《奇蹟課程》裡，耶穌特意在〈教師指南〉開宗明義地點出，教師與學生之間的分野純粹是人為打造的，這兩個群體之間其實毫無差別。顯然的，這就是第一主題「我們沒有個別的福祉，因為我們全然相同」的變奏。會去強調「差異」，不過是小我要我們相信「分裂為真」的伎倆罷了；然而，分裂若是真的，那麼人我有別不僅是真的，而且事關重大。我們正是靠著差異來區分彼此，才活出與眾不同的個體身分。所謂「教師與學生毫無差別」，當然不是指**形式**上的無別，而是指**內涵**層次——師生雙方擁有同一個生命，不論你是教師或是學生，都只有一個需求、目的與福祉，就是從小我

「分裂」與「特殊性」的噩夢中甦醒，悟出彼此原是上主**唯一**的聖子，且與造物主及生命根源一體不分。

> 你是祂的聖子，祂讓你分享祂的天父身分，祂從不在「祂自己的生命」以及「仍是祂自己的生命」之間作任何區分。祂所創造的一切，從未離開過祂，你絕對找不到天父的盡頭以及聖子獨立出去的那一點。（W-132.12:3~4）

這是我們「合一與一體」生命的真相，也正是我們與基督及上主一體不分的同一生命。為此，〈教師指南〉在整部課程中，具有舉足輕重的地位，它看似在指導我們如何「教」這部課程，其實是在指導我們如何「學」這部課程。在形式上，〈教師指南〉和一般的「使用手冊」並無不同，都是逐步指導讀者如何順利完成工作，無論你要上臺講課、修理汽車，或是操作電腦，全都一樣。同理，這部〈指南〉旨在教導我們學習如何成為「上主之師」，不論每一篇的標題為何，都是在教導我們如何完成這一目標。再強調一次，成為上主之師的關鍵，就在於學習看出別人的福祉其實就是我們自己的福祉；換個說法，它是在教我們看出放下判斷的重要性——這就是寬恕的核心。

在正式進入本書的講解之前，我必須先補充一點，但願這一提醒能幫助大家避開奇蹟學員最容易落入的小我陷阱。請回想一下前文所提的「共同福祉」這一主題的變奏曲：**形式與**

內涵。一旦著眼於**形式**，必然導向分別與分裂，例如說，如果我著眼於身體層次，我與他人的分野便歷歷現前。難怪耶穌在〈正文〉中說：「沒有比只看外表的知見更盲目的了。」（T-22.III.6:7）形式使人盲目，再也看不見你我原是同一生命的真相。我曾說過，我們無需全然了解一體生命的真實**內涵**（也就是「合一與一體」的境界），但我們是可能領悟一體生命的倒影的：我們全然相同，因為我們走在同一條旅途上。我們都同樣活在仇恨、無情、內疚、苦難、悲痛、特殊性與死亡的小我思想體系裡，但我們在正念心境也擁有相同的「修正原則」，也就是寬恕、療癒與平安。此外，我們的心靈都擁有同樣的抉擇能力，能夠在小我的妄念體系與聖靈的正念體系之間重新選擇。換句話說，我們都擁有相同的分裂之心，也共享同一需求，就是從死亡之夢甦醒，回歸我們不曾失落的永恆生命。必須警惕的是，「形式」最會扭曲這條覺醒之路，它會不擇手段地將我們困在分裂夢境裡。為此之故，耶穌談到教與學時，絕不是針對形式的層次，不論是這具身體在教那具身體，或者他們教的是數學、歷史、科學或《奇蹟課程》，全都非關宏旨。耶穌在〈教師指南〉的導言中特別點出「教人，其實就是以身作則」的觀念，〈正文〉中的這段話也相當發人深省：

> 請勿向人宣揚我無謂的死亡。而應教他們看出我並沒有死，我正活在你內。（T-11.VI.7:3~4）

　　總之，耶穌所說的「教」，並不是「向一群人訓話」；唯有以身作則，才算真正在教。等我們深入這本專門培訓上主之師的〈教師指南〉，便會明白耶穌心目中的「教」究竟是什麼意思了。

導　言

　　〈教師指南〉開卷之始，耶穌就先為它設定清楚的目標，並且暗示了這部書在整部《奇蹟課程》中的角色。縱然學員可以從〈指南〉入門，但書中也明確假定了讀者對〈正文〉及〈練習手冊〉已經有了一定程度的認識。然而，這並非意味著學員必須先從〈正文〉而後〈練習手冊〉入手，只是想提醒學員，若無〈正文〉的理論基礎，是很難真正了解〈教師指南〉裡面的若干觀念的。我們將在論及「時間」的第貳篇看到最好的實例。

(1:1~2) 教與學的角色在世俗的觀念中，其實被顛倒了。這種顛倒乃是意料中的事。

　　可以說，世界的思維原本即是「顛倒妄想」，只因它的運作前提是個人的福祉與世上其他人的福祉互不相干。為此，我們必然會依據「世界是否為我的福祉效力」，來評論世上的一切。比如說，我們關心他人，往往是因為對自己一定有某種好處可言，否則我們不會去在乎別人的死活。《課程》的論點恰

好相反，這正是耶穌想為我們化解的錯誤觀念，他教導我們從**內涵**的角度去判斷，別再受惑於**形式**。說到究竟，無非是要追問我們究竟想以誰為師？我們想聽從小我還是聖靈的指示？耶穌不但要求我們試著把世上的一切當做學習「共同福祉」的機緣，他還不斷激勵我們此生要以學習這一門功課為志。在這樣的願心下，我們遲早會領悟出，終日只為自己、家庭、國家、種族或宗教而活，毫不顧及這個狹隘範圍以外的所有人，這種日子其實是很苦的。唯有親身體驗過這種錯誤心態所導致的痛苦與不安，我們才會心甘情願接受耶穌傳授的功課——我們只有一個共同福祉，就是由分裂的夢中甦醒。

(1:3) 它將老師與學生視為兩個分立的個體，老師傳授的對象只限於學生，而不包括他自己。

　　在世人眼中，「施與受」屬於兩種不同的行為：我若給你某個東西，你收下了，我就不再擁有此物。這是人間所有老師、治療師或其他助人的角色（不論是職業性或義務的）最普遍的一種幽微隱祕心念，因此，他們才會在服務他人之後感到疲憊不堪。他們相信**自己**是施予的一方，不論付出的是精力、時間、智慧或愛心，理應筋疲力盡；而當對方接受了這些恩惠、慈悲、慷慨或愛心之後，他們必然就失去了這些能量，難怪會覺得心力耗竭或某種無可言喻的空虛感。

　　說穿了，這種付出或服務，既不是真正的施予，更稱不上是愛。要知道，倘若由正念之心出發，我們其實什麼也沒做，

是耶穌的愛透過我們工作。換句話說，是他先給了我們這份愛，愛才可能透過我們而延伸出去。在這樣的過程中，沒有任何一方會受損，只會雙方同時獲益（T-25.VII；VIII）。然而，世人從不作此想，在世俗的眼光裡，施與受之際必有一方蒙受損失。耶穌在下文道出他的「反面」觀點：

> 世上所有選擇都基於這一信念：你必須在弟兄與自己之間作選擇，他損失多少，你就獲益多少；你損失多少，他就獲益多少。這與真理簡直是天壤之別，真理給你的人生課題無非是教你明白：你弟兄失落什麼，你也會失落什麼；他獲得什麼，那就是上天賜你的禮物。（T-31.IV.8:4~5）

(1:4) 它把教學行為視為某種特殊活動，只占了此人一小部分的時間。

提到教學，通常都離不開「形式」。我們常聽人說，「我的職業是教師」，「我教的是自己最擅長的某個科目或《奇蹟課程》」等等的。這類表述的前提，充分暗示了我擁有學生所欠缺的某些東西，所以我才能提供他們之所需。倘若由形式層次來講，這類描述倒也沒有錯，但不要忘了，《奇蹟課程》是一部直指「內涵」的課程，誠如〈正文〉所言：「本課程是一部強調『因』而不強調『果』的課程。」（T-21.VII.7:8）所謂的「果」，指的就是形式或行為的層次，離不開身體與有形世界；至於「因」，則始終存於心靈層次，若非反映出小我的

內涵（罪咎、分裂、恐懼與仇恨），就是反映聖靈的內涵（寬恕、平安與療癒）。我一再強調，《奇蹟課程》只著重「內涵」層次，同樣的，這部〈教師指南〉的教學觀念，必然也與行為及形式毫無瓜葛。

(1:5) 然而，本課程所強調的卻是：教就是學，老師與學生其實是互為師生。

　　雖然表面而言，我是教師而你是學生，但我們此生只有一個共同目標，就是認清聖靈的思想體系真實不虛、小我的體系虛妄不實；並且切身體會到，唯有前者能帶來幸福、平安與喜悅，後者必然導致衝突與痛苦。也因此，如果由內涵層次著眼，不管我教什麼而學到了什麼，或者你學到了什麼而教什麼，我們其實毫無差別。簡言之，教師與學生同樣懷有小我與聖靈兩種思維，而且同樣擁有從中選擇其一的能力。

(1:6) 它又強調：教學乃是一種持續不斷的過程，時時刻刻都在進行中，一直延續到睡夢的念頭裡。

　　根據《奇蹟課程》的說法，只要還活在肉體內，就沒有覺醒與沉睡之別，因為這兩種境界都屬於心靈層次，端看心靈認同小我而選擇沉睡，或認同聖靈而選擇覺醒來定。這種選擇性認同，在肉體清醒或熟睡之際，都可能發生；然而心靈是永不入睡的，它每分每秒都在運作，因此，我們也等於時時刻刻都在「教」人。事實上，我們能教的，純屬心靈的**內涵**，與身體

的狀態或**形式**完全無關。下面這一段以及本篇的餘文,都在講述這個重點。

(2:1~2) 教人,其實就是以身作則。世上只有兩種思想體系,你時時刻刻都在向人示範自己究竟相信哪一個才是真的。

　　同樣的,耶穌並不是針對形式而說的。要明白,教人的關鍵不在於我是否表現得學有專精,而在於我究竟在為小我或聖靈的思想體系作證。例如,在我與你的特殊關係裡,我是在示範分裂,還是超越了特殊性而示範聖靈的救贖(也就是決心著眼於我們的共同福祉)。唯獨後者,才表示我真正接受了「你我之間在**內涵**上毫無差別」這個事實,縱然在文化背景、宗教信仰或性別、年齡等等這些外在**形式**上,我們可能大不相同。確實,若從世界的眼光來看,這些差異顯得舉足輕重,但從我們自己的得救來說,那就絲毫不值一提了。

(2:3) 別人會從你的表率中耳濡目染,你也不例外。

　　請記得,無論你選擇的是分裂還是救恩,任何你所「學」到的,都會讓你的選擇更加根深柢固。就以你與我的特殊關係為例,不論形式上屬於哪一種關係,都會反映出你對分裂的認同,你相信必須犧牲自己才能滿足對方的需求;而如果我也有類似的動機,我的回應必定會附和你的選擇。既然小我的別名就是攻擊,只要我認同了小我,我一定會攻擊你,如此,我便送給你一個小我的禮物,並重申它的訊息——你確實是無辜的

受害者。然後，你也會以同樣的心態回應我。我們就這樣攜手演出這支死亡之舞：我對小我的認同，鞏固了你的選擇，並因而回頭強化了我的決定，繼續鞏固你的選擇。於是，我們兩人便一起迷失了。

　　相反的，如果我能回到正念之心，放下防衛心態，不再任意判斷或攻擊你，轉而著眼於我們的共同福祉，那麼，我的正念之心必會激勵你跟我一起選擇平安。只要你甘心如此，你在我身上感受到的平安便成了你自己的平安。反之，即使我是你的老師，卻沒有處於正念之中，反而把自己的特殊性投射到你身上並發動攻擊；此刻，你若不防衛也不判斷，其實就變成是你在教導我。說得更具體一點，如果身為老師的我，當眾讓你難堪，但你卻能不視為人身攻擊，也沒有半點負面情緒，你的反應即是告訴我，我的攻擊在你身上沒有造成任何後果。如此一來，你等於在為我示範「的確還有另一種選擇」。

(2:4~5) 問題不在於你願不願意教人，而是你根本沒有選擇的餘地。我們可以這樣說，本課程不過教你如何本著自己想要學的去選擇自己所願教的。

　　耶穌再次重述，我們「隨時隨地都在教人」這一事實，所教的若非小我的思想體系，就是聖靈的思想體系，而我所有的表現不過是反映出心靈的選擇而已。《奇蹟課程》一再提醒，我若感覺自己受到不公待遇，而且理所當然應該發怒或批評，表示我真正想學的是「分裂真的發生了」，以及「非此即

彼」（說白了，不是你死就是我活）的小我救贖原則。為此，我若想在世間混得夠好，就不能不把他人投射成罪孽深重的迫害者，換句話說，總得有人為我的救恩與幸福付出一些代價才行。既然這是我存心想要學的，那麼我所能教人的，必然僅止於此，不多也不少。反之，如果我真正想學的是「耶穌終究是對的，我是錯的，我的批判或攻擊之念沒有一個能夠自圓其說」，如此，我自然會把每天發生的一切都視為自己學習重新選擇的機會。

(2:6) 除了你自己以外，你無法給人任何東西，你會從教的經驗裡明白這一事實。

　　我可能對自己已經選擇了小我毫無自覺，但只要我能看出我對你的防衛、無情或自私，就不能不承認我已經把聖靈推到心外了。誠如耶穌在〈正文〉中說的：「它是你心境的見證，也是描述你內心狀態的外在表相。」（T-21.in.1:5）

　　只因我對自己的心境缺乏覺察，根本意識不到自己選擇了小我，我甚至對自己擁有一顆能夠作選擇的心靈都一無所知。但至少，我可以聽從耶穌的教導，好好正視目前的人際關係，由這兒開始認識自己的心靈。這樣，我會慢慢明白，我在你身上所看到的一切，其實正是我不想承認自己有那一部分，才會投射到你身上。

(2:7) 教學的機會不過是邀請你為自己的信念作證而已。

　　我們總想利用別人來證明自己是對的。比如說，倘若我選擇了小我，一定會拖你下水，與我共跳「分裂與死亡之舞」。我要讓你覺得受到了我的不公對待，要你認可我選擇的小我之見就是真相，這樣我才能理直氣壯地感到自己也遭受你的不公對待。反之，我若選擇了聖靈，我會以祂的新知見去看待所有的人——他們不是在向愛求助，就是在表達愛。這一知見會為我的選擇作證，與對方做了什麼毫無關係，即使他們犯了令人髮指的滔天大罪，我還是會視之為向愛求助。正是這一知見，才能證明我們心中的愛是真實不虛的。事實上，你會向愛求助，表示你一定知道愛的存在，縱然你想盡辦法把它埋藏起來；而我此刻只是樂於為你見證愛存於我內，藉此提醒你「愛也存於你內」這一事實而已。

(2:8~11) 這一方法有扭轉信念之效。不是光靠說說而已。你必須把每一遭遇視為你的教學機會，你是在告訴別人自己是什麼，他們在你心中又算什麼。僅此而已，不多也不少。

　　確實如此，我必須把心靈所作的選擇從小我轉向聖靈，因為祂代表著終極的「修正」。為此，每當我面對小我的妄作時，我應該提醒自己，這是扭轉的良機，正如耶穌說的，不論我惱怒或身心不安，全是我心靈的決定，我是有能力扭轉乾坤的。如此一來，人生的每個場合和際遇，才能成為我重新選擇的機會，讓我藉此將小我的怒火和沮喪轉為聖靈的平安和喜悅。至於我會有何言行表達，都只是這一決定的外顯結果而

已，它自會反映出我已經選擇了聖靈。

(3:1) 因此，你的課程完全根據你認為自己是什麼，以及別人與你的關係在你心目中的意義而定。

　　耶穌在此所強調的主題，一再以不同形式出現於整部課程，所使用的文字象徵也許不同，但內涵始終如一，他幫我們看出這本〈教師指南〉如何與整部課程前後呼應。說到究竟，一切的問題都是自我界定的問題：我究竟相信自己是小我之子或上主之子？我相信什麼就會活成什麼，且會設法為自己打造出一個世界觀來支撐這個信念。

(3:2) 在正式的教學場合中，這些問題也許與你想要傳授的內涵根本是兩回事。

　　假設你是一位數學老師，你可能從未意識到，當你在講解數學的同時，也正在傳授你自認是怎樣的人。其實關鍵就在於教學的「心態」。我們不妨回憶一下學生生涯，通常都記不得當時那些老師教過我們什麼樣的課程內容，但會清楚記得他跟我們互動的態度，嚴苛還是和善？充滿諒解或是經常羞辱學生？這才是他當時真正傳授的內涵，對我們日後的成長往往造成深遠的影響。

(3:3) 然而，你不能沒有一個具體的場景供你發揮自己真正想要教也是你真正學到的東西。

　　所謂「具體的場景」，即是指教的**形式**。意思是說，我們只是在藉由教數學或教《奇蹟課程》的場合，傳授聖靈的愛而已。身為老師的我和身為學生的你，所追求的並非各自不同的福祉，因為我們的生命始終結合在那個「同一大愛」之中。

(3:4~7) 為此，你教人時的口述部分反而變得無關緊要了。兩者也許相得益彰，也許毫不相干。你所學到的其實是藏在你教學口述部分下面的訊息。教人只是為了強化你對自己所懷的信念而已。

　　授業解惑之際，言詞之下的「內涵」，才是真正在教導我們的，也是我們真正學到的。如果我教的是耶穌那一套，傳授的必是寬恕，不論外在形式為何，我都會讓對方看出我們追求的是同一福祉，只因我倆毫無不同。相反的，我教的若是小我那一套，傳授的必是內疚、懲罰，而且各逐己利。如果學生表現不佳，我會把他們貶得一文不值，這其實代表我已經把我的自慚形穢投射到他們身上了；倘若加上我平素對學生的負面評價（不是針對他們犯的錯，而是我會讓學生感到他整個人就是個錯誤），無異於雙重打擊。因此，真正盡責的教師不是去修正外在**形式**的錯誤，而是修正**內涵**。

(3:8~10) 它真正的目的是要幫你消除你對自己的懷疑。這並不表示你企圖保護的那個自我是真實的。它要說的是：你所教的不外乎你視為真實的那個自己罷了。

　　不論是小我或上主之子，通常都會用「證明自己是對的」來消除自我懷疑，而且，這一切全出自心靈的決定，與外在表現毫無關係。耶穌把書名取為〈教師指南〉，目的就是要我們明白：我們教什麼就學到什麼，學到什麼就會教什麼。追根究柢，全出自同一決定——我願聽從哪一位教師？我要活成怎樣的人？

(4:1~3) 這是必然的現象。無人得以倖免。除此之外，還有什麼其他的可能？

　　我認為自己是什麼，就會教人什麼，這絕對是必然的，因為**觀念離不開它的源頭**，這句話是〈正文〉與〈練習手冊〉至關重要的觀念。雖然〈教師指南〉並未直接提到這句話，但這個觀念乃是「我們只可能教人及學到自己是誰」這一理論的前提。我們舉手投足之間，在在都反映出自己究竟選擇了小我還是聖靈，別無其他的可能，因為我們之外別無他物，一切都出自心靈，而且永遠離不開這一源頭。

(4:4~7) 世俗中人在改變他的原有想法之前，不可能不隨波逐流的；在世俗的薰陶下，他「教」的目的不過是說服自己接受一個不是自己的假相罷了。這正是世界存在的目的。此外，它還可能教你什麼課程？它傳授的不外乎絕望與死亡，為此，上主才會派遣祂的教師進入這個無望且封閉的人間學堂。

　　世界教給我們的課程，其實就是我不斷在教我自己「我是

小我之子而非上主之子」，因為我與他人是兩個互不相干的生命——這才是我一直在追求的目標。在此前提下，我若要享有平安、喜悅或救恩，必然需要別人付出代價。世界的陰謀就是說服我們活出那根本不是自己的自己。難怪世界不可能不變成一個絕望與死亡的幽谷，幸福和喜悅在此毫無立足之地。世界源自小我，自然受制於它的妄念思維，在這個思維基礎上，小我不斷強化我們的分裂，告訴我們分裂的種種好處，包括會帶給我們個體性與特殊性，因此我們理當追求一己的福祉，滿足自己與眾不同的需求。小我就這樣不斷灌輸我們背離家鄉、背離生命源頭、背離圓滿自性的觀念。這種思維怎麼可能不導向絕望與死亡？也因此，尋回幸福與喜悅的唯一途徑，就是將世界拋諸腦後，開啟靈性之旅，才可能覺醒於天堂，因為唯有那兒才是真正平安之所在。

(4:8) 上主的教師也只能在傳授祂的喜樂與希望的課程之際，完成自己的學習歷程。

　　學習喜樂與希望的課程，其實很簡單，它就是告訴我們，我們想錯了，聖靈才是對的。這一領悟可說是世界所能給予的唯一喜悅，也唯有這一學習，才能真正帶給我們幸福與希望。問題是，我們全都寧死也要堅持自己是對的，深信「分裂乃是鐵的事實」、「救恩需要以犧牲別人為代價」這類觀念。我們就這樣在仇恨、冷酷與特殊性上頭打造了一個龐大的運作機制，讓小我思想體系在我們的心靈中固若金湯。其實，放下罪

咎的重擔，才是我們引頸企盼的解脫之道，我們會歡喜且感恩地鬆一口氣說：「謝天謝地，是我錯了，耶穌那一套才是對的。」這才是我們衷心想要在人間學到的唯一功課，也成了我們願意教人的唯一課程。

(5:1) 若缺了上主的這群教師，世界得救的希望極其渺茫，因為罪在世間永遠顯得真實無比。

　　充滿罪咎的世界在人心中顯得如此真實，為此，它才會在身體層次也顯得真實無比。我們確實感覺自己活在一個善惡對立、永遠不得解脫的世界，除非有人指點迷津，我們才可能明白，這種世界其實只是心靈的一個決定而已。然而，我們總得確認自己還有一顆心靈，否則怎麼可能改變決定？而我們必須透過教人才能學到這一事實，因為別人正是我「地獄的遺跡、隱祕的罪咎、深埋的怨恨」（T-31.VIII.9:2）之投射板，世界所呈現的景象原是我內在心境的投射。為此之故，我們成了彼此的人間救主，若非這一互動，我們哪有門路從外境轉入內心？借用佛洛依德的名言：特殊關係交織而成的世界，正是引領我們回歸自心的康莊大道。這一關係既然出自心靈的選擇，那麼，它的轉機也自然離不開此心。

(5:2~5) 自我欺騙的人，不可能不騙人的，因為他們只可能教人如何說謊。這不是地獄，還會是什麼？這部指南是為上主的教師們所寫的。他們並非十全十美，否則他們就不會活在人間了。

每當我們選擇了小我，等於是在欺瞞自己的真相，從此以後，我們一切的所言所行都成了那個謊言的倒影。為了替自己的錯誤決定撐腰，我們只得繼續欺瞞世界，並且不斷圓謊，連環騙到最後，在這世上活成一個不是自己的自己，這個自欺之地簡直與地獄無異。這一小段課文就在告訴我們，人間沒有完美的人，包括上主之師在內。所幸，耶穌在〈正文〉論及罪咎的陰影時，同時提醒我們，這一騙局也正提供我們超越它的機會，因此大可不必為小我的猖狂而氣惱，它的種種防衛措施恰恰可作為我們脫身的管道：

> 不要信任自己的善意。僅憑善意是不夠的。不論什麼事情，什麼場合，唯一值得信任的唯有你的願心。把你的精力集中在這一願心上吧！拒絕四周魅影的干擾。這才是你來到世上的功課。如果你這一生不需經歷那些魅影的糾纏，表示你也無需神聖一刻。（T-18.IV.2:1~6）

(5:6~7) **然而，他們此生的使命即是活出完美，因此他們會以種種形式，反反覆覆地教人完美之道，直到自己學會為止。然後他們就會消失了蹤影，而他們的思想卻永遠成為力量與真理的泉源。**

這就是耶穌所說的：「教人，其實就是以身作則。」我只能透過不斷地認同寬恕，向人示範完美，這正是聖靈的完美修正之倒影，而聖靈又是天堂的完美倒影。當上主之師的心中徹

底清除了小我的思想體系後，「他們就會消失了蹤影」。後文論及「眾師之聖師」（M-26.2:2）時，也可看到類似的說法。

(5:8~12) 他們是誰？他們是怎麼選出來的？他們做了什麼？他們究竟是如何完成自己與世界的救恩的？這部指南將會答覆你這些問題。

　　耶穌以一連串的反問句作為〈教師指南〉導言的結尾。可以說，這些反問已經披露了本書最重要的主題，就是幫助我們了解上主之師的真正內涵，以及如何成為上主之師。其中，「他們究竟是如何完成自己與世界的救恩的？」這一問，又牽引出另一個重要的副題，成了「共同福祉」的變奏曲。我的救恩就是世界的救恩，因為世界只是我心靈的投射而已。〈練習手冊〉已明明白白講了：「世界根本就不存在！」（W-132.6:2）沒有錯，世界只是我們心念的投射，而上主之子原本即共享同一心靈。因此，如果我們說「世界得救了」，不啻在宣告「想出世界的心靈終於從自己的罪咎信念中解脫了」。等我們一起步上〈教師指南行旅〉，耶穌會為我們詳加細述的。

壹. 誰是上主之師？

　　耶穌在第壹篇開頭便自問自答了：「誰是上主之師？」「上主之師，即是選擇以聖靈為師以及選擇正念之人。」世間只有兩種老師，不是小我之師就是上主之師。毋庸贅言，上主之師絕非上主的老師，而是指傳授上主的心旨或內涵之人，也就是傳授寬恕之人，因寬恕乃是上主之愛在世間的倒影。

(1:1~2) 任何人只要決心成為上主之師，他就是。他只需具備一項資格，就是：他在某時某地，以某種形式下定決心，要把別人的福祉與自己的福祉視為同一回事。

　　這段話開宗明義道出了本書的第一主題曲，也是全書的基石。選擇正念乃是躋身上主之師的前提，這一選擇透露出我受苦的意願減退了，再也不願活在批判或挑剔他人過失的責難心態之中，因此，我才可能向天呼號：「必然還有另一條路，另一位老師，另一種眼光！」這另一條路即是視弟兄如己，追求同一福祉，因為我們只有一個需求，就是從陰森無望的噩夢中一起覺醒。

(1:3) 心定志堅之後，他的道路便已開啟，他的前程萬無一失。

　　整部的《奇蹟課程》不斷用「旅程」作為比喻，而把我們送上心靈旅程的，正是「我們的共同福祉」這一體驗。若換個比喻，也可說這是把我們送上正確階梯的轉捩點。反之，小我之梯則是彼此分裂而各逐私利之梯，結局必然不知所終。若能視他人的福祉與自己休戚與共，即使僅是短短一瞬，都能幫我們找到正確的老師，攀上正確的梯子，自此，我們的旅程才算正式展開。

(1:4~5) 一道光明射入了黑暗之中。即使只是一線光明，已經綽綽有餘。

　　這一體驗即使只有片刻光景，就在那短短的一瞬（不論自己意識到與否），至少表示我已然認可自己保有正念之心，而天人分裂的修正原則就蘊含於此心之中。這帶給我們一線希望——有朝一日，噩夢般的人生終將了結。

(1:6~8) 他與上主簽了一個協定，即使他可能並不相信上主這一回事。他已成為傳遞救恩的使者。他已成了一位上主之師。

　　耶穌在此說的，並非某種**形式**的信仰，而是信仰的**內涵**。上主之師因著親自領受了救恩，而將救恩帶入世界，這正是〈練習手冊〉第一百五十四課「我身在上主的牧者之列」之意。上主的牧者就是傳遞上主訊息之人，但他必須先為自己接受上主所要傳遞給世界的訊息才行。換個比方來說，上主之師

就是攀上正確梯子之人,他開始認出自己的福祉與其他人休戚相關。

(2:1~2) 這些老師來自世界各地。來自各種不同的宗教背景,甚至毫無宗教背景。

形式與內涵的主題又出現了,它可說是「共同福祉」的變奏曲。請記得,形式毫不重要,不論來自哪一種宗教傳統,與真正的靈性修持完全風馬牛不相及。

(2:3~5) 他們只是答覆了上主的召喚。這一召喚原是向普世眾生而發的。它一刻不息也無所不在。

召喚,原文是用大寫字體的Call,指的是聖靈的召喚,這個說法開始和我們的第二主題曲(也就是「向聖靈求助」)互通款曲了。祂的召喚是普世性的,而且永續不斷,因為所有的人不論身在何處、屬於哪個族群、醒著或昏睡,都一樣擁有正念之心。事實上,在我們墮入夢境之初,這個「召喚」也跟著我們一起進入夢境,它就是「我們全是上主之子」的那個記憶,反映出救贖的真正內涵:分裂不曾發生過。

(2:6) 它召請教師們充當它的代言人,拯救世界。

這句話不可望文生義,而被文字表相所誤導。耶穌真正要說的是,「救贖」本身正在向我們呼籲:「選擇愛,放下恐懼吧!」

(2:7) 聞其聲者頗眾，答覆者卻幾希。

　　這句話顯然是呼應〈正文〉的「福音有言：『被召叫者眾多，被選者卻少。』這句話你應理解成：『所有的人都被召叫，只是願意聆聽者卻少。』」（T-3.IV.7:12）它修正了新約的名言「被召的人多，選上的人少」（〈馬太福音〉20:16b，22:14）。它強調**所有的人**都受到召喚，而不是很多人而已，只不過很少人選擇答覆這個召喚。耶穌在此強調，我們全都蒙受了召喚，因為那個「召喚」是普世性的，聽到的人其實很多，但真正答覆的卻寥寥無幾，甚至可說是鳳毛麟角。多半的人即使知道還有另一條路以及另一位導師，卻仍執迷不悟，始終抓著怨尤及判斷不放，善惡分明，嫉惡如仇，非要別人為他的錯誤承受報應不可。可以說，這種信念仍根深柢固地隱藏在明知還有「另一條路」的資深學員的內心深處，難怪耶穌如此歎息：「即使聽到了召喚，許多人依舊不願答覆這一召喚！」

(2:8~9) 然而，這是遲早的事。每個人最後都會答覆的，只是這個結局可能拖延了百千萬劫。

　　日後，我們將另闢專篇討論時間的問題，這兒只先點出，耶穌此處用的是幻境中的時間觀，因此才會說「這個結局可能拖延了百千萬劫」。確實每個人遲早都會答覆的，因為「分裂不曾發生過」這一真理始終存於我們的心靈，這也表示，世上的時間根本不曾存在過。我們必然會答覆這一「召喚」的，因為它就在我們的心內，無人例外。別忘了，每個人心中都有

同一個分裂之心，裡頭包含了百分之百的妄念體系（仇恨、冷酷、痛苦及罪咎），以及百分之百的正念體系（寬恕、平安、喜樂和療癒）。同時，每個人也都擁有從中選擇的能力。

(2:10~12) 為此之故，祂制訂了一個上主之師的計畫。他們的任務純粹是幫人節省時間。每個人開始時都僅如一線光明，只因這光明以上主的感召為核心，故能遍照寰宇，無遠弗屆。

我們會在下一篇深入探討耶穌口中的「計畫」究竟何所指。此處只需強調一下，沒有人能為那光明設限，因為上主之子擁有同一天心，不只天堂中身為基督自性的我們如此，即使在分裂妄心中，我們依舊如此。縱然分裂好似將上主聖子奧體分化為上億個碎片，但這一切純屬幻相。即使在分裂之境，我們仍是同一聖子，就像我們在天堂那樣。為此，才說我們全都受到了同一個回歸天鄉的「召喚」。

(2:13~14) 若以世界的時間來衡量，每道光明都能省下千年的光陰。然而，時間對那神聖的召喚本身而言，其實毫無影響。

時間毫無意義，因為在正念心境中，唯有永恆的倒影才可能存在。然而，在妄念之境裡，我們對罪、咎、懼的信念必然導向線性的時間觀（後文將會細談這一主題）。耶穌在〈正文〉第一章論及時間的觀念，就提到奇蹟會縮短我們對時間的需求（T-1.II.6）。

(3:1) 每位上主之師都有自己待學的課程。

　　不只是某些上主之師，而是**每一位**上主之師，終有一天會由夢中覺醒。即使罪大惡極之人也會由夢中覺醒，因為聖靈一樣活在他們之內。事實上，早在第三世紀，就有一位聖師Origen持相同看法：就連撒旦終究都會從自己的人生功課裡學到教訓，因為上主的造化最終不可能不回歸它的造物主的。換句話說，只要有任何人被剔除於上主之子的一體之外，聖子奧體就不再是一個完整的生命了，這種上主之子只配稱為上主唯一造化的拙劣贗品而已（T-24.VII.1:11；10:9）。

(3:2~5) 他們學習的途徑極其不同。教學的素材也各具特色。但課程的內涵永遠不變。它的中心主題始終是：「上主之子是清白無罪的，他純潔的本性正是他的救恩所在。」

　　「教學的素材」在不同靈修傳統中各有千秋，但訊息的內涵或意義卻毫無不同，每一種靈修道路，不論是否掛上靈性之名，背後的內涵必然指向「上主之愛」這一實相。〈教師指南〉的首要主題「共同福祉」，即是反映那渾然一體的實相。我們若能共享同一福祉，表示我們不是分立的個體，那麼罪咎便無以立足了，因為在分裂幻境中，什麼也不可能發生。為此，我們**全都**無罪無咎，不只是少數好人的專利而已。沒有任何人理當受到我們的批評、定罪、怨恨，或懲罰，一個都沒有！如果我們認定某人理當受罰，唯一的理由是我們暗中也相信自己理當受罰。

(3:6) 傳授這一中心思想可不拘形式，可以用行動或意念；亦

可有聲或無聲；可用某種語言，或不用語言；可在任何時刻地
點或用任何方式進行。

　　換句話說，形式毫不重要。當你對一群人講授《奇蹟課
程》時，如果你懷著愛與平安，即使你用電話簿作教材，只
要他們聽到的是愛與平安，表示他們已經接收到《課程》的訊
息。他們或許不明白你在做什麼，但仍會透過你的臨在或身
教而感受到某些不一樣的東西。反之，如果你認為自己與眾不
同，比別人多一些什麼或好一點，那麼你的出發點已經偏離了
愛，即使你把《奇蹟課程》的形上學以及如何用聖靈的寬恕來
化解小我思想體系說得頭頭是道，別人聽到的卻盡是分裂心
態，甚至以為《課程》標榜的是特殊性而非化解特殊性了。總
而言之，講課的**形式**不重要，重要的是講師的內在心態，這一
內涵最後可以歸結為一個重點：我究竟決心聽從哪一位老師的
教誨？

(3:7~10) 這位老師在聽到召喚之前究竟是怎樣的人，也無關緊
要。只要他答覆召喚，便已躋身於人間救主之列了。他開始視
人如己。他也由此尋回了自己以及世界的救恩。

　　世界的得救與教師的得救是同一回事，因救恩所反映的必
是天堂的一體之境。由於我們只有同一福祉，表示我們是不分
彼此的生命共同體，也因此，拯救自己等於拯救世界，因為世
界是我心念的投射。療癒弟兄等於療癒自己，療癒自己也等於
療癒了弟兄，正如〈練習手冊〉所言：「當我痊癒時，我不是

獨自痊癒的。」（W-137）

(3:11) 世界就在他的重生中獲得了新生。

　　只要拒絕小我，重申上主之子的身分，我們就重生了。這種重生與基督教基本教義派的重生，意涵全然不同。世界會因著我們而獲得新生，因為它原是分裂與罪咎之心投射出來的幻影而已。

(4:1~2) 這是一部相當具體的教學指南，是為那些各以不同形式傳授這一普世性課程的老師而編製的。世上還有成千上萬不同的課程，終將殊途而同歸。

　　這段話是特別說給想把《奇蹟課程》變得很「特殊」的學員聽的，這些人常陷入靈性特殊性而毫不自覺。本《課程》當然有它的獨到之處，和其他靈修道路有著不少具體的差異，但既然它只是成千上萬的課程之一，與其他課程一較長短，殊無意義可言。

(4:3~5) 這些課程全都能夠幫你節省時間。如今只有時間還欲振乏力地在人間徘徊，世界早已活得疲累不堪了。它歷盡滄桑，毫無指望地撐在那兒。

　　「節省時間」，是指無需在睡夢中耽擱時日，承受無謂的恐懼與死亡之夢的折磨。世界已經歷盡滄桑，毫無指望地撐在那兒，活得疲累不堪的**我們**，明知無濟於事卻仍然想方設法地

要世界為自己圓夢。身體與世界絕不可能帶給人們真正的幸福與平安，所以才說，人間是「毫無指望」的。《奇蹟課程》在給予我們希望之前，先指出世界的無望，如此才能騰出空間，鼓勵我們往內探尋，我們也才有機會選擇那唯一的「希望」。在此，我借用《莫札特的最後一年》作者音樂學家羅賓斯·蘭登（H.C. Robbins Landon）對莫札特的幾句描述，來形容《奇蹟課程》，這幾句描述道盡了《課程》帶給人類的希望：「它可能是我們為人類存在所能找到的最佳藉口，或許也只有它能為我們最終的生存默默帶來一絲希望。」

耶穌在〈正文〉也這樣說過：

鼓起勇氣吧！你現在就能接受你不可能在世上找到答案這個事實。……切莫指望世界能提供你另一路徑的指標。也別再往毫無希望之處尋找希望了。……世上沒有一條路可能通達祂處，人間也沒有一個目標與祂的目標一致。世上哪一條路會將你導向內心深處？那些旅程全都與你的人生目標背道而馳，讓你流落於烏有之鄉。領你遠離自己真相的歧路必會陷你於迷惑和絕望。（T-31.IV.4:3,5~6；9:3~5）

我們一旦認清世界是沒有指望的，才會甘心從日常的**形式**層次轉向心靈的**內涵**層次。我們之所以能充滿希望，是因為希望的「召喚」始終在每個人的心底，不斷地叮嚀我們：**我是可以作另一個選擇的**。為此，千辛萬苦想讓註定會坍垮的世界不

垮，實在是既耗神又令人灰心喪志之事。幸好……

(4:6~7) 它的結局從來不是問題，試問有誰改變得了上主的旨意？但是，時間領域內生死無常的幻相卻能把世界及萬物折磨得奄奄一息。

讓世界歷盡滄桑，一直都是小我的策畫與陰謀，不明就裡的我們還一心想要拯救它，結果必然白忙一場。

(4:8~10) 然而，時間終會走到它的盡頭；上主之師的使命則是讓這一天早日來臨。因為時間掌控在他們的手裡。這是他們的選擇，他們必會如願以償的。

「選擇」這一主題，貫穿了《奇蹟課程》三部書，連〈正文〉都是以「重新選擇」作為全書的結語（T-31.VIII）。〈教師指南〉的目標則是教導我們如何改變自己的心念與知見，進而逐漸成為上主之師。我們得學習向小我的分裂思想體系說「不」，向高唱「共同福祉」的聖靈思想體系說「是」。這不正是寬恕的真諦嗎？如此，既表示我們聽到了「召喚」，也接受了救贖。唯有這種寬恕，終將為我們解除時間的束縛。

> 能以寬恕上主之子為目的的世界何其美麗！擺脫了恐懼的世界何其自由！必然洋溢著幸福與上天的祝福。能在這一福地安居片刻的人又何其快樂！因他不可能忘記這世界只剩下片刻的光景，超越時空之境會悄悄來臨，取代眼前的時空之境。（T-29.VI.6）

第貳和第參篇之導言

〈教師指南〉的解說暫時打住，我想先談談兩個重要觀念：《奇蹟課程》的特殊用語以及時間觀，這是接下來第貳和第參篇的立論基礎。這些主題我之前已經多次討論〔原註〕，故在此僅概略敘述。

《奇蹟課程》的特殊用語

耶穌在〈詞彙解析〉的「導言」中明白提示：「本課程完全是針對小我的思想架構而寫成的，因為只有小我需要這一課程。」（C-in.3:1）這裡所指的是《課程》的外在形式層次，自然離不開身體與文字。另在〈教師指南〉的後面篇章，耶穌

〔原註〕請參考我的另外幾本著作：《奇蹟課程的訊息第二冊：聆聽者稀／暫譯》第二、三章；《時間大幻劇》；以及 CD〈奇蹟課程的二元隱喻〉、〈從時間到超時間〉、〈時光機器〉。

也解釋過：「語言只是象徵的象徵。因此，它離真相有雙重之隔。」（M-21.1:9~10）語言屬於小我的運作架構，肩負維繫天人分裂狀態的使命；只不過，它和小我所有的妄造一樣，也都可以改變目的，不再為分裂之境撐腰，轉而投入終結分裂的思想陣容。只因我們早已淪為小我二元世界之產物，感覺自己真的活在身體裡，耶穌只好遷就我們，在我們所能理解的層次開講。

　　我在本書「前言」引用過〈正文〉第二十五章第一節的說法：合一與一體的觀念對我們毫無意義，因為這個觀念屬於非二元思想體系，也就是「唯有上主的一體生命，此外無他」的存在境界。這種境界對我們而言，可說是匪夷所思，只因我們所存活以及所經驗到的，全都是分裂的世界及個別的福祉。為此，《奇蹟課程》的用語必須經由這個層次來導入，我們才不會害怕自己突然掉入無形無相的虛空或深淵。話說回來，文字本身雖非真理，但只要它們的宗旨是引導我們進入真理，它們仍然可以以**反映**出真理。

　　《課程》又告訴我們：「小我總是先聲奪人」，而且「一向錯誤百出。」（T-5.VI.3:5；4:2）也因此，耶穌的答覆通常都是針對小我的第一反應而發的，如此，我們才可能了解他的意思。不論小我說什麼，必錯無疑，因它反映的不外乎「分裂確實發生了、二元世界才是真相、一元世界乃是幻境」諸如此類的信念。小我也會利用我們的生理與心理狀態，來證實自己

的存在。為此之故，耶穌的答覆必須以我們自我界定的存在現實為前提，也就是小我的分裂神話：我們已經犯下背棄上主的滔天大罪，祂大發義怒並決心報復，故派遣聖靈進入我們心中完成拯救我們的計畫。難怪這項救贖計畫充滿了犧牲、報應與懲罰，因它反映的正是「無明亂世的法則」（T-23.II）：罪咎必然索求懲罰，一切都是罪有應得的。

耶穌的解說借用了小我的神話形式，但已不再是一部恐怖劇本，而是充滿希望的人間傳奇。他借用了同一個神話，賦予了不同的目的。根據耶穌的劇本，在我們選擇分裂的那一刻，上主同時答覆了；祂的答覆充滿慈愛，毫無譴責之意。上主確實也「派遣」了聖靈，但並非為了懲罰我們，而是作為愛的提醒。在世界大夢中，聖靈成了我們對生命真相的唯一記憶，這記憶就是「我們全都是慈愛天父的孩子」。再強調一次，耶穌使用的依然是二元世界的語言，卻完全改變了內涵。究竟來說，上主的計畫即是上主本身，也就是祂的聖愛、一體性以及旨意，與世人心目中的「計畫」迥然相異。耶穌之所以使用這些詞彙，純粹是針對小我那充滿懲罰與犧牲的計畫，提出一個修正藍圖而已。

然而，根據我們即將討論到的時間觀念，上主顯然不可能「派遣」任何明師或賦予某人特殊角色，因為外面根本沒有人，真正的生命是不可能分化的。因此，耶穌提及上主「派遣」某人時，他的用意是要修正我們「認為上主可能**派人**來懲

罰我們或滿全我們的特殊需求」這類信念。這些奉派而來的人不過是反映上主的唯一旨意，提醒我們可以重新選擇。因此，當耶穌提到「上主會賜給祂的教師一些特殊的禮物」時，立即澄清這句話絕不可按照字面上的意思去理解（M-4.1:4~7）。

有鑑於此，奇蹟學員必須學習超越文字的表層意義，穿越文字的形式深入其**內涵**；只因為這種表達方式純然為了用我們所能了解或接受的**形式**來傳遞上主之愛。祂的愛即是完美而抽象的一體生命，超乎世間的理解。容我重述一遍，上主不會派遣任何人，也不會為祂的救恩「大業」欽定某些明師，事實上，我們**每一位**都是教師。雖然從文字表面上來看，《課程》好似暗示上主派遣了老師，其實耶穌只是想傳達寬恕與共同福祉的深意，才會藉著二元世界的語言來反映一元境界的愛。在〈正文〉第二十五章提及「合一與一體的觀念」時，他也明白表示，這一體的訊息必須以人們所能接受的方式，以及針對我們自認為所在的處境（即天人分裂的二元世界），在這一前提下開講：

> 四分五裂的心靈顯然無法充當傳授萬物一體之理的老師。只有心靈內維繫萬物一體的「那一部分」，才堪當心靈的聖師。祂會使用心靈所能了解的語言，利用它自以為面臨的事件。祂必須借用你所有的學習經驗，才能把種種幻相帶到真相之前，領你越過所有錯誤的自我觀念，邁向那超越一切錯誤的真理之境。
> （T-25.I.7:2~5）

　　關於《課程》用語的討論，我在此暫且點到為止。最後，容我再叮嚀一下，雖然耶穌在〈教師指南〉及〈練習手冊〉多次提到「上主的計畫」，但這純粹只是一種比喻或象徵性的表達，它真正要反映的是超越二元及形式層次的「非二元」之實相，也就是說，我們全是《課程》所代表的正念之心的快樂學徒。請各位千萬不要被文字表相誤導。

《奇蹟課程》的時間觀

　　《奇蹟課程》的時間觀，可說是貫穿了全套三部書的一個重要觀念。不過，除了一些零星句子與時間有關之外，全套書中幾乎沒有一處提供整體性的解說，僅僅在〈教師指南〉第貳篇及第參篇稍見一些論述。我們若把〈正文〉、〈練習手冊〉的零星片段，加上〈指南〉這兩篇有關時間的描述串連起來，仍不難看出一個前後呼應的時間觀。實際上耶穌已明白表示，我們是不可能了解時間的，他的意思是，我們不可能真正了解時間虛幻不實的本質：

　　我們不必在世人無法了解的事上多費唇舌了。當你準備好接受一體真相的啟示時，你自會悟出它的深意。如今，很多工作等著我們去做，為了那些雖活在時間領域中卻能領會超越之境，而且還聽得懂「即將來臨

的其實早已過去」這類道理的人。至於那些還在計數
著光陰，按時起床、工作、睡覺的人，多談這類道理
對他們又有何意義？（W-169.10）

　　雖說如此，我還是綜合一下整部《課程》對時間的看法，
大家才可能理解接下來的兩篇真正要傳達的內容。

　　實相，即永恆之境；在永恆之境，時間是不存在的。小我
的思想體系一開始就是繞著罪咎懼為核心而發展出來的，然
而，就實相而言，這一切從未真正發生過。當我們與上主分裂
之後，便自認為犯了滔天大**罪**，排山倒海的罪**咎**感淹沒了我們
的心靈，更加鞏固了天人分裂的信念；恐**懼**於是勢所不免，因
為小我警告我們，這叛逆之罪必受天譴，上主勢必以其道還治
其人，把我們從祂那兒竊取的生命再偷回去。毋庸贅言，這一
套想法純粹只會發生在已被「罪咎」逼瘋的妄心之內（T-13.
in.2:2）。

　　接下來，小我向我們保證，唯有把這套思想體系投射到心
靈之外，我們才可能逃離上主的義怒及報復。**罪、咎、懼**之念
一旦投射到心外，**過去、現在、未來**的線性時間於焉成形。
簡言之，我「過去」犯了罪，「現在」正受咎的折磨，不可能
不懼怕「未來」的下場。如今，與上主分裂的這個信念，透過
身體的形式形成了一個時空世界，每一具身體都成了互不相關
的獨立個體。在此同時，整套思想體系也投射到世界，原本一
體的上主之子幻想自己已經脫離了生命根源，分化為億萬個碎

片。其實，世上這億萬個殘破生命，反映的不過是原始分裂之念近乎無限的呈現形式罷了。如同一大片玻璃破散了一地，雖然碎片大小形狀各異，但每一碎片依舊屬於原本完整的那一大片玻璃。我們正是如此，即使大小形狀不同，依舊是那分裂之念的其中一個化身而已。

另一種描述方式，即是把小我思想體系想像成一條不斷開展的時間長毯（T-13.I.3）。在時間長毯上，我這個狀似獨立自主的上主之子與其他也狀似獨立自主的上主之子各顯神通，透過彼此的特殊關係，聯手演出小我在時間出現之前即已存在的罪咎懼劇本。然而，別忘了，時間本是虛幻的，只因我們全都認同了小我，而整個時空世界又藏身於小我妄心中，因此，時間成了人間難解的奧祕。只要我們一與小我認同，大腦便被妄心的預設程式所箝制，再也無法識破時間的虛幻本質。具體來說，就是一切皆發生於瞬間，而且已經發生了；但在實相中，這一切從未發生過。大腦雖有思考的智力，但它已被設定成只能在分裂之境以線性方式思考；而小我指派大腦重任，要它為混亂而痛苦的世界自圓其說並尋找出路，大腦卻在預設的限制下，完全不可能超越自身而躍升到程式設計者（心靈）的位階去作任何改變。換言之，若想用頭腦的理性來思考時間的本質，必如緣木求魚，一無所獲。

話說回來，在時間之毯開展的那一刻，同時它也收捲回去了，只要我們能夠寬恕妄念和它的種種作為，那一過程便會重

現於我們心中。可以這樣說，在某一瞬間，小我現身了，夾帶著罪咎、特殊性、冷酷無情、憤怒、恐懼與死亡，交替上陣演出；然而，在同一瞬間，「修正」也出現了。換言之，小我分裂思想體系的每一念或每一種表達形式，都獲得了與它相稱或對應的修正。那就是聖靈。這一修正，答覆了小我的每一個妄念——它以救贖回應分裂，以寬恕回應罪咎，以神聖關係回應特殊關係。

在〈教師指南〉中，所謂的上主或聖靈的救贖「計畫」，其實就是指捲回時間長毯而已。由於它化解的是小我的虛幻計畫，因此救贖計畫也脫離不了虛幻性質。說到究竟，它不過是「修正」的虛幻之念化解了「錯誤」的虛幻之念而已。因此，當時間長毯捲回之後，好似一切都沒發生過，因為真的什麼也沒發生！話說回來，這種說法完全超乎大腦的理解，故耶穌並不要求我們理解，也難怪整部課程沒有一處為我們條理分明地解析時間觀念。耶穌在〈練習手冊〉也一再重申，我們是不可能真正了解時間的，但他仍不斷鼓勵我們回歸到自己能力所及的寬恕功課，這才是我們在那個大「計畫」中的任務：

> 你的本分就是盡好自己那一份任務，這就夠了。在你
> 完成自己的任務之前，你是不可能看清最後結局的。
> （W-169.11:1~2）

總而言之，在〈教師指南〉的架構下，我們在寬恕計畫所肩負的任務，就是學習凡事由「共同福祉」著眼，不再追逐個

人的私利。

　　終有一天，我們的心靈將真正體會到沒有分裂或特殊性這
一回事，而活在無咎無懼的心境之中，屆時，真相便會大白。
這不是透過推理或分析，而是經驗與理性交融的智慧。所幸，
想要學好《奇蹟課程》，憑靠的並不是我們的「了解」，這正
是為何耶穌會說得這麼剴切：

> 你寧可相信自己的了解具有左右真理的力量，真理全
> 靠你的了解才可能成真。（T-18.IV.7:5）

　　耶穌只要求我們看清，追逐一己的利益只會讓我們活得很
不快樂；唯有選擇共同福祉，才可能帶來生命的喜悅。這一點
至少是我們可以理解的，因此也成了我們應該學習以及教人的
根本課程。

貳. 誰是他們的學生？

　　請銘記於心，教師與學生在內涵層次不僅相同，而且就是同一個，儘管形式上未必如此。我們在人世間的體驗需要仰賴身體，但若要認出共同福祉，只能依靠心靈的領悟。

(1:1~4) 上主為祂每一位教師指定了某些學生，只要他一答覆上主的召請，學生就會找上門來。這群學生是專為他而揀選的，只因他教導這一普世性課程的方式最能配合學生的了解程度。他的學生一直在等待，而他也註定會出現的。這又是遲早的問題。

　　世間的人際關係都是由原初無明一念分化而出的，只有在這個前提下，我們才能了解「指定學生」與「修正關係」之間的關連性。回到先前討論時間時所用的比喻，當一整片玻璃破裂為無數碎片後，相近的碎片可視為日後發展出來的重要人際關係，比如我們的原生家庭以及成年後建立的家庭、同事、朋友、冤家等等愛恨交織的夥伴。他們就是「指定」的關係，在我們心目中真實無比。這些關係以何種**形式**出現，並無關緊

要，重要的是，在他們背後都同具小我「咎」的**內涵**。

　　當我們把某段關係視為指定或註定時，等於承認它已經發生了，此刻才有選擇再度經歷這一關係的可能。正如〈練習手冊〉所言：

> 我們只是在旅途的終點回首整個旅程，假想自己
> 再走一趟，在腦海裡重溫一遍陳年往事而已。（W-
> 158.4:5）

　　也因此，我們才可能選擇與耶穌（而非小我）重新經歷一次你我彼此的關係。原本存心深化罪咎的關係，反而成了化解罪咎的工具。然而，我們當然也可能選擇舊戲重演，深陷罪咎而不肯自拔，這時就必須等到你我之中有一個人決心重新選擇。正如耶穌說的，我們編寫了小我的罪咎劇本，打造出特殊關係的人生功課，時間之毯便展開了；在此同時，我們也選擇了寬恕與神聖關係來修正自己的錯誤。若從實相著眼，時間長毯冒出了一個既不神聖又不真實的剎那，在這個剎那中我們選擇小我為師；當我們改選聖靈為師，時間長毯便立即捲回，轉成了一個神聖卻不真實的剎那。由於時間長毯本質上純屬子虛烏有，時間現象才如此令人莫測高深。

(1:5) 老師一旦決定接下自己的角色，學生也會準備好履行自己的任務。

　　請留意這兒所強調的「決定」一詞。當上主之師選擇接下

自己的角色，表示他們再也不把別人的福祉視作他人的問題，完全與自己無關。即使僅是一瞬之念，都仍代表他們在那一刻已經放下了怨尤。上主之師就只需要這個神聖的一刻，便足以邀請學生加入他們的陣容。也就是說，學生願意與老師共襄盛舉，只因老師為自己帶來了重新選擇的機會。至於學生是否作此選擇，也全繫乎他們自己。只要學生願意讓正念之心的選擇進入自己的生活，他們就已經進入了老師的生命。

(1:6~7) 時間等候著老師的決定，而不是等候他所要服務的學生。只要老師準備好虛心學習，執教的機會便於焉成熟了。

可見，這一選擇不是憑靠聖靈，而端看我是否承認這一生只是自己編寫的劇本。這代表我此刻已願接受聖靈為師，學習寬恕與平安之路，不再怨天尤人，深陷於苦海之中。請特別留意，此處的「我」，並非心目中那個有形有相的我，而是心中的抉擇者。

(2:1) 若要了解「教與學」這一救恩計畫，必須先熟悉本課程的時間概念。

耶穌這句話好像在提醒我們需要先了解時間，但在他處卻又說，我們根本不可能了解時間（我在前面提過）。耶穌真正要說的是，想要學習他的教導，不能不了解《課程》的形上理念。不像〈正文〉與〈練習手冊〉那般，〈教師指南〉很少提到宇宙的虛幻本質，在三部書中可說是形上意味最淡的一部。

但無可否認的,〈教師指南〉所一再強調的「共同福祉」,與「我們全是上主的完美造化」、「完美的一體生命」、「與造物主一體不分」等等的形上觀念,絕對是密不可分的。

我們若要真正了解「以不同的眼光去看每一個人,並請耶穌幫助我們落實於生活中」有多麼重要,必須先接納一個前提,那就是:一切早已發生了,如果我們執意昏睡下去,這些劇本就會在充滿妄想的心靈中繼續上演。耶穌要幫助我們看到,世界雖然瘋狂又荒謬至極,但我們仍然大有可為;即使在這「饑渴交迫、奄奄一息」(W-PII. 十三 .5:1)的悲慘世界裡,我們仍可能找到生存的意義。只要決心學習認出自己的福祉與世上每一個人息息相關,我們在世的經歷就會出現轉機。

(2:2~8) 救贖所修正的是幻相,而非真相。因此,它只是修正一些子虛烏有的事罷了。再者,這個修正計畫早在建構之初便已完成了,因為上主的旨意完全不受時間的控制。凡屬實相之物必然如此,因它屬於上主的層次。就在分裂之念進入上主之子的心靈之際,上主已經同步給予了祂的答覆。在時間領域內,那是發生於很久以前的事。在實相裡,它從未發生過。

救贖所修正的,全都屬於不曾發生過的事,所以才說,救贖本身也只是一個幻相。此外,時間長毯的展開也是個幻相,捲回當然也是。然而,只要我們依然對小我的問題信以為真,我們就需要這樣的修正。前文已經交代過,在初始那一刻,原本一體的生命分化成千千萬萬個碎片,所有的錯誤由此而生;

但在同一刻，所有的錯誤也都得到了種種答覆，這些答覆有如初始答覆的千千萬萬個倒影。如同〈正文〉第二十六章「小小的障礙」這節說的，那一刻，好似一切事情都發生了……

> 在造出第一個錯誤以及由此孳生一切錯誤的那個剎那裡，就已含有第一個錯誤及其後一切錯誤所需的「修正」。因此，在那一剎那，時間其實已過去了，因為它只有那一點兒能耐。凡是上主答覆過的問題，必然解決了，而且已經過去了。（T-26.V.3:5~7）

這些說法顯然不是我們所能理解的，因為它根本沒發生過；就連正在思考箇中深意的我們，其實也同樣不存在。這對於認為自己千真萬確活在世上的眾生而言，簡直是天方夜譚。然而，我們只需了解，現在討論的是「以幻治幻」的幻相，唯一的實相，僅僅只有上主。修正幻相是我們此生唯一有意義的事，唯有如此，才能終結這個歷盡滄桑又讓人絕望的世界。世界本身不可能帶來任何希望，除非我們甘心改變自己的心念。

(3:1~5) 時間領域就是幻相世界。發生於過去許久之事，如今好似仍在繼續。遠古之前所作的抉擇，至今仍有選擇的餘地。許久以前你學過、也了解而且早已過去的事件，如今在你眼中成了一種新想法、新觀念，或是截然不同的途徑。由於你有自由意志，你隨時可以決定接受過去的任何事情；唯有如此，你才會明白原來那一切始終都在那兒。

　　再重述一次，初始的錯誤以及形形色色的後果都屬於陳年舊事，而且這些錯誤也都已經化解了；時間長毯在那虛幻的一刻開展又捲回，如此而已。我們總以為自己是初次步上時間長毯，其實一切不過是我們在心中重新走一趟過往罷了（W-158.3~4）。簡言之，人間的一切全是舊夢重溫，以致常令人有似曾相識之感。

　　在此，無需再反覆贅言時間觀念，但仍然要叮嚀一聲，我們必須明白自己的功課不在於選擇哪一個劇本、人際關係或人生場景，而是要選擇「跟隨哪一位老師」一起重新經歷這些關係與場景。因此，我這具血肉之軀對他人或對自己做了什麼，這些外在形式一點都不是重點，關鍵在於我是怎麼去看自己的身體，或與其他血肉之軀互動的。所以才說，這是治**因**（心）的課程，而不是治**果**（身體）的課程。

　　接下來，耶穌繼續談到我們真正能選擇的究竟是什麼：

(3:6~8) **正如本課程所強調的，你沒有選擇課程的自由——甚至包括你該學習的方式。然而，你有決定自己何時去學的自由。一旦你接受了這一課程，表示你已經學到了。**

　　這一段話顯然呼應了〈正文〉的導言：

　　這是闡釋奇蹟的課程。是一門必修的課程。只有投入的時間是隨你的意的。隨自己的意願並不表示你可以自訂課程。它只表示在某段時間內你可以選擇自己所

要學習的。（T-in.1:1~5）

如同學生無權干涉學校開哪些課程，只能選擇自己想要修什麼課程，只有在選課部分，他們擁有自由選擇權。我們的處境極其相似，抉擇者早就為這一生訂下了課程表，我們的選擇權只在於要和哪一位老師（小我或聖靈）重溫這一劇本而已。總之，當我們接受這套人生課程時，莫忘「你已修過這一課了」，此刻不過表示我們甘心接受它所要教我們的內涵而已。

接下來又回到〈教師指南〉的中心主題：我要選擇以小我「人不為己，天誅地滅」的心態來看待你我的關係，還是以聖靈「共同福祉」的眼光去看？我究竟要相信哪一個？如果能真正看出這才是一切問題的關鍵，那麼，不論是面對一己或看似複雜至極的群體生存，頓時一切都變得單純無比：我究竟要把自己的福祉和這位醫生、律師、家人、朋友、同事，甚至總統的福祉視為同一回事或兩碼事？我認為自己的福祉與天下眾生的福祉是勢不兩立還是禍福相倚？由於我在初始那一刻，同時作過兩個選擇，如今我只能在已經演完的影片選擇其一。我可以透過小我，也可以透過聖靈的眼光，再次經歷那個劇情。沒有錯，只有在這事上，我才擁有選擇的自由。

(4:1) 因此，時間其實是逆向行駛的，它一直指向遠古而超乎記憶極限的那一刻，你根本無從憶起。

耶穌並未要求我們回到當初那一刻，在那一刻，唯一的聖

子在本體層次相信自己已經跟上主分裂了。這個記憶埋藏之深，深到根本無從察覺。而之所以無需回溯到那一刻，是因為此時此刻我們仍在重演同樣的一幕，也就是把自己的關係視為對立生命而且還認為那是天經地義的事。

(4:2) 然而，由於你一而再、再而三地重複那一刻的決定，使它好像就發生在此刻。

只要相信自己是這具血肉之軀而且真實地活在某個時空，就等於在重溫那原初的錯誤。我說過了，我無需選擇站在上主這一邊或是另一邊，我只需選擇站在我心目中的你這一邊，還是另一邊。換句話說，我要選擇著眼於你我共具同一分裂之心而相憐相惜，或者要從利害衝突的角度，把你看成與我對立的生命？

(4:3) 為此，學生與老師才會在此時此地相逢之際，感到好似素昧平生。

事實上，我們原是「舊識」，這一生根本是道道地地的舊地重遊，一如俗話說的「太陽底下沒有新鮮事」。有朝一日，當我們受夠了自己戀戀不捨的特殊性之時，自然會放下它，決心不再著眼於自己「特殊」的福祉，而與他人惺惺相惜了。

(4:4~8) 學生會在適當的時刻出現於適當的地方。這是註定的，因為他早在遠古那一刻作出了正確選擇，此刻只是重溫舊夢罷了。老師也一樣在遠古那一刻作出了這必然的選擇。上主

對萬物的旨意表面看來有待時間才能完成。其實，有什麼延誤得了永恆的力量？

　　這個觀念，耶穌不知重申過多少遍了，可見它的重要性。不只小我的思想體系已成了陳年舊夢，連聖靈徹底瓦解了它，也屬於陳年往事。我們此刻只不過舊地重遊而已，而且結局已定。〈正文〉強調了兩次：「最後的結果必如上主一般屹立不搖。」（T-2.III.3:10；T-4.II.5:8）接下來，就看我們何時才願意選擇重溫這個已定的結局，不再三心二意。明知這一刻就可以離它而去，重歸天鄉，我們還想在這漫長而磨人的路上徘徊多久？

(5:1~3) 學生與老師相逢之後，教與學的帷幕就拉開了。真正在教的，並非那位老師。任何兩個人只要願意同心協力地一起學習，上主的那位聖師必會向他們發言。

　　請注意，〈教師指南〉的兩大主題在此匯合了。為了認出共同福祉與同一目的，我們需要那位神聖導師不時啟迪我們，為此生的每一個際遇賦予新意。這個意義就是〈正文〉所指「神聖的會晤」（T-8.III.4:1），任何一段人際關係都有可能轉化為神聖關係，因為只要接受聖靈的神聖目標，給自己一個重新選擇的機會，就能看清各逐私利的錯誤與傷害，進而認出共同福祉的真實效益。

(5:4) 共同的學習目標聖化了他們的關係；上主承諾過，祂會

派遣聖靈進入每一個神聖關係之中。

請留意,「目標」這個重要主題又出現了。我無需改變目前的關係,只需改變我的特殊性賦予這一關係的目標。也就是說,關鍵不在於改變它的形式,唯有心靈改變了目標,才可能讓這一關係轉為神聖。

至於後半句「上主承諾過,祂會派遣聖靈進入每一個神聖關係之中」,別忘了,聖靈始終在我們的記憶裡,當心靈陷入沉睡時,聖靈也隨著我們進入了夢境。這就是為何說上主並沒有「派遣」聖靈,我們只是憶起了祂的神聖臨在而已。

(5:5) 在教與學的場景下,雙方都會學到「施與受原是同一回事」。

我曾簡要談過施與受的平等性,後文還會再次提到這個副題。施與受是同一回事,只因老師和學生是同一回事,兩者的內涵與目的也都無二無別。當我攻擊你時,我原本想把罪咎丟到你身上,結果卻加深了自己的罪咎,這無異是在回收罪咎。反之,當我把寬恕從自己身上推恩於你,其結果,我強化了自己的寬恕,也等於回收了寬恕。因此才說,施與受是同一回事,沒有任何一方會蒙受分毫損失。

(5:6) 他們在彼此的角色、想法、身體、需要、興趣,以及心目中所有的不同與對立因素之間所劃的界線,開始模糊、淡化,最後消失於無形。

　　「各逐私利」乃是出於相信「我想要分裂，而且我的小我是對的」。我認為自己和你都是一具身體，你我各自活在不同的肉體裡，於是更加鞏固了上述的信念。倘若我選擇了那位「另類的老師」，學習了所謂的「另類的課程」，我會頓時明白，原來我與你只有同一福祉，小我那一套自然會逐漸隱退。即使如此，我們的身體不會瞬間消失，消失的是小我眼中那個「閃爍，隱約，終至一逝不返」（《天恩詩集／暫譯》P.64）的身體。我不再把你和我視為不同的兩個人，從而開始超越表面上的差異性，僅僅著眼於同一內涵：我們擁有同一個小我，同一個聖靈，以及同樣從中選擇的能力。

(5:7) 凡是有意學習同一課程的人，自然享有同一志趣與目標。

　　現在，我們最愛的主題又重現了。無需「你」相信我們擁有共同福祉，上述原則才會有效；只要「我」能著眼於這一福祉，也就綽綽有餘了。即使你不在我身邊，甚至已經過世，然而你依然在我心靈裡，你我共享的福祉也存在於此。當追逐私利的信念療癒之後，心靈便與聖子奧體融合為一。但請記住，這一切只是一場幻夢，這個世界並沒有人等著你來寬恕。我對共同福祉的領悟，僅僅是修正自己先前追逐私利的錯誤觀念而已。倘若我能腳踏實地學習認出你我只有一個福祉，也只是一個生命，就不難明白我們好似被剪爛的碎布或被打得粉碎的玻璃當中的一個小小的碎片而已。終有一日，我會領悟出所有的人原是同一個基督自性。無論如何，目前的我確實總是把自己

和你視為兩具不同的身體，這是我當前的問題，我必須由此開始下手。

(5:8~9) 於是，原本身為學生的，搖身一變，成了一位上主之師，只因他所作的那個決定為自己請來了老師。他已能在另一個人身上看到與他自己相同的意向了。

　　這段話十足標舉出〈教師指南〉的中心思想。本書反覆穿插主旋律和變奏曲，而於此處又回到了第一主題的原型。我在「導言」也提過，在本書結束之前，我們還會反覆在不同變奏曲中重溫這一主旋律。

參. 教學的次第

　　耶穌在本篇談到三種形式（或層次）的人際關係：萍水相逢的、互動較深的，以及維持終生的關係。即使形式上的差異頗大，但所有的關係其實都是同一回事。本篇可視為第一條奇蹟原則「奇蹟沒有難易之分」（T-1.I.1）的最佳註腳，正如〈正文〉一開始就已點出，幻相沒有大小之別，教學也沒有次第之分。第一條奇蹟原則的結語是「全都表達了愛的極致」（T-1.I.1:4），極致（maximal）這個詞也會在本篇的講解中多次出現。不論我們是萍水相逢還是建立了終生關係，根本毫無差別，它們全都為我們提供一個徹底療癒的機會，因為無論哪一層次的關係，我們都可能把對方的福祉視為共同的福祉。倘若能用這個心態對待所有的人際關係，便很容易整合日常瑣事，甚至可以藉此整合自己的一生。不管我們此生功績斐然還是一事無成，不管結交的是高官權貴或凡夫俗子，面對的是至親或是陌生人，其實都完全沒有差別，它們全是同一回事！因為小我與聖靈始終與我們同在。換句話說，這兩種選擇機會永遠都近在眼前：若非投射分裂與罪咎，就是推恩寬恕與共同福祉。

這也正是本篇的主題。

(1:1~2) 上主的教師們並沒有固定的教學次第。每個教與學的場合，開始的時候都會捲入一個相當不同的人際關係，然而，最終的目標都是一樣的，將每一種關係轉變為神聖關係，使雙方都能看出上主之子的無罪本質。

　　教學的場合在形式上可能大不相同，內涵卻毫無差異，因為我們只有一個目標，即是聖化每一段關係。我們在心靈深處都擁有同一生命內涵，因為我們全是無罪之聖子奧體的一部分，從未離開過生命根源，我們也只有一個共同的需求，就是從充滿罪咎的噩夢中覺醒。因此，如果對形形色色關係之間的差異性過於當真，反而會加深彼此的分裂信念。

(1:3) 沒有一個人，上主之師不能從他身上學到一些東西，因此也沒有一個人是他無法教導的。

　　重點不是你在形式上教我歷史或烹飪，而是我該覺察自己是否在傳播分裂，不僅如此，還把罪咎投射到你身上，且把你當成我特殊之愛或特殊之恨的對象。唯有察覺出這正是我痛苦的真正原因，我才會甘心求助而重新選擇。任何人都可以成為我的老師，因為每個人都可能成為我罪咎的投射板，故也成了引領我進入「教寬恕與學寬恕」這門人生功課的指路人。

(1:4~8) 然而，從現實的角度來講，他無法會晤所有的人，也不可能讓每一個人都找到他頭上來。因此，這計畫會為每一位

上主之師安排某種特殊際遇。救恩中沒有偶然的事。註定要相逢的就會相逢，因為這一會晤將為他們開啟神聖關係之門。他們已為對方準備好了。

我們不可能一一結識全世界的幾十億人口，因此，這兒所謂的「計畫」，便是借用自己身邊的特定人選來代表我們在世上的所有關係。由於一切早已發生，這些會晤絕非偶然。我們選擇與某人同居共處，若非出於存心分裂的小我，就是出自心懷救恩大願的聖靈。然而，在過程中，我們還可能三心二意，某段關係原本可以帶給我療癒的，後來卻因為我開始害怕而發動攻擊；反之亦然。但不論如何，它們都能充分提供我們寬恕的機會。

接下來，就先來談最粗淺的教學層次：

(2:1~4) 教學最粗淺的層次可能顯得相當膚淺。他們的邂逅好似十分偶然，兩個素昧平生的人在電梯裡「不期而遇」；一個東張西望的小孩「正巧」撞上了某個大人；或兩個學生「恰好」結伴回家。這些都不是偶然的巧遇。每一個相遇都可能開啟一種教與學的場景。

無需贅言，並非聖靈在編導這些會晤的機緣，而是抉擇者的安排。箇中的目的，不外乎聖靈與小我這兩種，我們隨時都有選擇其一的自由；甚至可以說，我們也很清楚自己是如何在聖靈與小我之間來回擺盪的。不過請注意，切勿將這種說法

理解為我們「吸引」了某些人或事件來到自己的生命中；實際上，是超乎時空的抉擇者決定了何時要與何人經歷某個事件，於是乎它們就發生了。

(2:5~8) 那兩位素昧平生的人在電梯裡也許會相視一笑；那個大人也許沒有責斥撞到他的小孩；那兩個學生也許從此結為好友。即使是最不經意的相遇，都可能使兩人一時忘卻他們原本關注的焦點，即使只是剎那而已。那一剎那已經綽綽有餘。救恩已經來臨了。

　　每一次的互動都是一個機緣，因此我們不應低估世間任何的會晤。超級市場的結帳員、服飾銷售員、在高速公路上會車卻緣慳一面的駕駛人、職場上的同事或家裡的親人，甚至在電視新聞正好「遇見」的某位公眾人物……，這些人都成了我們投射小我的絕佳對象，但在此同時，這也是我們向聖靈求助、以不同眼光重新看待這一關係的大好機會。請記住，他們全是我們「表達愛的極致」的機會。愛的本身或愛的表達是沒有程度之別的，因為愛永遠是全面的。

(3:1~3) 一般人很難理解，普世性課程的「教學次第」這一概念就如時間的概念一樣，在實相中是無意義的。一個幻相必會衍生出另一個幻相。在時間裡，上主之師似乎是在一念之間改變了自己對世界的看法，然後透過教導別人而慢慢體會出這一轉折的含意。

　　「時間」與「教學次第」這些觀念在實相中毫無意義，因為時間和空間是同一個分裂幻相，只是形式不同罷了（T-26. VIII.1:3）。但在我們的經驗裡卻迥然有別。我們感到自己作了一個決定，而後不斷滋養它、鞏固它，甚至攻擊它，最後又落回它這兒來。說穿了，這些行為不過是在重演我們心中早已經歷過的事。《課程》一再重申，身體做不出任何事，因此世上其實什麼也沒發生。因此才會說，我們只是不斷重溫舊夢而已，不是重演小我的分裂與特殊性的劇本，就是重演聖靈的共同福祉與寬恕的劇本，如此而已。

(3:4) 我們已經討論過時間的幻相這一問題了，可是「教學次第」的幻相好似另一回事。

　　毫無疑問的，我們的確認為人際關係有重要與不重要之別，這是小我最熱中的分別取捨，因為這種區別正好鞏固了第一條無明亂世法則「幻相有層次之分」（T-23.II.2:3）。層次或程度的幻相，影射出分裂或某種次序；然而，在天堂裡的**唯一**次序，就是上主本身。即便所謂「三位一體」的觀念，耶穌都別有解釋，上主居「首位」，此外沒有第二或第三位：

　　　「首先」或「第一」在時間領域內毫無意義；但在永
　　　恆之境，「第一因」代表天父。祂既是第一因，也是
　　　絕對的一。除了第一因，沒有其他的原因存在，更沒
　　　有次序或第二、第三諸如此類之物。（T-14.IV.1:7~8）

　　上主既然是絕對的「一」，怎麼可能還有其他東西存在？為此，凡是能證明層次或程度存在的，都成了小我的最愛，比如說，判斷這人比那人好或壞，這個關係比那個關係更重要或不重要。耶穌希望我們明白，這些日常經驗，不論外表形式如何，內涵全是同一回事。

(3:5~7) 不論哪一層次的教學場景，都是上主救贖計畫的一部分，而上主計畫既是反映上主的旨意，便不可能有次第之分；這大概是證明這些次第根本就不存在的最佳解說了。救恩早已為大家準備好了，而且始終就在那兒。不論上主的教師從哪一層次著手，最後都會殊途而同歸。

　　唯一的內涵，若非小我的個別利益，就是聖靈的共同福祉；而唯有後者反映出上主旨意的境界，此外無一物存在。只要把握住這個基本理念，便足以整合一切日常事物，且為它們賦予新意。

(4:1) 每個教學場景都可說是一種高峰經驗，因為參與其中的人，都會在那一段時空內從對方學到最多的東西。

　　所謂「高峰經驗」，即是前文所說的**極致**。這個詞彙極為重要，因為它反映了奇蹟原則第一條「全都表達了愛的極致」（T-1.I.1:4）。每一個教學場景都屬於一種高峰或極致經驗，不論是五秒鐘的照面或是長期的關係，小我都不離左右，但同時聖靈也永遠臨在。不妨回想一下前文提到的超越時空的心靈，

在心靈領域內是沒有大小之別的。小我思想體系始終是百分之百的罪咎懼，不曾一刻稍減；聖靈的正念與修正則是百分之百的寬恕、平安與真愛的倒影，也必然永遠不變；唯一會改變的，是抉擇者的選擇。一旦我們接納了救贖，小我和聖靈便一併消失了，因為任務已經達成，聖靈自然功成身退。最後唯一留下的，就是上主之子的一體生命。

　　換句話說，小我的全套思想體系隨時隨地都可能全面啟動，聖靈的全套體系亦然，不論你是開車在高速公路上、在超市櫃檯排隊結帳，或與同事或家人相處，也都全然一樣。要知道，「全都毫無分別」，乃是修持的關鍵所在。切莫忘了，這部課程完全不針對行為（**形式**），而是要你改變心念（**內涵**）。總而言之，行為屬於後果的層次，而非前因；唯有親身示範才算真正的教人，而且我們永遠正在為小我或聖靈當中的一個體系作證。

(4:2~3) 只有從這層意義上，我們才能談一談教學的次第問題。在這前提下，我們可以說，教學的第二層次屬於比較持久性的關係；雙方會在某一段時空進入比較緊密的教學關係，相聚一段時間，又好似分道揚鑣了。

　　討論過最表層的蜻蜓點水式的教學關係後，接下來要進入比較持久且互動密切的第二種層次關係。這類關係包括為時不長的婚姻、天雷勾動地火的短命熱戀、畢業後未再往來的死黨、一度緊密共事之後因離職而失聯的前同事，或者醫師與病

患，治療師與案主等等的關係。這些關係都曾經互動頻繁而密切，確實為小我提供了更方便的投射目標，同時也提供了一個大好機會，讓我們與耶穌一起看清楚，自己是如何把自我判斷投射到他人身上的。

(4:4~7) 他們的相逢和最粗淺的層次一樣，絕非偶然；外表上似已結束的關係，其實並未真正結束。每一個人都會在那段時空達到學習的高峰。凡是相遇過的人，終有重逢的一日，因為所有的人際關係遲早會發展為神聖關係。上主不會錯認自己的聖子的。

最後一句「上主不會錯認自己的聖子的」，意即我們仍是上主所創造的唯一聖子。在此前提下，不論我們如何想要把分裂弄假成真、證明上主錯認了聖子，因而在時間長毯上建立起形形色色的關係，最終，這些關係都會療癒的。根據《課程》的教導：「在他身後還有成千上萬的人，而這些人後面又有成千上萬的人。」（T-27.V.10:4）我們無需逐一化解人間每一段的關係，只需寬恕一個人，所有的關係就一併會得到寬恕。「凡是相遇過的人，終有重逢的一日」正是此意，表達了我們是在「彼此之內」再度相逢的。順帶一提，耶穌在此暗示了輪迴的觀念，後面另有專篇探討。不論你相不相信輪迴，在時間幻相中，我們都不是第一次來到世上。全書另有不少地方強烈暗示，我們已經多次「造訪」人間了。

凡是你我關係中尚未療癒的部分，也遲早都會療癒的。或

許不是在身體層次，但在心靈層次，每段關係都必會療癒，只因「上主不會錯認自己的聖子」。在我們終於願意接受救贖之際，所有相信了上主與聖子是兩個不同生命而追逐個別利益的特殊關係，終將會在那神聖一刻獲得療癒的。因為我們原是一體不分的生命，這一體生命才是上主的旨意，祂「願」自己的聖子永遠成為祂生命的一部分。這意味著我們根本不可能活成個體生命，更不可能在上主旨意之外追求個人的福祉。

(5:1) 第三種教學層次發生於一旦建立就會持續終生的關係上。

　　這類關係包括至今仍有來往的昔日同窗、情誼持續不斷的老友、關係穩定的婚姻伴侶。另外，此處雖未明言，但核心家庭（由雙親與子女組成）也必然歸屬此類。不論家中發生了任何變動，也許有人去世、搬家，或各奔西東，但這些成員依舊活在彼此心中。好比我們的父母、手足或子女，無論在不在身邊，他們始終活在我們心裡。

(5:2~3) 在這種教與學的場景中，每一方都會得到一位特定的學習伴侶，他們為彼此提供的學習機會是不可限量的。這類關係一般來講比較少，因為這種條件意味著雙方在教與學的互惠關係上勢均力敵得近乎完美。

　　將這些人牽繫在一起的因素，緣於他們仍然能夠由彼此身上學到此生的功課。當然，他們也可能選擇「不學」，正如下文即將提到的，許多人寧可選擇分裂。但請特別留意，目前的

這段課文以及整部《奇蹟課程》，並沒有任何一處提過與朋友或伴侶分手是一種罪行，因為耶穌從不由表面形式來評斷。如果你的親密關係問題叢生，甚至已到了忍無可忍的地步，耶穌絕不會要求你繼續煎熬下去的。但前提是，你心裡得非常清楚，只要你心中的那個問題尚未療癒，它遲早會捲土重來的──不是今天跟這個人，就是將來和另一個人格特質相近的人。因此，當你決定離開一個虐待、折磨或僅僅是讓你感到無法適應的人際關係或工作環境，你無需因而感到內疚，只需銘記：尚未療癒的，終將再度出現；當你準備充裕時，自然就能夠面對它了。由於時間只是個幻相，如果你感到耶穌好似向你施壓，請務必記得，施壓的不可能是他，而是你自己。總之，所有的人遲早都會學到寬恕而療癒的。

(5:4~5) **這並不表示他們必然能夠體會到這一點，事實上，他們通常都不會。彼此也許會仇視好一陣子，甚至可能懷恨一輩子。**

　　婚姻裡的伴侶通常感受不出自己和對方是「天作之合」，其實，他們為彼此提供了寬恕與療癒的最大契機。不少維繫了四五十年，甚至五六十年的婚姻，夫妻之間卻充斥著批判與怨懟，愛顯然已經被磨得幾近蕩然無存。這樣說，在場的諸位應該都不陌生。既然如此，究竟是什麼力量支撐著婚姻關係呢？其中必有原委，至少某一層次上，有一絲正念隱隱約約感知著「夫妻雙方的福祉是休戚相關的」，即使表面上根本無從得

見。為此之故，他們會對這段關係抱持著某種根深柢固的「忠誠」意識，才可能承受日復一日的爭吵與折磨。這一忠誠，不只是對他們的伴侶，更是對自己，因為他已經在另一層次看出這個婚姻形式是自己學習「共同福祉」的大好機會，而也唯有堅持下去，才能完成救恩。於是，這個婚姻的**形式**反映出夫妻雙方在**內涵**層次的同心協力。人間沒有偶然的事，上述現象即是此一原則的最佳示範。在自己的人生劇本裡，我們固然可以選擇分裂與攻擊，但同一套劇本也處處蘊含了療癒的潛力與良機。一切際遇早在我們所編寫的原始劇本上演過，現在，就端看我們究竟要選擇小我或聖靈，來幫助自己的心靈重新去經歷那場舊夢而已。總之，人間的利害衝突是可能融合成唯一共同福祉，而讓我們由分裂之夢覺醒的。

(5:6) 然而，只要他們決心去學，最完美的課程已展現於他們眼前，而他們遲早會學成的。

　　當我們學到自己的福祉與他人休戚與共時，表示我們已經學會「上主之子是無罪的」這一完美課程。這個人生功課永遠近在眼前，因為聖靈的救贖思想體系始終存於我們共享的正念之心。曾幾何時，我們已經在自己的劇本中選擇接受救贖，一切早已成定局。**何時**才願重溫「接受救贖」這一選擇，便成了我們此生唯一需要作的選擇。無論如何，我們是不可能選擇「不接受」的，因為一切皆已定案，這一點正是前面幾篇的精髓所在。

(5:7~8) **他們一旦決心去學這一課程，就足以成為其他搖擺不定甚至好似一敗塗地的教師的人間救主。沒有一位上主的教師得不到上天之助的。**

　　請看，本書的第二主題「向聖靈或耶穌求助」又再度響起了。一旦學會「我的個人福祉與他人的福祉其實無法切割」這門功課，不論我跟誰在一起，我的臨在都成了最好的示範，我便成了他人的老師與人間救主。雖然在幻相中，這一境界顯得高不可攀或遙遙無期，但在實相內，救恩早就完成了，我們全已回歸那從未真正離開過的天堂，我們也全都親自領受了救贖，只因分裂不曾發生過。最後剩下的唯一問題就是：我們選擇在噩夢中繼續昏睡多久？身為上主之師，我們所肩負的任務就是要學習這個功課，同時也讓身邊的新手老師透過我們而活出他的寬恕功課。最後，讓我再次引用發人深省的這段話：

　　請勿向人宣揚我無謂的死亡。而應教他們看出我並沒有死，我正活在你內。（T-11.VI.7:3~4）

　　是的，向人示範耶穌依舊好端端地活在自己內，最足以反映出我們是一體不分的生命，也為「小我無法打倒上主之子」、「分裂影響不了我們的共同福祉」這類最基本的奇蹟理念，做了最可貴的表率。

肆. 上主之師的人格特質

　　本篇是〈教師指南〉裡頭最長的一篇，內容豐富至極，不只幫助學員了解如何成為上主之師，而且也清楚列出靈性成熟的上主之師所擁有的人格特質。整本〈教師指南〉，尤其是本篇，耶穌為我們描繪了上主之師的三種層次。可還記得前文說過，每個人都有選擇成為上主之師或小我之師的能力，只要甘心把他人的利益當成自己的福祉，就表示你已決心加入**上主之師**的行列了。這個說法也寓意著我們只有一個共同需求，就是從小我之夢覺醒，重返天鄉。如果用我先前所說「階梯」的意象來作比喻，只要決心把他人的福祉視為自己的福祉，這個心態就能將你保送到正確階梯的底端了。至於追逐私利的小我之梯，始終以「去找，但不要找到」為最高指標，註定下場堪虞。換言之，能夠引領我們回家的，唯有聖靈之梯。

　　〈教師指南〉提到上主之師的三種層次，對應的正是聖靈之梯的三個階次。最底層的階梯代表奇蹟之旅的起點，開始學習認出我們的福祉與他人的福祉是休戚相關的。具體地說，就

是在日常生活放下判斷和怨尤，不再恣意攻擊別人、把他人當做自己罪咎的代罪羔羊，也不再視自己為世界的受害者。請注意，耶穌提到上主之師的十大人格特質時，顯然是指**資深的上主之師**，他們的靈性成熟度已經抵達聖靈之梯的最頂層。但如何從底層拾級而上？整個具體過程就是下文所要討論的「信賴的形成」六個階段。

奇蹟之旅始於你的第一個決定：不再批判別人。這一步並不要求你收回對「每一個人」的評判，而僅僅是希望——比如說，當你在高速公路上開車，不慎跟人擦撞或被惡意超車，那時，你能夠及時收回自己的批判。僅僅這一舉動，便足以將你送到聖靈之梯的底端。然而，這只是個開始，往後的旅程還會要求你把這樣的神聖一刻套用於所有的人際關係和事件上。

本篇雖未明言提及，但攀登階梯的過程達到最頂層或最後階段，就是真實世界了。過了真實世界，階梯就會消失，而你也到家了。當你抵達頂層時，階梯自會慢慢隱退，你已堪稱為**眾師之聖師**，這個稱謂在後面篇章還會特別提到（M-26.2:2）。耶穌及真正開悟的聖者都在此列，他們已經抵達階梯之巔，不再依賴有形的肉體臨在人間。接著，上主會踏出最後一步，將他們提升到上主之境。〈指南〉對這部分著墨有限，諸多描繪散見於〈正文〉。（請參閱 T-7.I.6~7；T-11.VIII.15）

我們先由下面兩段前言開始，之後再深入研討資深上主之

師的十項人格特質。

(1:1~2) 上主之師的外在特徵極少相似之處。在世人眼中，他們長相不同，背景殊異，人事經驗也大異其趣，外表「個性」上的差異至為分明。

這一段是從**形式**層次開講的，因此每個人看起來大不相同，連傳達的訊息也可能各異其趣。「個性」一詞置於引號中，意味它是虛幻的。我們看起來個性迥異，正如我們的長相與外型也各不相同。要知道，生理與心理層次的那個我，其實都屬於形式層次的表相，根本不代表什麼，唯有表相背後的**內涵**才是核心。這個觀點正是第一主題「我們共享同一福祉，只因我們共具同一心靈」的變奏而已。

(1:3~4) 他們在擔起教師之職的初期，通常尚未具備上主之師比較深層的特質。上主會賜給祂的教師一些特殊的禮物，因為他們在救贖計畫中負有特殊的任務。

一旦開始學習把他人的福祉視為自己的福祉，就已經將我們送上了聖靈之梯的初階，但還沒有具備下文論及的深度特質。唯有具備了全部的十種特質，才堪稱為資深的上主之師。

我們早已耳熟能詳上主不會「賜下」任何特殊恩典這一原則了，雖然接下來的引文提到「特殊的恩賜」，其實這些恩賜並不是上主給予的，而是我們本來就擁有的。我們之所以會覺得自己從外面收到了什麼東西，乃是基於我們自編自導的分

裂劇本。我們在時空的虛幻旅程所發展出來的才華與能力，最初難免會被小我利用，藉以凸顯自己的特殊性，建造自己的祭壇，招引他人前來膜拜。直到有一天，我們突然明白自己的福祉和他人的福祉完全是同一回事，我們就當下轉過來了，原本企圖讓自己顯得與眾不同的能力，開始轉而為救贖的神聖目標效力。只要意識到我們所有的人都共享同一福祉，那麼，一切想要領導、操控、唆使，乃至於傷人的種種企圖，自然就消散無蹤了。

(1:5) 這些特點當然只是暫時的，它們雖具時空性，卻能幫人超越時空的限制。

　　所謂的「這些特點」不論多麼正面，畢竟還是虛幻的，只因天堂沒有這些東西。本篇的結尾雖提到上主之師確實有一些特質屬於永恆之境，但它也立即聲明，那已超乎《奇蹟課程》所要教導的範圍。

(1:6) 這些特殊的恩賜……透過神聖關係而醞釀出來……

　　這句話非常關鍵，清楚點出了「這些恩賜不是出自上主的賜予，它始終存於我們心內」。只要我們肯捨下小我不神聖的那套，而以聖靈的神聖本質為此生職志，小我便會自然隱退，唯獨剩下一個救贖之念：原來分裂真的不曾發生過！天堂仁慈又溫柔的真相立即倒映在我們身上，光華四射，這一映影便成了我們的人格特質，而完全不是因為上主特別恩賜之故。換言

之，上主之師的十種人格特質狀似「特殊的禮物」，其實全是我們正念之心所本有的，但要等到寬恕化解了我們意識裡所設下的種種障礙，這些特質才得以在神聖關係中重生。

(1:6) 這些特殊的恩賜，必須透過具體的教學場景所建立的神聖關係而醞釀出來……

這句話再度闡明了《奇蹟課程》的目標，它同時賦予小我想要分裂而建立的關係一個新目標，也就是給我們一個選擇以聖靈為師的機會，轉變原有的目標，以寬恕來化解彼此的分裂。所有的教學場景的確都是為了這個轉變契機而施設的。

(1:6~7) ……進而成了資深教師的共同特質。從這方面來講，他們其實非常相似。

這些特質不僅限於某些優秀或開悟的大師而已，它屬於**所有**上主之師共有的特質，只因救贖之念存於**每一個**心靈內。分裂若不存在，唯一存在的就是上主聖愛了，因此**所有**教師都同享這些特質。只不過，由於活在恐懼中的人所能接受的教導方式必然因人而異，也因此，上主之師表達聖愛內涵的形式各有不同。對此，〈正文〉中有一段精彩的解釋：

> 救贖的價值是無法靠它所呈現的形式來衡量的。事實上，若要真正發揮大用，它必須以最有利於領受者的形式出現才對。也就是說，奇蹟必須按照領受者所能了解而且不害怕的方式呈現，才可能功德圓滿。但這

並不表示這種奇蹟就是他與上主交流的最高層次了。
而是說，他「目前」所能接受的最高交流層次僅止於
此。奇蹟的整個目標不外乎提昇人的交流層次，它絕
不會加深人的恐懼而降低了交流層次的。（T-2.IV.5）

　　總之，救贖的價值與行為無涉，譬如說，心存正念的人，
不論他們說什麼，都會恰如其分地回應對方的需求，正如同
《奇蹟課程》採用我們熟悉的語言和詞彙，以我們所能了解及
接受的形式來到人間。所以才說，我們一旦決心著眼於共同福
祉，不再追逐私利，耶穌的愛就會透過我們而自然流露，不論
我們說什麼或做什麼，都會如及時雨般地利益眾生。雖然有時
我們的言行表現，在面對這個人和那個人時可能截然不同，或
是在不同時候對同一個人的回應也往往前後不一，然而，唯有
言行背後的**內涵**，才是真正的價值所在。

(2:1) **上主兒女之間的差異都是暫時性的。**

　　這些差異既然是暫時的現象，必然一樣虛幻無比，因為真
理是永恆不易的。畢竟而言，所有的差異性全都建立在形式上
的形體特徵或人格特質，不管表現為何，實在不值得特別矚
目。唯有透過聖靈及救贖原則而臨在我們心靈的愛，也就是上
主抽象或非具體的聖愛，才是永世長存的。它表達的形式雖有
萬千，但救贖的內涵卻亙古如一，始終反映著上主唯一的永恆
生命。

(2:2) 然而，在時空領域中，我們仍可列出資深上主之師的共同特質：

　　在時空的世界裡，我們確實各不相同，耶穌在此其實是以自己為例，但在永恆之境，他和我們任何一人則毫無差別。話說回來，在幻境中，他顯然比我們睿智得多。

> 我所有的一切，沒有一樣你不能得到。我所有的一切，也無一不是來自上主。此外，我一無所有，這是我們目前不同之處。就是這一點使我的境界對你而言仍是有待開發的潛能。

> 「除非經過我，誰也不能到父那裡去」，這句話並非表示我與你之間，除了時間之隔以外，還有任何不同或差別；何況時間根本就不存在。（T-1.II.3:10~13；4:1）

　　如果借用階梯的譬喻，可以說，耶穌所在的階梯級數比我們高出許多，事實上，他根本已經超乎階梯之上。接下來，我們開始來討論位居高階的資深教師所擁有的十項人格特質。

（一）信　賴

　　「信賴」居十大特質的首位，其餘九個特質顯然都建構在

信賴的基礎上。到目前為止，在主題與變奏交織而成的大樂章中，信賴可說是傳遞第二主題最重要的一個主旋律了。信賴，就是祈求與信任聖靈的協助，代表我們的信賴已由小我身上撤回而轉置於聖靈。唯有如此，我們才真有可能以不同的眼光去看待世界。即使現實世界一如往昔，但我們對眼前景物的詮釋已全然不同。我們再也不受外境所惑，因為我們深深明白上主的平安與聖愛永存心中，而且千古不易。世界沒有能力剝奪這一恩賜，**除非我們自願賦予世界這一能力**。換言之，能夠驅逐我們內心平安感受的，唯有我們自己，他人、他物，或一切外境，均無此能耐。為此，我們才說信賴是一切的根基，具體而言，即是我們究竟信賴哪一位老師。

(1:1~3) 上主之師必須具備這個基本條件方能完成自己的任務。知見是學習而來的結果。其實知見本身就是學習，因為因與果本來就是不可分割的。

這段話正是「共同福祉」的另一變奏。所有事情全是同一回事，不論是因是果，都是一體的兩面。「觀念離不開它的源頭」正是〈正文〉與〈練習手冊〉的核心理念，出現過十四次之多。也許措詞稍有出入，中心主旨毫無不同，表達的都是**結果離不開它們的起因**。如果將這個原則套用於世界，意思就是：世界從未離開過它的起因（源頭），亦即心靈。一言以蔽之，心外無宇宙。

由此可知，知見就是建立於「我們決心拜誰為師」這一基

礎的。選誰為師，我們就會透過這位老師的目光去「看」世界。此處說的「看」，當然絕非肉眼所見的顏色、形狀或種種外在言行，而是**看的心境**，也就是我們對這些現象所作的詮釋。倘若選擇小我為師，我們自然只會透過它的批判目光看到分裂和個別利益；如果選擇聖靈為師，我們自會透過慧眼，看到一體與共同福祉。

> 慧見和判斷之間，你只能任選其一，而無法同時擁有兩者。（T-20.V.4:7）

為此，知見並不僅僅代表學習的結果，知見本身就是學習，因為根本沒有內心和外境之分。這正是〈練習手冊〉前面幾課的要旨之一：眼前的世界全是自己心念的投射，它反映出我們究竟認同了哪一位內在導師。

(1:4~7) 上主的教師們開始信賴這個世界，因為他們明白，這個世界並不受制於它自己的運作法則。它受制於一種既不脫離世界卻又超越世界的力量。萬事萬物的最終保障即繫於這一能力之上。上主之師就是靠這股力量才能看見那已被寬恕的世界。

這一段話很容易被斷章取義，認為聖靈有辦法把世界搞定，比如說，祂會把平安送到中東，防止非洲內戰，或消弭世界的貧窮等等。那種說法恰恰跟耶穌的教誨背道而馳。世界永遠不會改變的，因為它的本質即是如此，從未離開過妄心這個

源頭。世界的虛幻本質不可能轉變為其他任何的東西，唯一可能改變的，是心靈願意信賴並且選擇以誰為師而已。如果我們信任耶穌教導的「世界純是自己心念的投射」，願意把自心中的分裂與罪咎之念轉向寬恕與共同福祉，那麼，整個世界在我們眼中就會煥然一新。雖然肉眼回報的訊息依舊沒變，但我們的回應已經不再受制於那些訊息，而是反映出心靈的領悟——每一個人不是在傳達愛，就是在向愛求助。千真萬確，一旦選擇透過基督慧見去看，不可能產生其他知見的。

每一個人都渴望被愛，不論面臨的是愛的求助或愛的流露，我們的回應也只能是愛。縱然愛的表達形式各有不同，內涵卻始終不變。為此，唯有選擇聖靈的平安，才能在人間活得心安理得。不論外境發生什麼事，即使身陷殘酷無情的殺戮戰場，你的內心仍然平安，因為因和果乃是一體的兩面，只要我認同的是平安與愛之念（**因**），便自然享有平安與愛（**果**）。在正念之心中，不可能還有其他任何的東西。

當然，這並不表示你對人間的種種情狀一無回應，而是說，你一旦決定採取行動，你的作為將如實反映出「共同福祉」的慧見。換句話說，在行為層次上，你也許堅持某種立場（《奇蹟課程》從未禁止這類事情），但在心靈深處，你知道每一個人都是你的兄弟姐妹，不論是受害或加害的一方，他們都在向同一個愛求助，否則他們不會來到人間。這就是耶穌所說的「能力」：無論在私生活領域或世界任何一個角落發生了什

麼事情，你都能將平安帶入其中，沒有什麼對立或勝負可言。這種愛只會由完美的一體性著眼，只因愛即是一體。唯有透過基督慧見，起心動念視所有人為同一生命，愛才可能透過你而倒映於這個支離破碎的世界。

(2:1) 他們一旦經驗到這股大能，再也不會信賴自己微不足道的力量了。

《奇蹟課程》經常把我們的軟弱與基督的力量拿來做對比，〈教師指南〉著墨較少，〈正文〉中卻多處可見，尤其是最後一章的結論「重新選擇」（T-31.VIII.2:3~7）。此處，耶穌要表達的是，我們一旦體驗過「超越人所能理解的平安」（〈新約‧腓立比書〉4:7），就再也不會信靠小我那一點點「微不足道」的本事了。

(2:2~3) 身負神鷹雙翼的人豈會仰賴麻雀的翅膀？眼前盡是上主贈禮的人，豈會器重小我的微薄獻禮？

這兒又有一個強烈的對比了，耶穌教導我們對比小我的禮物（內疚與焦慮）和上主的禮物（愛與平安），並且正視選擇不同老師與經歷不同感受之間的連帶關係。倘若聽從小我追逐私利，就會帶來沮喪不安，甚至疾病；反之，追隨聖靈的共同福祉，自然感到幸福喜悅。也因此，第二主題「向聖靈求助」是如此的重要。我們真的非常需要內在聖師幫助我們看清這一對比，才作得出正確的選擇。

(2:4) 究竟是什麼因素促成了他們這一轉變的？

　　下一節「信賴的形成」答覆了這個反問。這句問句所蘊含的深意，正是上文提到的選擇小我與選擇聖靈之間的對比。選擇「個別利益」必然導致個人的苦悶和不幸，以及世間的敵對與戰爭；選擇「共同福祉」則會將我們領向真實且長遠的平安，不論在個人生活或集體層次上皆然。無論如何，我們必須先對聖靈的思想體系生起充分的信賴之心，才可能作出正確的選擇。現在，就讓我們一起深入探討信賴的形成過程。

甲. 信賴的形成

　　我先概述一下形成信賴的六個階段，然後再針對原文逐句講解。本節的重點是在描述初級教師由階梯底端攀至頂端而成為資深教師的過程。要注意的是，切莫執著於六個階段的形式，更不要藉以判定自己或別人目前正處於哪一階段。一旦落入這個陷阱，與人較勁的心態便在所不免，勢必崇拜特殊性而大快小我之心。其實，這些階段純粹只是在描述由小我解脫必經的歷程，因此千萬不可執著於文字、順序，或視為一種線性過程。它們只不過表達出我們釋放那充滿犧牲與特殊性的小我思想體系時，所會經歷的種種體驗而已。

　　前三個階段的歷程絕不會令人好受，因為它們全都涉及某

種程度的「捨棄」。首先，就是**化解階段**。在這個階段，我們會經驗到自己的現實世界起了重大變化，由於此時我們對內在的心靈仍然懵懂無知，因此往往被外在事件折騰得人仰馬翻，比如說，失去工作或退休金、被公司外派、親人過世、罹患重病，乃至於戰爭爆發或股市崩盤等等。很自然的，我們會立即感受到這些「災難」所帶來的嚴重衝擊和痛苦。第一階段要化解的，正是這些認知與感受。

當我們慢慢明白「只要用正確的眼光去看，凡事都可能成為增上緣」，此時，便進入了第二個階段——**釐清階段**。這個階段需要的是分辨「有價值與無價值、有益與無益」的能力。凡是使我們陷入夢境而難以自拔的，均屬無價值；凡能幫助我們不再認同夢境的（尤其是不再把夢中角色當成自己），方堪稱為有價值。在這一階段，我們會逐漸認可「放下小我的特殊性對自己有益，而執著小我對自己有害」這個事實。

到了第三階段——**捨棄階段**，我們開始心甘情願放下那些對自己無益之物，因為我們已經切身體驗到「追逐特殊性只會讓自己吃盡苦頭」。

只要我們捨棄得了無益之物，便進入了第四階段——**安頓階段**，也因而享有某一程度的平安。我們終於領悟到，只消放下小我、放下自己的受害情結，不再怪罪於天下人或天下事，我們自會活得更舒坦而心安。然而，這個階段所面臨的誘惑甚多，比如說，志得意滿、自以為已經修成《奇蹟課程》的正

果、心靈之旅功德圓滿等等。

　　很快地，我們會發現自己的功課並沒有做完，甚至距離階梯頂端還有好大一段路！但話說回來，至少已經不在階梯底端打轉了。我們會忽然了悟，原來自己根本不曾真正了解有價值與無價值的差別何在。這一覺悟，令我們好似被打到谷底，因而進入了第五階段──**動盪階段**。原來，我們從未意識到自己對舊時的自我認同是如此敝帚自珍，錯以為**我**在寬恕、**我**已經懂得向聖靈求助了、**我**就是這個形體，而且這個**我**成了耶穌傳達愛的管道。在這個動盪階段，我們會頓時明白，《奇蹟課程》絕不是來幫助我們強化這個自我感的，更不是要教我們如何在人間活成一個更快樂的人。反之，這部課程是要幫助我們了悟我根本不是這個自我，而且我心目中的自己根本毫無價值可言。真正有價值的，是繼續這趟消融個體之我的旅程，但這也意味著，我一定要放下**所有的**判斷才行。

　　唯有徹底放下對小我的認同，我們才算抵達階梯的頂端，跨入真實世界，進入最後的**完成階段**。至此，上主之師的其餘九個特質才會融為我們的生命，而信賴之心從此屹立不搖。

　　現在，我們開始講解課文：

(3:1~3) **首先，他們必須經歷所謂的「化解」（undoing）階段。這未必是一段痛苦的經歷，但通常會給人這種感受。它會讓人感到好似失落了什麼；很少人一開始即能看清那是因為自己認**

出了那東西毫無價值之故。

　　此處的「他們」，是指已經攀上「正確」階梯的上主之師。而所謂「正確」，不過是代表他們選對了老師，以「共同福祉」為此生的目標。

　　耶穌在〈正文〉講過，聖靈不會奪走我們的特殊關係，祂僅會轉換它們的目的，將它們徹底改頭換面（T-15.V.5；T-17.IV.2:3；T-18.II.6）。世間的萬象萬物，比如身體、環境、天氣、股市、政府等等，永遠變幻莫測，這些變化在小我眼中一概解讀為剝削，並且認定是人類冥冥之中罪有應得的懲罰。不論察覺與否，這類的認知早在我們心中根深柢固，而也正是有待我們化解的。這門功課其實不難，僅需改變自己看待世界的眼光，並且認清這個世界在本質上完全不具任何價值。

(3:4) 表示這人已經進步了，能以不同的眼光去看，否則他怎麼看得出那些東西毫無價值？

　　這一段告訴我們，唯有以耶穌而非小我的眼光去看，才能將我們帶到心靈層次；唯有在那兒，我們才可能看清自己的真相。小我不斷唆使我們向外看，並把肉眼所見弄假成真，且視為性命攸關之事。對小我而言，某些東西非常有價值，某些則毫無價值，唯有攫取那些有價值之物而且不再失落，小我才有幸福可言。耶穌雖然也教我們如何向外看，但這不過是耶穌藉以將我們的焦點由外境轉向心內的手段而已。

(3:5~7) 然而，他內在的轉變尚未達到脫胎換骨的地步。因此，他的學習計畫裡頭有時還會要求他作一些貌似外在的改變。這些改變通常會帶來一些實際效益。

　　耶穌之所以說「貌似外在的改變」，因為在實相中並無外在可言。究竟來說，外在什麼也沒有，因為「世界根本就不存在！這是本課程一直想要傳達的中心思想」（W-132.6:2~3）。因此，唯一亟需改變的，只有我對世界的知見。這一轉變會勾出內心習而不察或不可告人的祕密。再提醒一次，這絕非上主大顯神威或聖靈在為我的人生佈局，特意為我預設了某些困難或痛苦的挑戰。這一切純粹是因為我先相信了幻相的存在，才會為自己編寫某個人生的幻劇。聖靈所「做」的，僅僅是代表「救贖」慈愛地臨在我心中，如此，我才可能以不同眼光或角度去看自己的人生。比如說，當我感到被剝削時，這個感覺正給我機會去重新審視自己內心已選擇了小我這一事實，這個錯誤選擇才是我不斷體驗到犧牲與被剝削的真正肇因。一旦明白自己還有心靈，才有可能進一步了解世界是「心境的見證，也是描述你內心狀態的外在表相」這番道理（T-21.in.1:5）。那些外在的變動能夠讓我看清自己內在的心境──原來我的心靈又選擇聽信小我那一套了。

(3:8) 上主之師若學到了這一點，便已進入第二個階段。

　　請記得，這六個階段並非順序一成不變的流程。從一個階段進入下一階段，也絕非你想像的，好比走出一個房間，隨手

關上門，你就進入了另一個新房間那一回事。耶穌只是在為我們描述放下小我的歷程，我們好似對著小我的思想體系說：「我再也不想這樣下去了！」唯有走到這一步，我們才會逐漸明白那些外在的變動的確是來助我一臂之力的。不論它們看起來是正面的或負面的，都給予心靈一個投射的機會，我們才能藉由投射出來的景象看清自己先前不曾意識到的心態。為此，我們向耶穌求助時，目的不在於改善外境，而是請他教導我們換一種眼光來看待事情。

(4:1~3) 第二，上主之師必須經歷「釐清」（sorting out）的階段。這通常不是一件容易的事，因為他既已看出生活上所作的改變對他確實有益，那麼他從此就必須根據事情的具體效益或妨礙程度重新評估一切。他會發現，當他面臨新的現實挑戰時，以前重視的許多事物（即使不是絕大部分）只會妨礙眼前的「學以致用」。

「學以致用」是〈練習手冊〉前面幾課的重要主題。「致用」的過程即是：我先把學到的理念套用於眼前的難題之後，發現事情果真有所轉機，便能體會出這事件的發生確實是一份祝福。縱然一開始我還不甚明白，但經過一番反思，終於發現這事件幫助我看到自己心內隱微不察的那一部分，進而了解到祝福之所在。我為此感恩聖靈，不是為那個「外在事件」，而是感謝祂教導我藉著此事件的「形式」，得以一窺心靈的「內涵」，因而給予我一個重新選擇的機會。

如今，我要把所學到的理念套用於一切現實的處境。「一切」，既包括令我欣喜若狂的，也包含讓我煩惱不安的，然則兩者皆非「上主的平安」。我的目標是逐漸學會將所學套用於所有事件，不論好事壞事，不論稱心如意或事與願違，絕無例外可言。此外，我還會更深切地意識到，小我對人間際遇和人際關係的詮釋，對我必然百害而無一利；耶穌的詮釋才是百利而無一害。我現在終於知道，如何在無價值與有價值之間作選擇了，正如下文說的：

(4:4) 由於他過去非常珍惜那些毫無價值之物……

這句對應著〈練習手冊〉第一百三十三課「我不再重視毫無價值之物」。耶穌在那一課教導我們判定事物的有無價值，最重要的標準即是它能否永存不替。凡無法永存的，就是無價值的；凡是千古不易或至少能夠反映永恆之境的，才真正有價值。這個標準可說是一舉推翻了世間所有的價值觀，因為世間根本沒有永存之物。人間一切樂事全都稍縱即逝，痛苦則是暫去還復來，我們卻依舊樂此不疲地追逐人間的寶貝。殊不知，能夠長存不逝，也因此是有價值的，唯獨寬恕而已，只有寬恕能夠反映並指向永恆之愛。為此，耶穌勸勉我們，此生應致力於「永恆大業」（T-19.I.16:1）。總之，我們在第二階段開始學習釐清有價值與無價值之別，並且心知肚明任何日常瑣事都與本階段的進步息息相關。

(4:4) 由於他過去非常珍惜那些毫無價值之物，勢必會害怕失

落及犧牲，而不願把所學的道理運用於日常每一件事上。

　　無可諱言，我們最害怕的，莫過於有一天會失去自我，因此當然害怕這六個階段的過程會迫使我們犧牲心目中認定的自己。然而，事實絕非如此。請務必謹記，唯有攀登至階梯頂端，才可能失去自我，只因那時我們已準備好放下自我了。在攀登的過程中，我們真正會失落的，無非是罪咎、恐懼、憤怒、憂鬱以及痛苦，僅此而已。唯有到了最後階段，把自我困鎖於人間的罪咎不復存在時，整個自我才會消失。

　　另一方面，由於小我害怕我們攀梯而上，它會千方百計把我們扣留在階梯底層；尤有甚者，如果能把我們拐到它自己的階梯，它必竊喜不已。這就是為什麼我們如此容易掉回原來的反應模式——不忘前嫌、怨天尤人、沉溺於愛恨交織的特殊關係、不自覺地顧影自憐，或死守著罪咎不放。小我不時恐嚇我們，若與耶穌一起攀上他的階梯，必然消失於虛無，莫知所終。其實，小我真正怕的是自己終將灰飛煙滅，因為只要我們牽緊耶穌的手，我們就會「無所不在」，而且活出〈練習手冊〉描繪的喜悅心境：

　　也願我別忘了自己的虛無，我的自性才是一切。（W-358.1:7）

(4:5~7) 需要經過一段刻骨銘心的歷練才可能明白，所有的東西、事件、遭遇，以及環境，對他確實是一種助緣。幻相中的

一切所含的真實程度，全看它能帶給人多大的幫助而定。它的「價值」只限於這一方面。

在〈正文〉中，耶穌經常提到「小小的願心」（little will-ingness）；此處他卻指出，資深教師需要「刻骨銘心的歷練」（great learning），才能夠明白「所有的東西、事件、遭遇，以及環境」都可以成為我們旅途上的助緣。確實如此，萬事萬物的價值就**僅僅**在於「它們能幫我們盡快放下個別利益之信念，而且盡快認同於共同福祉的原則」。這是非常重要的一個觀念。「小小的願心」會幫助我們認出這一真相，把我們送上奇蹟之旅，然後逐漸將學到的真相普遍運用於一切情境和人際關係。儘管如此，此時的我們仍屬於第二階段，尚無法正確評估**每一種**情況，也分辨不出它們究竟會幫助或是阻礙我們攀登階梯。不過，至少我們心裡愈來愈明白，問題並不在外面世界，而在於我們如何看待它。

(5:1~2) 上主之師必經的第三個階段就是「捨棄」（relinquishment）。如果你把這字理解成「放棄可欲之物」，內心勢必激起很大的衝突。

這是個十分關鍵的觀點。〈正文〉第二章曾提到，每當我們的「所行」與「所願」背道而馳之時，內心勢必感到無所適從（T-2.VI.5~6）。試想，當我們在做一些自認為很有靈性的事情（例如寬恕）時，內心是否非常不甘願？然而，就算心有不甘，我們仍會勉力去做這類「對」的事，也不管到底什麼才是

真正的「對」，只要我認為那是耶穌要求的，我就去做。甚至說得白一點，我們按部就班地操練〈練習手冊〉也是基於同樣的心態，只因那是學習《奇蹟課程》不可缺的一部分。我們不過想藉此向自己與他人證明「本人乃是名副其實的好學生」罷了，壓根兒沒真心打算放棄小我。我暗自打定主意要腳踏兩條船，既能保住靈性光環，又無需放棄獨一無二的這個「我」。坦白說，就是我要耶穌按我的牌理出牌，而不是我聽他的。然而另一方面，我們某種程度十分清楚自己的特殊性只是虛有其表，毫無價值可言，我們也隱隱約約渴望著真正有價值之物，然而內心仍不免竊盼能夠魚與熊掌**兼得**。打著這種如意算盤當然是癡人說夢，難怪我們的內心老是衝突迭起。

　　所以才說，在奇蹟之旅的過程中，我們需要時時刻刻向耶穌求助，學習和他一起借用每一個人生場景來正視自己的小我。說得更具體一點，就是要看清楚自己如何被小我激出遭受不公待遇之感，並因此合理化自己的防衛、攻擊、拼命死守個人利益，全然忘記我們所有人都是一家人。這個家固然已經神智不清，畢竟還是同一生命體，每一位成員都同等重要。缺了這一層認知，靈修之路必然充滿內疚與衝突。說穿了，是我自己把這部課程搞得其難無比，卻反過來怪它辜負了我的一番努力，而實際上，我根本沒有按照書上說的去做。難怪海倫抱怨這部書對她毫無實益時，耶穌這麼回答：

　　你抱怨這部課程不夠具體、不易了解，也不實用，事

實上，它說得不能再具體了，是你沒有按照它的具體
建議去做而已。這部課程不玩觀念遊戲，它著重的是
實際操練。它說：「只要你求，就會得到。」還有比
這更具體的指示嗎？（《暫別永福／暫譯》P.297）

(5:3) 很少教師能夠完全不受這一挑戰的衝擊。

只要看看耶穌的措辭「不容易」、「痛苦」、「衝突」，不
難想像這條路並不好走。正視小我確實是一件刺心的事。本來
無需如此痛苦的，只因我們緊抓著小我，不甘放手，才使過程
變得困難重重且苦不堪言。耶穌想告訴我們，他也知道此路不
易，但仍鼓勵我們堅持下去，與他一起穿越黑暗，因為他這一
條路的終點是邁向光明的。

**(5:4~5) 然而，除非你準備好踏出下一步，否則，釐清哪些是
有價值的、哪些是無價值的，豈不是多此一舉？因此，在這前
後重疊的階段裡，上主之師難免會感到自己被迫為真理而犧牲
了自己的最大利益。**

「重疊的階段」這個說法再次顯示了這些階段之間並非涇
渭分明。在前三個階段裡，我們難免還會認為耶穌要我們放棄
自身所需、個人欲望，乃至於自我界定。我們明知，這雖與耶
穌的本意恰恰相反，但只要我們認定他要我們為了真理犧牲自
己的福祉，我們仍會咬緊牙關勉強行之。於是乎，我們拼命獻
身於助人的工作、認真研讀《奇蹟課程》，甚至放棄自己的事

業等等，只因我們以為這是耶穌的要求。事實上，耶穌從不曾要求我們去做什麼或犧牲什麼，因為他根本不在乎我們的**所作所為**，只在乎我們的**所思所想**。千萬別忘了，這是一部「強調『因』而不強調『果』的課程」（T-21.VII.7:8）。因此，耶穌只會開導我們，不論外表上做了什麼，都應該出自愛，而非咎。他關心的只是我們心裡想什麼，因為在他的基督慧眼中，心外無一物。耶穌怎麼可能著眼於根本不存在的世界？他只會看到造出世界的那些念頭。他要幫助我們改變的，也正是我們心中的妄念。然而，他終究無法越俎代庖地替我們改變心意，只能以「無限的耐心」（T-5.VI.11:6~7）等候我們作出正確的選擇。

(5:6) 他尚不明白上主絕不會提出這種要求的。

　　天堂內「從來不知道犧牲這一回事」（T-3.I.4:1），只有小我之神最愛操弄這類犧牲觀念。在小我的「真理」內，犧牲是必要付出的代價，因為它始終認定自己犯了滔天大罪，贖罪乃是天經地義之事。然而，真相大白之後，我們才終於了悟，什麼都不曾發生過，因此也根本無罪可贖。「你連天堂之歌的一個音符都不曾錯過」（T-26.V.5:4），一切未曾改變，上主仍是上主，一體生命依舊一體。縱然我們心裡還會認為小我真有把完美聖念變為不完美的能耐，事實不然，而這正是救贖真諦之所在。上主與祂的聖子依舊共享同一生命，絕不可能一方會被另一方犧牲的。

　　在永恆與超時空境界之間，只剩下剎那之隔了。這微

乎其微的間隙，不足以影響它的延續性，也打斷不了
那終將匯歸一念的念頭。天父及聖子的平安境界，也
不曾受過任何騷擾。（W-234.1:2~4）

換句話說，只要我們不要求任何人犧牲，天上地下無人會
要求我們任何的犧牲。

**(5:7) 只有等到他真的開始放棄那些無價值之物後，才可能認
清這一事實。**

唯有恆心操練，才可能親自體驗自己其實並沒有放棄什
麼，因為世間之物本來就一無價值。耶穌描述真實世界時，曾
說某天早上醒來你會恍然大悟：原來你「什麼也沒有失落」就
獲得了這一切（T-16.VI.11:4）。等到我們攀上階梯之巔，必會
發現自己確實沒有失落任何東西。然而，臻至此一境界之前，
我們得先正視自己所珍惜的人間種種，同時捫心自問：「這真
的是我想要的嗎？」當初既是我們由小我手中接下這些「犧
牲之禮」，解鈴還需繫鈴人，我們也必須親手放下這些贈禮才
行。耶穌只要我們看清小我禮物的本質，明白這些一文不值的
東西絕不可能讓我們心滿意足的。

**(5:8) 他會從經驗〔放棄無價值之物〕〔譯註〕中學到，在他預料
受苦之處，找到的竟是如釋重負的喜悅，在他以為必須付出代**

〔譯註〕引文中〔　〕內的文字，係肯恩所加之補充說明。全書同。

價的地方，他竟發現了天賜的禮物。

　　這是第四階段的前奏。我們會逐漸明白，除了對我們有害之物以外，耶穌不曾要求我們放棄任何有價值的東西。好比父母奪去小孩手中利剪的比喻：一開一闔又亮晶晶的剪刀對小孩特別有吸引力，這個**玩具**若被父母拿走，孩子必會大哭大鬧，覺得犧牲了自己的幸福（T-4.II.5:2）。唯有等他長大了，才會懂得父母要他放棄之物是會傷害他的。我們這群耶穌的兄弟姐妹早已被慣壞了，比起那小孩簡直有過之而無不及，我們不斷大呼小叫：「我要這個！而且現在就要！」難怪我們會感到耶穌在奪人所好。其實，他從未奪走什麼，他只是耐心地等待，等我們長大之後，明白自己想要的東西真的百害而無一利。直到我們終有一天「心甘情願」地放下那些傷害我們的罪咎和投射，那時，我們便進入了第四階段。

(6:1~4) 現在，終於進入「安頓」（settling down）的階段。這是一段相當平靜的日子，上主之師已能享有某一程度的安寧。他藉此機會熟悉並鞏固自己所學到的一切。至此，他才能體會出自己所學的理念具有無往而不利的實用價值。

　　請留意「安寧」前面的形容詞「某一程度的」，耶穌會等到最後階段才解釋什麼是真正的平安。目前的階段，我們只會享有**某一程度**的平安。這並不是說此時的平安是偽裝的，而是說，真正的平安和我們自以為的平安其實天差地遠。只不過，比起前一階段的**動盪不安**、衝突迭起，現在總算可以靜下來

了，因為我們已經明白自己執著的那一切其實虛無得很。雖然「自我感」在這一階段尚未消失，但我們至少看清了放下罪咎、判斷及特殊性的重要性，也感受到寬恕之後的美好體驗，甚至還發現如果寬恕的對象不局限於某些人，而是能寬恕**每一個人**，那種美好的感覺肯定無以復加。除此之外，我們也不再認為他人有能力操控、陷害、囚禁得了我，因為根本沒有人能夠帶給我痛苦或奪走我的平安。有了這一層體悟，不論身在何處或與誰共處，我們都能活得心安自在。在這個階段裡，即使尚未悟入眾生一體的境界，但我們至少已能體會出自己和所有人一樣，都有同樣的妄念之心、同樣的正念之心，以及抉擇的能力，而且也懂得把所學到的套用於一切事物而「無往不利」。縱然「我執」猶存，但謝天謝地，我們至少不再是剛剛上路的那個無知的小我。

(6:5~8) 面對那驚人的潛能，上主之師終於更上一層樓，能在其中看出自己整個人生的出路。「放棄你不想要的，保留你想要的。」多麼直截了當的說法！豈有比這更輕而易舉的事？

　　顯然的，我們不想要的是怨忿和判斷，想要的是寬恕及平安。一旦體會到緊抓著怨忿是如此之苦，我們內心就不再陷於交戰了。但只要我們還想以特殊性來界定自己的價值，必會認定《課程》存心要我們犧牲自我。

(6:9~10) 上主之師需要這段休養生息的時間。他修持的境界並沒有他想像中那麼高。

　　這一點是令《奇蹟課程》與大多數靈修途徑分道揚鑣的要素之一。這部《課程》不是來幫助我們在夢裡過得更快活，而是要幫助我們徹底從夢中覺醒；它也不希望我們志得意滿地安歇在階梯的中間，而是要引領我們更上一層樓，攀至梯頂。

(6:11~13) 然而，他已經整裝待發了，又有許多強而有力的弟兄與他同行。他休養生息一陣之後，開始呼朋引伴，一塊兒上路。此後，他再也不會踽踽獨行了。

　　「強而有力的弟兄」這一說法，應該從象徵或正念的角度來體會。耶穌在〈正文〉提到與他攜手並進的重要性（T-8. V），而他自己就是「強而有力的弟兄」之象徵，代表放下小我之後自然浮現的正向念頭與甜美記憶。它們有如我們從未動用的銀行存款，需要時立即可以提領。萬一我們又起心動念想緊抓著怨忿與判斷之時（也許還理直氣壯），我們亟需回頭想想這些「強而有力的弟兄」，當下憶起放下攻擊念頭之際的美好感覺。本段的重點即在於此。

(7:1~2) 下一個是名副其實的「動盪」（unsettling）階段。上主之師至此終於明白了，他根本無法分辨什麼是有價值的、什麼是無價值的。

　　此時的你已經小有所成，不在階梯底層打轉了。但是，這趟天堂之旅走到這一階段，地獄群魔好似傾巢而出，基督教神祕學家稱之為「靈魂的暗夜」。在奇蹟之旅中，當靈魂驀然聽

懂了耶穌真正在講什麼時，往往會陷入這一暗夜。請留意，此處的「你」並非指每天早上攬鏡自照的你，也不是循規蹈矩捧讀耶穌教誨的你，或自以為已經寬恕而活得心安理得的你。耶穌此刻的對象不是具體的某人，而是指心靈曾經作了錯誤選擇的那一抉擇主體。如今，正是它選擇聖靈的大好時機。

已經十分熟悉寬恕價值的上主之師，此刻會突然領悟到，耶穌要說的比自己先前所想的來得深刻得太多了。修行之路並不止於寬恕他人而已，若要徹底從夢中覺醒而安返天鄉，得真正明白其實沒有什麼需要寬恕的，因為沒有人對不起我們，進而才能了解根本就沒有「我們」這回事。直到這一步，我們才算踏入修行的最後階段。先前學到的「有價值與無價值之分」，逐漸與「自我在本質上毫無價值」這番領悟融會貫通了。就算這個自我擁有平安、寬恕、仁慈、溫良等特質，但它仍是「自我」，因此也沒有真正的價值可言。

這是學員在修持《課程》的過程最難跨越的一關，也是奇蹟之旅的關鍵階段。即使我們距離終點尚遠，但《課程》已經不時隱約透露它的「無我」目標。正因如此，《課程》才不厭其煩地一路安撫我們，我們還不會失去自我，只會愈活愈幸福平安，愈少焦慮、憤怒與恐懼而已。直到有一天，我們終於領悟了，有價值與無價值的釐清過程遲早會將我們領向「根本沒有我」這一境界。

(7:3~6) 到目前為止，他真正學到的不過是：他並不想要無價

值之物，只想要有價值之物。然而，他自己的分辨方式根本無法教他看出兩者的差異。犧牲的觀念在他的整個思想體系中是如此根深柢固，使他無法作出正確的判斷。他以為自己已經懂得如何發心了，如今卻發現自己根本不知道那個願心為何而發。

這段話的用意所在，無非要我們回到心靈的初始選擇，並且向聖靈說：「祢一直是對的，我錯了。我選錯了老師，不只把自己和生命源頭的分裂之念弄假成真，還把個別而特殊的自我搞得真實無比。是我錯了！」寬恕的修持幫助我們了解所有人擁有共同的目標與福祉，之後，我們終於敢去面對無始之始那唯一的錯誤，最後我們會悟出根本就沒有「我」的存在。同時，我們也明白了，「願心」不僅限於放下自己的怨尤與特殊性而已，還應延伸到「放下自己心目中那個我」。

你認為自己是什麼，正是你有待化解的信念。（W-91.6:7）

在這樣的前提下，我和《課程》融合為一，而我和《課程》的源頭也復歸一體。即便如此，我的小我仍不時讓我感到與耶穌同行的代價很高，我會犧牲掉自己的存在或身分。

(7:7) 此刻，他感到自己正在追求一個可能歷經百千萬劫也未必達到的境界。

倘若有人告訴你這部課程十分容易，或說他已經進入了真

實世界，你最好提高警覺。耶穌確實說過寬恕只需一刻，但他也說過寬恕可能需要「百千萬劫」的功夫。原本無需如此曠日廢時（別忘了，時間只是一個幻相），只因我們不甘失去自我而死命抵制，才會放不開腳步，平白耽擱了前程。

(7:8) 因此，他必須學習放下所有的判斷，不論面對什麼處境，他只能捫心自問：「我究竟想在這事件中得到什麼？」

　　唯有放下「我是存在的」這個信念，我們才可能作出此生最重要的判斷與決定。平實而言，我們全都真心想要回歸天鄉，然而，站在自己個體價值的肩膀上，是絕對望不見歸鄉之路的。這個與眾不同的自我會帶領我們一路衝鋒陷陣，但它絕不允許我們敲叩天堂之門。有鑑於此，終有一天我們必會意識到，這個自我正是回家最大的障礙。為此，從妄念之我轉向正念之我固然重要，但最終的目的，無非要我們憶起自己其實是無形無相而毫不特殊的「自性」。

(7:9) 若非前面每一步都能穩紮穩打，這確實是一個難捱的階段。

　　可確定的是，我們在階梯上每進升一階，就會感到更輕鬆一點，穩紮穩打向前推進，此時，我們愈來愈少認同於小我特殊性之目標，而更多時候認同於與耶穌的合一目標。

(8:1~3) 最後到了「完成」（achievement）的階段。你的學習進入這一階段才告穩定堅固。不論在緊急關頭或太平日子，你都

可以放心了，你以前視為徹底負面的事物，如今都會帶給你具體的效益。

　　當我們真正學到所有人不僅共享同一福祉，而且共享同一自性之時，便已抵達階梯頂端了。〈頌禱〉也說過，一旦體悟出自己與弟兄不僅是攜手並進的關係、而且**根本是同一生命**，這時，祈禱之梯便到了它的盡頭。可以說，這最後的一步乃是集一生所學之大成，將共同福祉的主題曲推升至巔峰，只要我們憶起：

> 我是一體自性，且與我的造物主一體不分，也與造化
> 的每一部分共為一體，且具有無限的能力與平安。
> （W-95.11:2）

　　一旦不再著眼於聖子奧體內的差異性，我們便跳脫了小我的分裂夢境而進入真實世界。從那兒回望世間，一切的是非、好壞、成敗、特殊的愛或特殊的恨，全是同一回事。因為世間種種，無非為了強化我執，歌頌「我」的存在。至此，我們不難將所有處境一視同仁，只因我們已然認出幻相毫無左右真相的能耐。

(8:4) 是的，它們一定會為你帶來太平安寧的日子，只要你肯腳踏實地地練習，堅定你的信念，一視同仁地運用到生活上，絕不破例。

　　所謂「腳踏實地地練習」，是指悟出「我們共享同一自

性」。這個過程會讓此生的學習開花結果，所有念頭從此一以貫之，因為我們已經在聖靈的救贖體系下認出萬物的一體本質。分裂既然從未發生過，「憶起我們全是同一基督」成了人類唯一的共同需求。在這放諸四海皆準且**無例可破**的前提下，我們知道分別取捨的知見純屬無稽之談。在美夢中活得心安理得的我們，雖在世人眼中仍是一具身體，但我們知道自己已不在此地了。一如耶穌在世時，身體猶然行走於人間，而真正的他，早已超越了夢境。

(8:5) **這一階段會帶給你真正的平安，因它全面反映出天堂的境界。**

　　這一階段所帶來的真正平安與第四階段的**某一程度的**安寧截然不同，它無需仰賴任何外境，全憑它自己便足矣！一度曾是衝突之源的「分裂之我」不復存在，因我們已成為天堂一體之愛的完美倒影。我們依然感受得到夢境中的一切，但已不再認同於世人眼中那個由身心構成的「我」了，因為我們已回歸一體自性。

(8:6~10) **此後，天堂之路會愈來愈寬敞而平坦。其實，天堂就在此時此地。真正平安的心靈還會想「去」什麼地方？他豈會放棄平安而去追求更好的東西？還會有什麼東西比平安更值得追求？**

　　我們一旦攀至梯頂，階梯便會頓時消失，我們也回到家

了。同為上主一體生命的我們，曾經一度陷於錯覺妄想，聲稱上主的平安與聖愛還不夠，企圖追求一個大於一切、超乎無所不在的東西，妄想成為比基督自性還偉大的一個「我」。因此，我們只要回到當初口出狂言的那一刻，正視那個神智不清的決定，並且承認自己錯了。當初，就在我們選擇個體性的那一刻，便是一切錯誤的肇端，從此之後，分裂之我沿著階梯急轉直下，墮入一個充滿特殊性的世界。然而，也同樣是這個自我，最後選擇接受「修正」，然後又開始攀梯而上，最後消融於它從未離開過的天心。也因此，耶穌希望我們好好思考，為什麼還不重返那充滿生命與愛的一體生命，回歸生命的源頭？何苦在人間繼續無謂的飄蕩？

　　前文已經討論了我們一路上如何從階梯的底層慢慢攀梯而上，直達頂端，成為資深的上主之師。接下來，我們要繼續探討上主之師的其餘九個特質。我們會發現，這九個特質全都根植於「信賴」的內涵。此外，我們會再度提出「共同福祉」與「選擇聖靈」這兩大主題曲以及它們的一些變奏。奇妙的是，這十個正面特質恰恰成了小我負面特質的解毒良藥：**信賴**化解了我們對小我的倚賴，**真誠**化解了滋生衝突的虛偽，**包容**化解了批判，**溫良**化解了傷害，**喜樂**化解了恐懼、痛苦與攻擊，**不設防**化解了所有防衛心態，**慷慨**化解了自私自利，**耐心**化解了焦慮，**忠信**化解了我們對小我的效忠，**開放的心**化解了隱藏於判斷背後的封閉心態。

（二）真　誠

　　耶穌所描繪的「真誠」，相當發人深省。他完全不著重於行為層次的表現，只聚焦於心念，可說是一種「表裡如一」的修養功夫，也就是所言所行都能真實反映內在的想法與信念。一個人要達到表裡如一的境界，必已安然度過信賴過程中充滿衝突的第三階段（捨棄）；此刻的他，再也不會去說或做自己並不真心認同的事情。由於真誠只可能源自真愛之念，一個真誠的人不管如何表現，必然都充滿了愛心。甚至在外觀上還可能呈現出人們眼中的「白色謊言」，但他這樣做，純粹出於助人的善意，完全不是為了欺人或傷人。為此之故，真誠也屬於「共同福祉」主題曲的一支變奏。由於這些外在表相出自充滿愛的心靈，而且奠基於一體生命，故具有結合聖子奧體中支離破碎的個體之功能。

(1:1~3) 上主之師其餘的一切特質都建立於信賴的基礎上。信賴之心一旦確立，其餘的特質必會相繼出現。唯有能夠信賴的人才可能真誠，因為唯有他們才看得出誠實的可貴。

　　耶穌在逐一解說其餘九個人格特質之際，仍不斷回顧第一個特質「信賴」，並點出它們內在的一體相通。換言之，這十個特質並非各不相關，而是一體的多面。因此，你若真心「信賴」耶穌，以他為師，你不可能不兼具真誠、溫良、耐心、開放的心等等其他的特質。

(1:4~9) 真誠不只限於你所說的話而已。這個詞是指表裡如一、前後一致的修養。你所說的話，沒有一句與你的所思所行衝突，沒有一個想法會自相矛盾，你不會言行不一，自相牴觸。這才算是真正的誠實。他們心裡各個層面毫無自相矛盾之處。自然也不會跟其他人或其他事產生衝突。

事實上，人之所思、所言與所行，都是一體不分的。大約在一千六百年前，聖奧古斯丁即說過：「只要有愛，你什麼都能做。」因為只要心中有愛，不論做什麼，必會反映出你的愛心。這正是耶穌所說的真誠與表裡如一的深意。世界一向只看重**形式**，但耶穌勸誡我們切莫憑據外在行為或表相而做任何論斷。他教導我們著眼於心念與動機的**內涵**層次，如果內涵是出自愛心與正念，那麼不論說什麼或做什麼，一定都能夠造福他人。因此，只要你選擇的導師已能體現天堂的一體境界，你的所知所見自然反映出這位導師的愛，故你也必能在所有人身上看到上主之子的一體生命。一旦你不再著眼於個別私利，不論任何人做了什麼，你都不會跟他衝突對立了。光憑這一點，便足以讓日子回歸單純，心靈自然也會平安自在。

(2:1~2) 資深的上主之師心裡感受到的平安，大部分是出自他們的徹底誠實。只有存心說謊的人才會引起紛爭。

只要衝突不起，平安當下就在。耶穌進一步解釋，所有的紛爭都肇始於存心說謊的企圖。政府之所以說謊，是因為每個人都在說謊；實則推到究竟，所謂的個體生命，根本就是建立

在謊言之上的。凡是由分裂妄念延伸出來的一切，絕不可能是真實的，因為**觀念離不開它的源頭**。你一旦放下了與特殊之你的認同，自然不會繼續為小我的分裂和特殊性這個思想體系辯護了。

(2:3) 衝突對內心統一的人是不可思議的事。

　　每當我們與任何一人或一物（包括自己生病或衰退的身體）起了衝突，便意味著我們已經與自己分裂了。事實上，一旦選擇以小我為師，我們就再也無法整合自己的內心，因為心靈既已選擇相信小我之言，便是與上主對立，這無明之念會立即投射出整個世界。世界就是這麼形成的，難怪世人無不認為所有人都在跟自己唱反調、搞對立。因此，唯有自甘改變這一妄念，重新選擇聖靈，接受祂的一體慧見，一切衝突才可能止息而回歸平安，我們向上主宣戰而生出的那種罪惡感，也才終得煙消雲散。沒了內疚作祟，外在衝突便無從滋生，所有的人就在我們的慧見中重歸一體。不過話說回來，這種日子在世人的眼中簡直無聊透頂，因為世界總認為，人生就是要與眾不同才堪稱充實精彩。我們是可以活成那樣的，只要我們寧可與生命源頭和祂的造化繼續分化下去。問題是，那種活法根本不可能帶來真正的幸福和平安，因為追求與眾不同，骨子裡就是一種想要分裂的欲望，必然滋生衝突之念，鬥爭、焦慮和疾病也就勢所不免了。

(2:4) 衝突是自欺的必然結果，而自欺就是對自己不誠實。

很清楚,耶穌這句話並非指對別人撒謊,而是指對自己不誠實。究竟說來,選擇小我,本身就是一種自欺之舉,我們的所言所行從此全成了一場騙局。因此,我們真正要改變的,並非言詞上的誠實,而是在心靈上不再與虛偽不實的小我認同,轉而與正念中的誠實自我認同。

(2:5~6) 對上主之師,並沒有什麼挑戰可言。因為挑戰意味著懷疑;而這群教師對上主的信賴是如此堅定,懷疑毫無立足之地。

勇敢或鬥志,往往意味著迎接挑戰、克服萬難。不論是攀登聖母峰、向邪惡暴徒宣戰,或完成極度困難的目標,都得歷盡艱辛才可能達成任務,這類人物通常被世人視為英雄。或許,他們稱得上英雄,然而卻是**夢中英雄**,在夢境裡演出這具身體打敗另一具身體,傲視群倫,不可一世。但就真相的角度來說,我們在人間面臨的挑戰,其實是出於自我懷疑而投射出來的幻相。由於我們不敢正視內心的疑慮不安,才會向外迎戰,而且還異想天開,期待戰勝自己的投射之後,橫梗在心裡作祟的那些問題就會迎刃而解。可以確定的,所有狂熱人士,無論熱中宗教、政治還是《奇蹟課程》,所要保護或抵制的,不過就是這個自我懷疑罷了。相反的,凡是對自己的真相堅信不疑之人,必然只會活得安穩而寧靜,根本無需證明什麼或說服任何人。他只是單純地選擇平安,並且讓平安靜靜地透過自己的存在延伸出去。因此,涵養至深的上主之師外表並不會顯

得特別勇猛果敢或鬥志高昂，他們已經不會受到外境左右，而僅是表裡如一真誠**做自己**。

(2:7~12) 因此他們不可能失敗。不僅在這事上，他們在一切事上都是如此真實無欺。他們必會成功的，這不只滿全了自己的願望。他們是為全人類、全世界及一切萬物作出這一選擇，同時為了那永恆不變且千古不易的「無相」境界，也是為了上主之子以及他的造物主。他們怎麼可能失敗？這一選擇出自徹底的真誠，他們對此選擇就如對自己那般肯定。

請留意all（一切、全部、所有）這個詞，它首先出現在第八句，緊接著又在第十句重複三次。要知道，你的每一個選擇，即使是追逐小我的私利，都不是只為你自己而選的，因為你是涵括「一切」的整體生命之一部分。為此之故，倘若你選擇罪咎或衝突，必會同時強化了他人的小我；反之，當你選擇向聖靈求助，終結了某個衝突，你等於在為所有人作選擇，也因而強化了每一個心靈的抉擇能力。請記住，在你選擇聖靈的同時，這一選擇必然涵括「所有」的人，因你已決心不再認同小我的分裂心境了。一旦接受聖靈記憶中那千古不易的基督，你必會憶起自己的一體自性。

（三）包　容

　　包容就是放下判斷，它與**容忍**某些惡行因而自認為修養高人一等是兩回事。耶穌所說的包容，是把「不評判」推到極致，也就是不評判**任何人**。

(1:1~2) 上主的教師不作評判。評判別人就等於不誠實，因為評判時，你把自己放到一個本不屬於你的位置。

　　請記得，這十個特質描述的是資深教師。當耶穌說「上主的教師不作評判」，指的是已達階梯頂端的教師。一旦我開始評判，表示**我**知道什麼才是最好的，比如說，**我**知道誰才會得救，因為**我**分辨得出是非善惡。此時，我已經在扮演一個自己不可能勝任的角色了，這會勾出那初始錯誤抉擇的陰魂，重演我們篡奪造物主角色而自立為「造物主」的古老戲碼。這就是為何「我們應該寧可要幸福而不要對」（T-29.VII.1:9）這個觀念是如此的重要。一旦了解這個道理，我們會欣然向耶穌承認：「我真的很高興自己錯了！」事實上，我們根本沒有評判的能力，這個觀念不斷出現於〈正文〉、〈練習手冊〉與〈教師指南〉，也顯然是「共同福祉」的一個變奏曲。因為只要你一判斷，立刻就跟別人分裂或對立了。唯有聖靈的判斷站得住腳，在祂的眼中，**每一個人**若非在表達愛，就是在呼求愛。

(1:3~5) 沒有一個評判不含有自欺的成分。評判意味著你對弟兄已經有所蒙蔽。那麼你自己怎麼可能不受同樣的蒙蔽？

　　你可能因為某人說了不堪入耳的話而對他大失所望，但你卻絲毫沒有意識到，自己其實很想被騙，因為唯有被騙，才能證明對方有罪，而且自己多麼無辜。然而，如果我會受他人蒙蔽，又豈能不被自己蒙蔽？「對弟兄已經有所蒙蔽」，這句話的深意即在於此。

(1:6~11) 評判表示缺乏信賴，信賴則是上主之師整個思想體系的基礎。一失去這一基礎，所有的學習便功虧一簣。放下評判，你才能對萬物一視同仁；除此以外，你還能作出什麼判斷？放下評判，所有的人才可能成為你的弟兄，還有誰會與你對立為敵？評判會毀了真誠，也粉碎了你的信賴。沒有一位上主之師能夠一邊評判人、一邊還可能學到任何東西的。

　　小我即是由我們對上主的判斷而生出的，為此，「判斷」不僅和我們信奉的思想體系關係密切，甚至也與我們自己的存在息息相關。既然如此，我們若真想成為資深教師，必須認清自己其實時時刻刻都離不開判斷、吹毛求疵以及挑剔的傾向。上面這幾句課文對我們幫助很大，不妨多複習幾遍。我們只要一判斷，就表示已經把自己的信賴雙手奉獻給小我了，否則我們是作不出那些判斷的。判斷會毀掉我們的真誠，粉碎信賴之心，也宣告了我們跟對方不僅不一樣，而且還有利益衝突。這麼一來，唯有證明全世界都錯了，「我們」才有幸福可言。由此可知，判斷絕對是小我思想體系的一個殺手鐧。對此，想要成為不判斷的資深教師，首要之務必然就是寬恕自己還**無法**放

下所有的判斷。

（四）溫　良

　　溫良之人必會放下任何傷人的念頭。接下來，我們還會不斷看到正念之心的種種特質，這些全都是化解妄念之心的人格特質。

(1:1~2) 上主之師是不可能傷害別人的。他們既不會傷人，也不可能被傷害。

　　由於只有身體可能受傷，所以我們根本不可能造成真正的傷害，但這並不表示你因而有權利傷害聖子奧體的其他份子。縱然身體僅僅是一個虛幻的軀殼，也不表示你能傷人而不遭到報應。耶穌進一步解釋：

(1:3~4) 傷害必然來自評判。那是由不誠的想法而形成的不誠行為。

　　若非你心中早已窩藏了傷人之念，而且還設法藉由投射將它驅逐心外，否則你是不會存心傷害任何人的。至於評判，無疑是另一種傷人的形式罷了。

(1:5) 它一旦判決弟兄有罪，必也同樣判決了自己。

　　這句話也屬於「共同福祉」的另一變奏。我們既是同一生命，若視他人有罪，必會視己有罪；若視他人純潔無罪，也會如此看待自己。我們在本質上的「同一性」，可說是針對小我**非你即我**的立身原則痛下針砭。「非你即我」，意指小我一向利用他人的罪大惡極來證明自己清白無罪；若不是你有罪，就會變成我有罪。為此之故，小我不斷說服我們必須設法脫罪，以免遭受上主懲罰。只要我能證明他人有罪，便可讓自己立於不敗之地，而對方為了自己的利益，也會如法炮製。如此一來，雙方各從不同立場出發，來顯示自己必定是與眾不同的。至此便能看出，強調所有的人「原是一體且共享福祉」，是如此的重要。我若堅信他人才是罪孽深重的邪惡之輩，終究只會害自己陷入同樣的罪咎與邪惡之深淵。

(1:6~7) 平安到此告終，它已拒絕了一個學習的機會。於是，「上主的課程」形同虛設，神智不清的妄心便會大展「神」威。

　　　不妨回憶一下前文所言：「教人，其實就是以身作則。」（M-in.2:1）一個人若有傷人之意，等於在示範小我瘋狂的思想體系，也就是相信攻擊別人能夠獲得你想要的結果。

(1:8) 每位上主之師在訓練的初期就該明瞭，傷害別人必會使他徹底忘卻自己的任務。

　　我們此生的任務就是寬恕，也就是不再認為別人的福祉與自己無關。我們因為害怕這一任務，才會生出判斷與傷人之

念，認定別人待我不公，而且刻薄無情。世上確實有些人遭受到不公甚至殘酷的對待，連傷人者也常認為自己受到不公待遇，才會理直氣壯地欺凌他人。這類傷害貫穿了人類的整個歷史，只因為攻擊乃是小我的看家本領。事實上，我們會打造出這個物質宇宙，骨子裡就是想要為我們對上主確實無情這一事實辯解。說穿了，我們內心都渴望與眾不同，為了保護這個念頭而把心中的罪咎感隱藏在身體內。為此，耶穌才要我們好好正視自己究竟在做什麼，更要看清傷害別人無異於傷害自己。試想，如果一國元首能用這個觀點處理國事，世界會變得多麼不同！所有的戰火和紛爭也都會平息了。終究來說，一有傷害「非我族類」之念，不論侵犯的是個人、國家、種族或宗教，也不論理由多麼冠冕堂皇，只要有一人受苦，所有人都會一起受苦的。對我們的救恩而言，「共同福祉」這個原則，實在至關緊要。

(1:9~10) 使他陷於迷惑、恐懼、憤怒、猜忌之中。再也無法接受聖靈的教誨。

這段話又回到了第二個主題：選擇聖靈為師。這一選擇暗示了，我們若不想學習聖靈的課程，那麼，儘管去攻擊、判斷、各逐私利，便能了遂所願了。如此一來，保證我們無法跟隨聖靈，也無法攀上回家的階梯，只會孤獨地為自己這個個體生命生生世世奮鬥下去。

(1:11~12) 若想聽到上主「聖師」之聲，必先明白傷人乃是一

無所用之事。而且對自己百害而無一利。

在〈教師指南〉後文，耶穌說，我們極難聽到上主「聖師」之聲，真正能聽到的可說鳳毛麟角（M-12.3:3）。他在下文解釋了原因：只要我們仍在追逐特殊性，是不可能真正聽到聖靈之音的。

> 如果你請教、答覆與聆聽的對象，都是這一特殊性，你可能接收到聖靈什麼樣的答覆？上主不斷以愛讚頌你的生命真相，你卻一味聆聽特殊性的喑啞回應。上主讚美你與愛你的雄偉讚歌，在特殊性的淫威下，只好噤聲不語。每當你豎耳聆聽特殊性的喑啞之聲時，上主對你的呼喚必然不復可聞。（T-24.II.4:3~6）

世間能夠不認同特殊性的人，確實少之又少，這意味著真正聽得到上主天音的人也是少之又少。只因聖靈純粹由一體與共同福祉發言，祂絕不可能縱容任何傷害上主之子的舉動。也因此，如果你相信聖靈要你去做任何有害他人之事，我敢保證那聲音絕非來自聖靈，只可能來自小我，因小我會千方百計強化我們的個體意識，然後怪罪天下蒼生。

(2:1~4) 因此，上主之師是全然的溫和良善。因為他們需要溫良的力量，救恩的任務才會變得輕鬆愉快。凡是存心傷害別人的人，是輕鬆不起來的。傷害別人對他既是毫無意義的事，溫良自然成了他的天性。

　　請留意，資深的上主之師並非只有一點點溫良，而是「全然且時時地」體現溫和良善，因為他們心中了無衝突或內疚之念，自然沒有傷害任何人的企圖。他們深知上主之子根本就是一個生命，傷害了別人無異於傷害自己。資深的上主之師已不再聽信小我的謊言，因此不可能不溫良而且仁慈。

(2:5~6) 對神智清明的人而言，還有什麼比這更有意義的選擇？一旦看到了天堂之路，誰還會選擇地獄？

　　擁有老鷹巨翼之人，豈需借用麻雀之小翅？同理，已然悟入天堂大愛之人，豈還會選擇地獄的仇恨與謀害之煎熬？

> 凡是已覺於上主大能的人，不可能興起絲毫的戰爭之念的。除了害自己失落本有的圓滿以外，他還會有何斬獲？戰場所爭之物脫離不了身體的層次，那些有形物質表面上好似值得你爭我奪。一個人若知道自己已擁有一切，怎會甘心受限於這類有形之物，也絕對不可能重視身體的餽贈。……那個微不足道卻備受青睞的禮物，究竟是什麼？在聖愛的呵護下，還有誰會在奇蹟與謀害之間舉棋不定？（T-23.IV.9:1~4,7~8）

　　耶穌不斷鼓勵我們好好比較他的教誨以及小我教的那套。一旦認清兩者的天淵之別，我們才可能一鼓作氣轉換老師，學習寬恕。唯有如此，才能攀上正確的階梯，安返家園。

(2:7) 誰會寧可削弱自己的力量而不惜傷人，放棄溫良帶給人

的所向無敵之大能？

在世人眼中，囤積武器擴大軍備，是強勢的象徵；但其實這些行為根本是欲蓋彌彰，不過暴露出自己的脆弱而已。基督的力量不靠外在，更不靠駕馭或毀滅他人，那溫良的特質源自我們與他人的一體本質。既然傷人的唯一方式就是把罪咎投射到別人身上，當我們信賴了正確的導師，罪咎便消失於無形，自然就沒有投射的必要了，故也不可能生出傷人之念，剩下的也唯獨是溫和良善之心。總而言之，溫良屬於我們的天性，我們只需接納它，根本無需苦心修練。

(2:8~10) **上主之師的力量就在他們的溫良之中，因他們已經了解了，自己的邪念既非來自上主之子，也不可能出自他的造物主。這樣，他們的意念便結合於那神聖的生命之源。於是，他們的意願（其實也就是上主的旨意）才得以自由地展現出來。**

事實上，邪念源自我們當初「想要取代上主自性」那個虛幻的妄想，因此，唯有先與弟兄結合，才會慢慢體悟真相。然而，我與弟兄的結合絕非藉著聯手做番大事業，而在於接受我們擁有同一生命根源這個事實。若要達此境界，我們必須牽起耶穌的手，讓他溫柔且耐心地引導我們與他一起踏上旅程。唯有如此，我們才有可能認出我與弟兄在世上的同一目的，它彰顯著我們原是同一自性的真相。終有一天，我們會欣然放下罪咎與判斷，重獲自由，並回歸生命的終極源頭。

（五）喜　樂

　　喜樂必然源自寬恕，這是不說自明的。然而，如果我們認為心想事成才可能喜樂，表示我們心目中的喜樂有賴於外在的事物。事實上，世間唯一的喜樂來自於「我們已被寬恕」這個了悟，而前提則是，我們的信賴必須根植於一位正確的老師。

(1:1~2) 溫良必會帶來喜樂。溫良表示恐懼在這一刻已無立足之地，還有什麼騷擾得了他的喜樂？

　　喜樂和真誠、溫良一樣，都屬於天性的一部分，只要我們和天賜的聖師活在正念心境，自然活在喜樂之中。小我的障礙一旦撤除，喜樂地過日子乃是我們必然安享的「神聖的權利」（T-30.V.9:10）。

(1:3) 溫良所敞開的雙手常是豐盈的。

　　誠然，緊握的手即是排斥真相的象徵。為此，耶穌在《天恩詩集／暫譯》提醒我們向他打開雙手：

　　你怎樣才能擺脫世界給你的一切？你怎樣才能把人間卑微無情的禮物換成上主願你擁有的天堂之禮？請打開雙手，別再緊抓不捨那些磨滅你的神聖本質且有辱上主之子的禮物，將它們全都交給我吧……你只需透過我的眼睛，看清它們索取的代價，你就會將這些一文不值之物交託給我了。（《天恩詩集／暫譯》P.118）

　　「溫良」這一特質，於是成了最後一個特質「開放的心」
之先聲。

(1:4~8) 溫良的人沒有痛苦。他們也不可能受苦。那麼，他們
怎麼可能不充滿喜悅？他們如此肯定自己是被愛的，必然活得
高枕無憂。喜樂必會尾隨溫良而至，就如煩惱必會跟蹤攻擊而
來。

　　肉體之苦來自罪咎之痛，罪咎一除，我們自然不再認同身
體，為此，身為抉擇者的**我們**便不會為身體所苦。即使我們仍
可能意識到身體在受苦，但它絲毫影響不到我們內心的愛與平
安。換言之，只要罪咎一除，不論身體承受到什麼，都已經跟
我毫無瓜葛了，因上主的平安臨在心中，它仁慈溫良地把所有
人視為同一生命體。總之，正念之心不會因為身體的感受而動
搖分毫。

(1:9~10) 上主的教師全心信賴上主。他們確信祂的聖師始終在
前引路，確保他們不受任何傷害。

　　我們又回到第二主題了。聖靈的冑甲制止不了人們對身體
的傷害，也無法防止細菌感染致病這類的遭遇；它唯一能做的
就是將基督自性的光明護守於我們心中，因為只有這個光明
才真實不虛。故究竟來說，聖靈其實什麼也沒做，只是鞏固
了「因著我的生命本質，我安全無虞」這個信念而已。為此，
我們若在世間缺乏安全感，純粹是因為我們的心靈缺乏安全

感，只因我們內在的罪咎仍在期待受罰。我們在世間之所以感到草木皆兵，朝不保夕，真正的原因就是我們已把內心的罪咎投射到世界了。不堪一擊的身體起源於不堪一擊的妄念，為此之故，解決之道只有一個，就是改變這一妄念以及它的始作俑者，一旦如此，我們在人間的經歷不可能不跟著轉變的。

(1:11) 他們懷著上主的恩賜，步上祂的道路，上主的天音會隨時隨地為他們指引迷津。

聖靈並非指引我們**某些**事情，而是隨時隨地指引我們**所有的**事情。容我再提醒一次，這絕不是說聖靈會告訴你該做什麼，因為祂根本不在乎虛幻世界的任何事情，本課程也從不著眼於行為層次。聖靈之所以能在每一件事情上頭指點我們，只因所有的事情都源自心念，唯獨祂那唯一聖念足以統一所有念頭而一併化解。為此之故，我們唯有把自己的心念由小我轉向聖靈，才可能感到安全無虞。這才是一切幸福平安與喜樂的源頭。

(1:12~15) 喜樂成了他們的感恩之歌。基督也懷著同樣的感激俯視著他們。基督需要他們，正如他們需要基督那般迫切。能夠共同為救恩的目標而奮鬥，是何等可喜可賀！

救恩唯一的目的就是化解罪咎。既然上主之子擁有同一顆心靈，倘若僅僅一人化解了罪咎，所有人的罪咎全都一併化解了。這是救恩帶來的真正喜樂，也是我們由衷感激的真正原因。

（六）不設防

不設防，旨在解除我們的防衛機制，只因你已看清自己百害不侵，故壓根兒無需自我保護。罪咎心態一旦消除，不再覺得自己應受懲罰，自然無人傷害得了你。不過，在學習過程中，肉體還是可能受傷的。當你愈來愈能深刻體會出自己並不是這一具身體，就不會一再借用身體來證明你是對的而上主錯了。這正是小我利用身體的最終目的：「痛苦若是真的，上主就不存在。」（W-190.3:4）基於這個道理，你若想證明上主不存在（其實你就是上主），就會為自己造出某些生理或心理的病痛。相反的，耶穌給我們的教誨則是，不論身體的狀態如何，「平安」始終靜靜守候一旁，等著心靈來選擇。

(1:1~2) **上主的教師學會了如何活得單純。他們已無需去作那些抵制真理的夢了。**

當我們不再需要編織夢境來自我保護，生活自然變得單純。活在恐懼陰影下的人，終日忙著築牆設防，枕戈待旦防備下一個入侵者，這樣的生活不可能不複雜。你的形體確實可能被攻擊，但如果你認定自己受到了攻擊，表示你想藉此證明自己無辜而對方是有罪的。雖然你無法為別人的言行負責，也未必有意招惹來這些傷害，但如何詮釋與回應，則完全是你的責任。換言之，你若淪為某人罪行的無辜受害者，聖子奧體就已不是一個整體，而且表示上主把事情搞砸了：聖子再也**不是**上

主所創造的他。

(1:3~5) 他們也無意將自己打造成什麼人物。他們如此喜樂，因為他們已經了解是誰創造了他們。上主創造之物哪裡需要任何保護？

　　上主之師「無意將自己打造成什麼人物」，表示他們無意加入小我的「自我創造」那一無始妄念的陣容。請回顧一下本課程所說的「妄造」與「創造」之分：小我只會妄造，唯聖靈方能創造。聖靈一再殷殷教誨我們，如何區分自己妄造出來的虛幻自我，以及上主創造的神聖自性（這又成了我們第二主題曲的變奏）。總之，你若感到自己脆弱不堪，想盡辦法保護自己不受恐怖無情的世界傷害，你其實是在聲明，你並非上主創造的生命，因為上主的造化乃是靈性，根本無需防衛。話雖如此，切莫誤解成不該照顧身體或可以漠視生理需求。耶穌只是要你自我警惕，當你過於重視身體時，顯示你的心靈已決定將焦點放在小我身上。「溫良」本身只會溫柔地引導你，幫助你看清身體在小我防衛機制中所扮演的角色，而不會剝奪你某些樂趣，也不會帶給你痛苦，更不會奪走你的自我。聖靈的天音只會點醒你，外表上的你並非真正的你。祂的聖愛也在不斷輕聲叮嚀：「重新選擇吧！我的弟兄！」

(1:6) 防衛措施所保護的不過是一個瘋狂的幻相，實在愚不可及；唯有徹底了解其中道理的人，才堪稱為上主的資深教師。

我們殫精竭慮地對抗一個根本不存在的陰魂，只因小我一再提出警告，我們罪孽深重，上主必會毀滅我們，而且絕不手軟，我們得盡力保護自己，處處自求多福。我們一旦把心靈內的恐懼投射於外，世界看起來便像是一副要滅絕人類的模樣。由此可知，我們企圖防禦或抵抗的，不過是「自己心裡一直在抵抗的上主義怒」的那個投射罷了。事實上，根本沒有義怒之神這一回事。如同唐吉訶德對抗風車那般，我們妄造出一個世界，然後向這個假想敵示威。這種行徑既無罪過也非邪惡，只不過透露出相信那套瘋狂思維的我們多麼愚不可及。

(1:7~8) 夢境愈是陰森可怕，它的防衛措施愈顯得銳不可當。唯有等到上主之師甘心對幻相視若無睹時，才會發現那一切都是虛張聲勢而已。

心靈所編織的罪咎、仇恨與恐怖之夢愈是陰森可怕，我們愈發需要更強大的防衛機制來保護自己。這是世界治絲益棼的根本原因，也難怪當代所呈現的深仇大恨與殘酷無情，在人類文明史上空前未有。我們不惜代價保護一個根本不存在的自我，其實全是為了要防止自己意識到自我的虛無。終有一天，我們每一個人會決心往內去看，看穿那些防衛機制，發現那兒什麼也沒有，更沒有罪過需要我們掩飾，只因上主之子（果），從未離開過他的生命源頭（因）。

(1:9) 開始的時候，他只能試著不受幻相所蒙蔽。

　　我們終於逐漸進入溫柔且仁慈的療癒旅程。先前，我們甘心被小我欺騙，或者不如說，是我們自己想要被小我蒙蔽的，因此，現在我們必須一反那個選擇，**不再**被它蒙騙。正念之心就如此化解了先聲奪人的妄念之心。換句話說，我們否定了自己先前對真理的否定——負負得正。上主代表那唯一的「正」，因祂是唯一的真理。

(1:10~15) 隨著信賴的增長，他會進步得愈來愈快。放下防衛措施之後，隨之而來的不是危機意識。而是安全感。是平安。是喜樂。也就是上主。

　　小我最怕的就是我們有一天會醒來，突然了悟世界全是自編自導的一場騙局，根本沒有「罪」這一回事，我們也無需害怕懲罰而為自己的罪百般辯解。雖然心理學家告誡我們，撤除防衛機制會導致精神失常，這在世界的思想體系下也確實如此，但別忘了，世界本身早已精神失常了。既然如此，何苦繼續向絲毫不明真相、且對健全正常毫無所知的小我請教真相？（T-20.III.7~8）小我只會慫恿你加強防備，為根本不存在的問題未雨綢繆，荒謬的是，所有防衛措施根本不管用，我們愈防衛，反倒愈加害怕自己所防禦之物（T-17.IV.7）。

（七）慷　慨

　　慷慨的本質就是「施與受是同一回事」，這個原則恰恰修正了小我的處世格言「施與受是兩回事」。在小我眼中，施者折損，受者獲益；一方必須認輸，另一方才可能贏得。不說自明，這個觀點是由小我「非此即彼，非你即我」的立身原則延伸出來的。道地的慷慨，乃是讓上主聖愛的富裕通過你而給出，因此不可能有任何一方受損。上主之子只有一個，也因此，任何的給予，其實都是給予自己的。

(1:1~3) 慷慨一詞對上主之師具有特殊的意義。它與世俗所認定的內涵截然不同；事實上，這個詞，你不只需要從頭學起，還得小心謹慎地學。慷慨，一如上主之師的其他特質，最終仍是建立於信賴的基礎上，因為缺乏了信賴，沒有人能夠真正地慷慨。

　　這一段又重申了信賴聖靈的重要性——唯獨祂能將自我（self）領向自性（Self）。這個觀點在下一段還會詳述。基於信賴，我們才可能愈來愈誠實、溫柔、不判斷，而且慷慨，只因我們不再會為了自我保護而阻礙了愛的流動。

(1:4~6) 對世俗中人，慷慨意味著「給出去」，充滿了放棄的味道。對上主之師，它的意義則是「給出才會擁有」。我們已在〈正文〉及〈練習手冊〉中多次強調過這一觀點，然而，慷慨可說是本課程中最令世人感到不可思議的一個概念了。

　　你若為了彌補他人所缺而給予，他們有所得你必感到有所失。這不是施予，而是犧牲。然則，你給出愛，僅僅是因為唯有如此你才可能意識到自己**就是**愛，這才是上主之師真正的施予。換言之，你甘心放下怨尤而寬恕別人，因為這會加深「你原本無罪」的意識。同理，你捨棄判斷，也只因為你感到自己不再受到任何人的判斷了。〈正文〉第五章一開始，耶穌就向我們解說「你給出什麼觀念就會強化這一觀念」的道理，再次重申了「給出才會擁有」的理念（T-5.I.1~2）。反之，我們若聽信小我那一套，必會認定不論給出的是時間、金錢，或自己，理所當然就失去了這些東西。然而事實恰恰相反，只有與耶穌一起施予，我們才能真正得到。不消說，此處當然是針對**內涵**層次而說的，與**形式**無關，千萬不可「層次混淆」，認為耶穌要我捐出所有的錢財。這一段要說的是：把我們那些小我的欲望交託給耶穌，他的愛自會指引我們如何付諸行動。

(1:7~8) 它之所以顯得特別突兀，只因它與世俗想法明顯地背道而馳。用最平白簡單的話來講，這個詞對上主之師以及對世俗中人的意義截然相反。

　　此即前文所說，資深上主之師的人格特質僅僅是為了化解小我的人格特質而已，也就是說，以慷慨來修正小我自私自利的傾向。

(2:1~2) 上主之師的慷慨實際上是為了自性的益處。而不是為了世人眼中自我的利益。

　　這兒特別指出，慷慨是為了「*自性的益處*」，而絕非為了小我的個別利益。自性的益處必然涵括了上主之子的整體生命，直指我們休戚相關的**同一**福祉，這便又回到了我們的第一主題曲。

(2:3~6) 上主之師不會想要無法與人分享的東西，因為他明白，無法分享之物對他毫無價值。他要那東西幹嘛？那類東西對他只是一種損失。不會帶給他任何好處。

　　身為上主之師，我們再也不會想要擁有無法推恩之物（此處當然是指心念而非物質層次），否則就會偏離了耶穌教誨的宗旨，認不出共同福祉的價值。我們渴望上主的聖愛與平安，但真正的愛與平安必須經由我們而涵括整個聖子奧體才行。如耶穌在〈正文〉最後所說的：

> 但你必須把慧眼之所見與身邊每一個人分享，否則你
> 自己也無從看見。（T-31.VIII.8:5）

　　我們的慧見若不能推恩於我遇到的每一個人（不是某些人，而是**所有**的人），我們便無法保住這一慧見。這個「普遍性」點出了施予和慷慨的基本特質。此愛若是來自上主，它必然無遠弗屆惠及整個聖子奧體，絕無例外。因此我們應該好好下功夫，讓自己的每一念或每個判斷都值得推恩於所有的人，這正是修行最佳的入手處。

(2:7) 因此他不會追求任何只能獨享之物，因為它們必是難以

久存的。

　　在原始無明中，我們相信自己可以保住從上主那兒偷來的寶貝，而且它已經非我莫屬。事實上，這正是一切的禍端，自這一刻起，人類命運急轉直下，暴露出世界的本質：人們繼續相互盜取，甚至用民主、自由、開明專制，或各式各樣的「主義」等等冠冕堂皇的理由來掩飾罪行。世人相信自己可以搶奪他人之物而據為己有，這是世界運作的方式，因為每一個人都在做同樣的事。這種心態，其實要回溯到無始之始，我們曾經同謀盜取了上主之愛的那一記憶。

(2:8~12) **他再也不想受苦。豈會這樣自找苦吃？他只想要上主擁有的那一切；不只是為他自己，也為了祂的聖子。那才是真正屬於他的東西。也只有這個，他才能真正慷慨地給出去，同時也永遠為自己保存下來了。**

　　我們既然是同一生命，若真想得到上主的愛，必須要讓**所有人**都得到才行；任何遜此一籌的禮物，只會帶給我們痛苦，因此，我們不能不向耶穌求助，開始學習憶起我們全是上主唯一聖子的一部分。

（八）耐　心

　　簡單地說，耐心化解了小我對時間的焦慮與不耐。

(1:1) 凡是對結局肯定不疑的人，才可能毫不焦慮地耐心等候。

資深教師能耐心等待，毫不焦慮，只因人間沒有任何事物足以激起他的不安。對於活在人間的我們來說，準時完成任務而且力求完美，表示此人認真負責、謹慎貼心，堪稱一種美德。但即使事情迫在眉睫，亟需解決，資深教師卻再也不被世上任何問題奴役了。

(1:2~5) 耐心對上主之師是最自然不過的事了。在他眼中，一切都是必然的結果，即使他一時仍看不明白，卻不再懷疑。適當的答案會在適當的時機到來。不論現在或未來之事，一概如此。

耐心成了資深上主之師的第二天性。前文已解釋過，線性時間純是「罪咎懼」的投射，上主之師心中若無罪咎懼作祟，自然不會感到時間的壓迫而備受煎熬，即使外境驚濤駭浪，也絲毫波及不了他們。外表上他們的言行舉止仍像活在時空內的一般常人，但他們的心境卻篤定依止於平安之中。

(1:6~8) 過去的事也一樣，絕無失誤，過去似曾發生的事，沒有一件不曾為他或世界帶來益處。當時的他或許難以體會這一點。縱然如此，上主之師仍然願意重新反思過去似曾帶給人痛苦的一切決定。

不論我們過去犯了什麼錯誤，即使妄造出整條時間之毯，也都能轉而為聖靈所用，幫助我們解除當初選擇小我的那一錯

誤。我們再也不必為過去的錯誤自責不已，反而應視之為寬恕的大好機會。

　　過去已經過去了。然而，如果你仍覺得自己真的犯下了錯誤，至今還在承受無窮無盡的苦果，不妨回到自己心中，讓那始終臨在的愛指引你化為某種行動來減輕身心之苦。倘若一味用「反正一切都是幻相」、「什麼事也沒發生」來迴避問題，反倒中了小我的詭計，因為它最喜歡用那些理論來掩飾深埋心底的恨，以為只要不去揭發心內的罪咎，我們（心靈）就可以高枕無憂了。總之，你若看清了過去錯誤所造成的傷害，而目前還有化解的機會，你必然會付諸行動的，因為心中那個愛自然而然會推恩於己。

(1:9~10) 能夠信賴的人，自然會有耐心。他對時間領域中一切事件的終極意義充滿了信任，任何近在眼前或即將發生的事件都不足以激起他的恐懼了。

　　耐心是由信賴發展出來的。只要相信上主兒女清白無罪，我們對於人間**所有**（而非**某些**）事件的結局，就有完全的把握。在這樣的眼光之中，世界成了最好的教室，幫助人們領悟自己早已被寬恕的真相。同時，這也有助於我們學習「關鍵在於心靈的**內涵**而非外在**形式**」這一真理。焦慮不耐，十足顯示我們已經著眼於形式層次，才會執意在某個時限內務必完成某事。確切而言，世界一直受制於「時間」這位暴虐的主人，其實，整個世界只要甘心離開這位錯誤的老師，就可以從它的暴

政中脫身了。於是乎，不論外在有何風吹草動，我們都能安心自在，泰然自若。唯有如此，我們才可能對世間所有的人（而非一部分人）仁慈、溫良而且充滿愛心，因為我們深深了知彼此原是同一生命體。

（九）忠　信

　　第九個人格特質「忠信」，是指普遍運用而且絕無例外的能力，旨在修正小我妄自以為：「聖靈也許存在，但祂只管某方面的事，某些問題祂也許挺靈驗，但其他問題還是不要去驚動祂吧！」所謂的「普遍運用」，即是化解小我上述的信念，將所學到的理念全面運用於一切生活場景，堅定自己的信心，時時刻刻信賴聖靈，只因我們已經徹底明白，除聖靈以外，別無他人。

(1:1~4) 上主之師可用忠信程度作為衡量他在此課程中進步快慢的標竿。他會不會把自己的所學只用在生活的某一部分，而不敢去碰其他部分？果真如此，他的進步會大受限制，表示他的信賴之心不夠堅定。忠信，表示上主之師信賴上主的聖言會修正一切；不只限於某些事情，而是所有的事。

　　這段課文所形容的正是「普遍運用」的過程，也成了驗證資深教師已臻階梯頂峰的標記。如果能將自己所學普遍運用於

一切，表示我們已然能夠僅僅著眼於共同福祉，不論外在發生任何事情，都能活在平安之中。這就是基督的慧見，不論小我表面上做了什麼，都依然視所有的人為同一生命。如果我們把自己的不安歸咎於外境，其實就是不誠實，因為我們的煩惱不安不過顯示我們選擇了不誠實的老師，也接受了不誠實的教誨。如果我們的愛無法包容所有的人，也切莫再向外尋找藉口了，那純粹是因為我們害怕放下自己的特殊性，不敢接受上主無所不包的聖愛罷了。

順便一提，在《奇蹟課程》裡，**上主的聖言**通常是指救贖的某一內涵，也就是聖靈的修正聖念——再三重申「分裂不曾發生過」。

(1:5~6) 一般來講，開始時他的忠信只限於某些方面，故而小心翼翼地迴避其餘事情。若能把所有的問題完全交託給那唯一的終極答覆，這無異於全面扭轉了世界的思想體系。

請回想奇蹟第一原則「奇蹟沒有難易之分」（T-1.I.1:1），所有問題都可以用同一個方式解決，因為所有問題都可歸納為同一個問題；而奇蹟化解了所有問題下面暗藏的唯一癥結，不論它們以何種形式呈現，其實都是同一個分裂信念所引起的。這正是奇蹟一解百解的「修正」之道。

> 奇蹟不過證明你在正確指引之下終於學到了東西。學習經驗是肉眼看不到的過程，唯有透過結果才能認出

你究竟學到了什麼。你必須不斷將所學運用於各種場合，方能顯示它放諸四海皆準的效用。直到你能在各種場合施展奇蹟，你才敢說自己真正懂得「奇蹟沒有難易之分」的道理。沒有一種場合不能發揮奇蹟的妙用，一旦你的奇蹟能在任何場景下發生作用，表示你已進入了真實世界。（T-12.VII.1:1~4）

(1:7~10) 唯有如此，才稱得上忠信。到此地步才配得忠信的美名。話說回來，只要朝此目標前進，不論多小的一步，都值得努力。〈正文〉〔T-2.V.4；VII.7〕曾經說過，準備就緒並不表示已經駕輕就熟。

即使我們還沒準備好直奔最終境界，仍可以一步接著一步，踏踏實實地邁進。請看看，「不論多小的一步，都值得努力」，因為就在你不評判任何人或任何事的那一瞬，救恩便誕生了。請記得，它們**全都表達了愛的極致**，為此，奇蹟的大小與形式毫不重要，因為追逐私利所導致的種種問題，終究來說都是同一回事。

接下來，耶穌為上主之師的十個特質做了簡要的彙整：

(2) 然而，真實的忠信必然屹立不搖。它始終如一，因它徹底的真誠。它矢志不移，表示充滿了信賴。它一無所懼，才會安詳溫和。它肯定不疑，所以時時喜樂。它如此自信，故有包容的雅量。就這樣，忠信與上主之師其餘的特質串連起來了。這

意味著，上主之師已經接納了上主聖言以及祂對聖子的界定。忠信的真諦始終指向這兩種神聖之境。它的眼光矚目其上，追隨它們神聖的蹤跡，直到尋獲為止。不設防的心自會隨侍左右，喜樂則是它的必然心境。直到進入那一聖境，忠信才能心安理得地安息。

耶穌一邊向我們展示聖靈救贖項鍊上的種種奇珍異寶，一邊提醒我們，它們全屬同一條項鍊。當你看到這些原則在任何場景都無往而不利時，忠信之心自然養成，你會更加信賴聖靈，尊祂為你唯一的導師與人生嚮導，放棄你先前對虛無小我搖擺不定的倚靠。信賴聖靈是本書的第二主題，就在學習接納祂的聖愛與智慧之際，一直存於自己內的其他人格特質好似全都被喚醒了。

（十）開放的心

資深上主之師最後一個人格特質「開放的心」，又把我們帶回第三個特質「包容」了。現在讓我們與耶穌一起深入領受其中的奧妙。

(1:1) 開放的心可說是上主之師必備的最後一個特質，只要認清它與寬恕的內在關連，就不難了解它的關鍵性。

　　開放的心所修正的，正是小我的封閉心態。我們一旦選擇
了小我，正念之心就此封閉，聖靈的天音自此湮沒不聞。小我
之所以封閉心靈，不只是為了抵制聖靈，更是在跟自己作對。
它打造出世界與身體，不但藉此證明上主之子是「無心」之
輩，還要嚴防他回歸心靈，讓他繼續活在「不覺」之中。也因
此，若要開啟心靈，得先認出我們是同一個生命，才可能看清
身體與世界只是心靈的投射而已。我們唯有轉向內在，才有重
新選擇的機會——向聖靈開啟自己的心，把小我為保護自己而
封閉的心靈扭轉過來。到了這一階段，表示我們願意放下個別
利益而著眼於共同福祉，並願意透過寬恕逐漸放下自己的判
斷，正如下文所言：

**(1:2~5) 開放的心是伴隨不評判的修養而來的。當你評判人
時，等於向那位聖師封閉了自己的心靈；而開放的心則會向祂
敞開歡迎之門。定罪之心把上主之子判為邪惡的人；而開放的
心則讓上主的天音為上主之子辯護。當你把罪咎投射到別人身
上時，恨不得把他打入地獄；而開放的心則讓基督的形相延伸
到他身上。**

　　我們一旦評判他人，不僅會在他人身上看到罪咎，自己心
內的罪咎也會開始作祟，正如〈練習手冊〉說的，我們相信自
己是「邪魔、黑暗與罪惡的淵藪」（W-93.1:1）。正因我們不
敢面對內心的罪咎，才會把它投射出去，如此便能說服自己：
「罪咎都在身外，因此我是清白的。」有鑑於此，我們若想把

基督形相（即基督慧見）推恩出去，必須先放下「判斷」這個障礙。即使我們關閉了心門，基督的形相依舊存於心內，只要我們放下自我批判，心靈當下便開啟了，也自然會放掉傷害他人的判斷。反之亦然，一旦你釋放了自己對他人的判斷，同時便也釋放了你對自己的判斷。不論從哪一方下手，都一樣會得到療癒的，正因為**觀念離不開它的源頭**，內心與外境必是同一回事。

(1:6) 只有開放的人才能享有平安，因為只有他們才會看到平安的真正理由。

　　由衝突誕生的小我，需要衝突才能夠愈戰愈勇，因此，小我最不想看到的就是平安。沒有衝突對立，就沒有小我，個體的自我便無立足之地了。

(2:1~8) 心靈開放的人如何寬恕？他們得放下所有令自己難以寬恕的障礙。他們已在真理內捨棄了世界，讓世界以嶄新的面目重現，它變得如此喜悅，如此光輝燦爛，完全超乎他們想像之外。如今，世界已經脫胎換骨了。以前看來死氣沉沉的世界，如今閃閃發光。尤有甚者，萬物還會伸出歡迎之手，因為威脅已不復存在。再也沒有烏雲遮住基督的聖容。如今目標已經達成了。

　　所謂「烏雲」，就是指我們對個別利益的種種信念，這段的論述可視為第一主題的變奏曲，也就是不再追逐個人私利，

只著眼於共同福祉。

　　若要達到全面的寬恕，必須隨時隨地涵括每一事每一物，而且絕無例外才行。世間沒有任何一物有能力剝奪我心中上主的平安，只因祂的平安必在我們每個人心內。不只是世間沒有一物有此能力，甚至應該說，世間根本沒有一物存在！換言之，不論是小小的彈弓或是原子彈造成的傷害，根本毫無差別，全憑自己（抉擇者）決定如何去看待此事。世間萬物變化無常，然而，這不是世界在變，而是我們心中的世界在變。

(2:9~13) **寬恕即是本課程的最終目標。它只是為那超越學習之境鋪平道路。本課程無意逞能，逾越它的本份。它份內只有一個目標，就是寬恕；所有的學習最後都交匯於這一點上。這已經綽綽有餘了。**

　　是的，唯獨寬恕能把我們送到旅途的終點。終點以後的境界，則已超出了本課程的範圍，也不是我們該操心的事。〈正文〉一開始便明說了：「本課程的宗旨並非教你愛的真諦，因為那是無法傳授的。它旨在清除使你感受不到愛的那些障礙；而愛是你與生俱來的稟賦。」（T-in.1:6~7）我們一旦覺於那一聖愛，整個時間之毯霎時消失，我們便進入了真實世界，心內的上主聖愛自會將我們提升到它（Itself）那裡去。

　　請記住，耶穌採用很多象徵語法來描述這段旅程。他對真實世界的描述常常引發讀者的誤會，而且某些象徵並不像此處

所表達的那麼絕對。「真實世界」、「眾師之聖師」以及「上主的最後一步」，都是對巔峰之境的不同描述，這不是活在分裂之境的我們所能夠領悟的。某種程度來說，這類有形的描述只是耶穌的權宜施設，甚至類似白色謊言，但他絕非故意欺瞞真相，而只是因為他愛我們——我們完全無法想像那樣的境界，為了遷就我們，他只能如此解說，也因此，他留待最後才作出下列的總結：

(3:1~5) 你也許已經注意到了，上主之師的特質表中並沒有列出上主之子的天賦本質。例如愛、無罪、完美、真知以及永恆的真理等詞都不曾出現於上下文中。因為它們在此會顯得格格不入。出自上主恩賜的生命本質，遠超乎本課程的範圍之上，任何課程到它面前只有悄然遁形一途。然而，當那些本質顯得曖昧不明時，你最好專心學習這門課程。

　　《奇蹟課程》的目標，旨在教導我們如何透過寬恕來化解小我的種種障礙；而我們的功課就是學習在人間為正念思維體系的真理作證，同時凸顯妄念體系的虛妄。這是對《奇蹟課程》（包括〈教師指南〉在內）最好的界定。不妨回想一下〈教師指南〉的主要目標之一，即是讓我們明白，此生的任務只是在人間活出我們由聖靈學到的那一套而已；至於「愛、無罪、完美、真知以及永恆的真理」等等境界，全然超乎本課程的範圍，也不是我們該操心的事，畢竟，在小我完全化解之前，我們根本不可能了解那個境界的。為此之故，耶穌才會說

「不曾出現於上下文中」，因它們在此顯得格格不入。

(3:6~7) 上主教師的任務，便是把這「真正的學習」帶到人間。更正確地說，他們是在教人如何解除過去的學習經驗，那才算是世上「真正的學習」之道。

　　耶穌又回到了資深上主之師的任務這一課題。若要向聖靈學習，首先得認清我們從小我學到的那一套究竟是什麼，唯有如此，我們才可能說「我再也不想要這個孤立的個體生命了」。這一決定足以為我們解除由小我學來的那套思想體系，從此不再追逐私利，而開始著眼於共同福祉。

(3:8~9) 上主的教師受命把這全面而徹底的寬恕喜訊帶到人間。他們真是有福之人，因為他們成了傳遞救恩的使者。

　　「傳遞救恩」的觀念貫穿了整部課程。上主之師若要為世界帶來救恩，唯有「自己先領受救恩」一途。至於所謂的「領受救恩」，意味著上主之師釋放了心中的罪咎，並且將自己的信賴由小我轉向聖靈，於是，聖愛自然經由他們心中流出。既然心靈只是一個，表示整個世界與他們也成了一個，猶如聖子奧體那樣渾然一體。為此，只要有一個心靈痊癒了，整個上主之子的心靈便一起得到療癒。所以說，不是我們把救恩帶給世界，而是「心靈**就是**世界」，因為世界本是上主之子分裂後投射出來的。他的心靈一旦療癒，表示他已接受了救恩，整個世界也就因之得救了。

伍. 如何獲得療癒？

　　自本篇開始，連續三篇提到第一主題「個別利益與共同福祉」的一支重要變奏曲，也就是心靈與身體的關係。具體地說，身體經歷的一切其實是出自心靈的決定，因此，我們的焦點應該由身體轉向心靈。這一變奏曲的主軸，正是眾所關切的「疾病與療癒」。

　　可以說，「把覺知轉向心靈」乃是貫穿整部《奇蹟課程》的首要理念，這也是聖靈對小我的迎面回應，只因小我費盡心機讓我們認同身體，淪為「失心」之徒。我們若意識不到自己還有心靈，自然無從改變，也不可能扭轉心靈當初選擇小我的那個決定。這等於存心抵制聖靈的救贖，保證我們無法恢復心靈的覺知，憶起自己原是基督自性。

　　小我為了維護自身的存在，勢必要鞏固它「失心」的這個選擇，於是杜撰一套「罪咎懼」的恐怖故事，這正是本篇所要療癒的對象。在小我的故事裡，認定我們犯下滔天大罪，觸犯了上主，於是上主大發義怒，不把人類毀滅殆盡誓不甘休。

這時，小我不但不幫我們面對內心認定的這一「事實」，反而建議我們另外打造一個世界，讓我們寄身於一具肉體。它甚至進一步在我們心靈上覆蓋了一層遺忘的帷幕，使我們再也想不起世界與身體究竟如何形成的。我們一旦相信自己真的活在此地，必然認同身體，而且把所有的注意力都聚焦在這具身體上。尤有甚者，我們開始相信罪與咎全都真實無比，但這些罪咎不再存於我們裡面，而是在周遭的人身上——世上每個人每件事都該為我此刻的痛苦負責。《奇蹟課程》把罪咎的信念與疾病視為同一回事，正因如此，我們才會認定自己的利益與其他人的利益是兩回事。因為我們既然認定外邊的人隨時都會傷害我們，我們若想獲得幸福，總得有人付出代價才行，如此，又陷入了「非此即彼」的小我法則。

　　同樣的，下面幾篇都立基於上述這個觀念。根據我們的第一主題，疾病代表了讓我們著眼於個別利益的那個信念。為此，當我們學習「認出共同福祉，且彼此原是同一生命」之時，那個信念自然化解，療癒便發生了。

(1:1~2) 若想獲得療癒，我們必須先了解疾病幻相的真正企圖所在。缺了這一認知，是不可能真正療癒的。

　　目的何在，正是我們反覆重申的一個重點。如果能了解小我賦予物質世界的目的所在，必然有助於化解世界在我們心目中的真實性。同理，若不明白心靈賦予我們所經歷的種種問題之目的，我們就絕不可能解決問題。為此，耶穌的教誨始終聚

焦於如何把我們的自我認同由身體轉向心靈。〈練習手冊〉第一百三十六課「生病乃是抵制真相的防衛措施」，耶穌為我們解釋了疾病的本質與目的，以及疾病是如何由心靈的決定而生出的。上述引言，所要彰顯的，正是這個理念。

（一）疾病在人心目中的目的

(1:1~2) 當受苦的人不再看重痛苦的價值時，他就自然痊癒了。誰會甘心受疾病之苦？除非他認為痛苦能帶給他某些好處或某些價值。

　　試問，我們為何自討苦吃？或者不如說，我們為何自甘寄身於肉體？只因小我警告我們，如果活在心靈內，我們必會被碾為虛無。它建議我們躲到身體內，以免在心靈裡被徹底消滅。問題是，它要我們躲進去的，卻是一具註定受苦且難逃一死的身體。小我當然不容許我們看出箇中的矛盾。不幸的是，我們早已遺忘自己還有一顆心靈，故也無從反身質問小我的謊言。基於這個道理，我們必須了解小我賦予疾病（不論是生理或心理症狀）的價值所在，就是要讓我們陷於「失心」的身體，以便藉此鞏固它的分裂心念。一旦看穿這個陰謀，療癒必然就會發生。

(1:3~6) 他一定認為這小小代價能為他換來更有價值的寶貝。

生病是出自一種選擇、一種決定。他之所以作此選擇，只因他誤信脆弱就是力量。一旦作此選擇，真正的力量對他反而成了一種威脅，健康也成了危險。

我們之所以選擇生病而自覺脆弱不堪，純粹是因為我們害怕心靈的療癒。外表看來，疾病發生於肉體，但其實它是心靈脆弱之念而投射出來的症狀。準此而言，身體是不可能被療癒的，因為生病的根本不是身體。身體的虛無本質以及心靈的療癒能力，才是小我最怕被揭穿的祕密。

(1:7~9) 疾病乃是人在瘋狂中想出來的應對方式，企圖藉此把上主之子推上天父的寶座。上主在他眼中是一個專制蠻橫、令人生畏的超然力量。若要打倒這位神明，上主之子不能不置祂於死地。

此刻，〈教師指南〉首度要求我們正視自己與上主的關係，這才是一切問題的關鍵，也是耶穌所有教誨的核心旨意。「上主之子不能不置祂於死地」的說法，再次凸顯出小我「非此即彼／非你即我／非上主即小我」的運作法則，這就是小我不能不追逐個別利益的根本原因。分裂與一體是互不相容的境界，兩者完全無法並存。如果上主存在，我這特殊的個體就不可能存在。反之亦然，如果我存在，就必得犧牲掉上主不可，因為**非你即我**。小我的故事並未就此結束，因為上主不知何故又復活了，祂不但「專制蠻橫」，又具有「令人生畏的超然力量」。換言之，小我眼中的上主不可能與我們共享生命，因為

祂根本不懂得分享，只知唯我獨尊，一意孤行。對小我來說，這是無法接受的，於是它決定自求多福，另起爐灶。到了這一地步，「共享」的觀念反倒成為我們的心腹大患，只因為我們壓根兒也不想把自己的獨特生命和上主的一體生命一同分享。我們一口咬定，是祂不和我們分享的，唯當如此，我們才能理直氣壯地造反，篡奪祂的王位。但千萬別忘了，這一切都是小我捏造的謊言，恐怖的情節激起小我極端的恐懼，生怕自己在心靈裡多待片刻就會被上主消滅。這莫大的恐懼驅使我們逃離心靈的戰場，而把身體當做逃脫上主義怒的避風港。為了達到這個目的，疾病發揮它最大的作用，因為症狀使我們的注意力不得不集中在有病的身體，心靈就這樣被打入了冷宮。

(2:1~2) 在這神智不清的信念下，療癒究竟代表什麼？它象徵著上主之子的挫敗以及天父大獲全勝。

　　療癒，能將我們引回心靈，唯有在此，才解除得了所有的病根。問題是，如果認真看待這個觀念，必會勾起我們在無始之始觸犯了上主的那個記憶，小我將它解讀為**必遭天譴且難逃一死的大罪**。這就是為什麼在小我的「迷思」（myth）中，療癒就象徵著我們是上主的手下敗將，反過來說，療癒會把我們拉回心靈戰場，那小我便必死無疑了。

(2:3) 它代表上主之子被迫面對自己最終極的叛逆。

　　就這樣，我們千方百計想要掩飾內心充滿罪咎的恐怖感

受，更極力否認自己必會因罪受罰而灰飛煙滅的信念。如今，我們知道已無處可藏，不能不面對它了，上主也必會追討我們由祂那兒盜取的生命。為了迴避這無解的困境，小我只好使出它最拿手的「投射」伎倆來藏匿我們的罪咎，於是，他人在我們眼中成了有罪之身。為此之故，若要療癒，我們必須回頭面對心中自視有罪的可怕念頭。到了第拾柒篇，我們還會再次細述這個曲折的心理過程。

(2:4) 它〔療癒〕代表上主之子為了保全自己這一條「小命」而企圖隱藏的一切真相。

　　「小命」一詞加了引號，表示這條「命」並不是真實的生命。因為唯有上主之子與其造物主一體不分的生命，才堪稱為真實。我們當初為了保護自己獨特的存在而不惜選擇小我，並且下定決心絕不去碰觸心靈最初的那一選擇，寧可變得「失心」，如此，絕對沒有任何改變或修正的機會了。為此，唯有甘心回到抉擇者的那一部分心靈，困境方得有解。這個獨一無二的解法便是：失去我們的「小命」（個體自我），而消融於上主的天心之中。然而，這對小我來說，簡直與滅亡無異，於是乎，生病就成了小我保護自己存在的一套典型伎倆。

(2:5~8) 他若得到了療癒，就不能不為自己的念頭負責。他若得為自己的念頭負責，必然難逃一死的厄運，這才能證實他是多麼的脆弱可憐。因此，他先下手為強，置自己於死地，那麼他的脆弱才會轉為一種力量。如今，他已把上主可能賜他的結

局先給了自己；就這樣，他全面篡奪了造物主的寶座。

　　說穿了，關鍵在於我們不願為自己的念頭負責，一旦要負起責任，我們對目前天人分裂之境便也難辭其咎了。由於我們認定自己犯了滔天大罪，上主必會置我們於死地，若先來個自我懲罰，也許可以平息祂的義怒。這當然只是小我神智不清的人生邏輯，耶穌在〈正文〉已經解說過這套邏輯（T-5.V.5:4~8）。因此，讓自己生病，甚至於一命嗚呼，其實是我們在向上主求情：「我承認觸犯了祢，但不勞祢親自動手，**我會懲罰自己的。**」就這樣，我們把愛的上主連同恨的上主一併踢了出去──我們不需要祂的愛，因為我們找到了自己的特殊性；我們也不需要祂的恨，因為我們會懲罰自己。這便是疾病真正的本質，它不只證明我們的確是一具身體（而非心靈），而且是隨時受制於外在不可知力量的無辜受害者。尤有甚者，生病還顯示我已經取代了上主的地位。我們先賦予上主懲罰人類的職責，然後把祂的職責搶回來。先前篡奪了祂的愛之寶座，如今又奪走祂的恨之寶座。

　　然而，療癒打破了小我的迷思（myth），它不但推翻了「我們有罪與上主義怒」這場夢魘，同時否定了我們的個體存在，這也正是我們如此害怕療癒的真正原因。耶穌為我們指出，唯一的療癒之道，即是把問題由身體層次提升到心靈層次，而後我們會恍然大悟，原來上主並不是我們的死對頭。認清這點之後，**非此即彼、非你即我**的幻相便破滅了，我們終於

憶起自己是上主的一部分，享有與祂相同的大願、自性與聖愛，幸福與喜悅自然隨之而來。此言不虛，我們**就是**大願、自性與聖愛。只要我們能在所有的關係看到共同福祉，就等於活出了這一真相，此後，外邊再也沒有人向我們討債，上主也絕對不會如此。總而言之，唯有我們投射出去的罪咎，才會把世界搞得草木皆兵，讓我們彷彿四面受敵，好藉此理直氣壯地一逞毀滅他人之快。

「把焦點由身體轉向心靈」，這個說法正是「由個別利益轉向共同福祉」的另一種變奏。事實上，身體是無法共享福祉的，因為身體正是由「不願共享」之念而投射出來，目的就是要永遠處於匱乏之中。正因如此，我們才需要依靠別人來滿全自己；也正因彼此都有相同的需求，相濡以沫的人際關係便於焉形成了。不論在生理層次或心理層次，身體都能為我們證明追求個別利益是天經地義的事，這正是讓我們永遠不得療癒的唯一高招。因此，必須等到我們願意正視心靈存在的那一天，才會了解小我「追逐私利」的信仰純屬捏造。真相是，我們全是同一心靈，同一天心。

（二）知見的轉變

(1:1) 你對疾病的一無所用有多深的體認，就會得到多深的治癒。

　　我們必須明白，疾病是別有企圖的；一旦對這個企圖失去興趣，疾病就消失了。請記得，疾病的發生與外境無關，自然也與身體或生理症狀無關。確切而言，疾病代表了把個別利益視為救恩的信念，它肇始於我們與上主的分裂關係，而在同時，療癒則代表我們終於認出了共同福祉的救贖力量——這正是寬恕的真諦。

(1:2) 人們只需要說，「這件事對我一點好處都沒有」，他就痊癒了。

　　既然疾病只是妄心的一種伎倆，我們就必須把焦點由身體撤離，提升到世界戰場之上，上述有關疾病與療癒的論點才能言之成理（T-23.IV）。換句話說，只要邀請耶穌進入心中，以他的眼光面對身體，看穿疾病背後的真正目的，你就痊癒了。

(1:3~4) 但除非他先認清下列事實，否則他不可能說出這一番話的。第一，他很清楚這是心靈的決定，而非出自身體的層次。

　　這幾句話道出了心靈與身體之間的因果關係，它具體指明了，我們身體所有的經歷全部肇始於心靈。

(1:5) 如果疾病只是一種錯誤的解決方案，表示它屬於一種決定。

　　毫無疑問，疾病乃是小我錯誤的解決方案。小我真正想要

解決的是「罪咎」，而罪咎背後真正有待解決的問題，其實是心靈最初錯選了分裂。但因為錯上加錯，問題便永不得解，疾病這種「解決方案」更是錯得離譜，因它完全無效。小我原想藉著生病解除內疚，結果不僅無法帶來平安或安全感，反倒加深了焦慮與恐懼。難怪梭羅會這樣感歎：「大部分人都在沉默的絕望中度日。」我們最害怕面對罪咎，而小我卻告訴我們罪咎就是心靈的真相，無怪乎我們千方百計逃離心靈，企圖從世界尋求希望與慰藉，不幸的是，世界註定會辜負我們的期待。直到有一天我們懂得從正念之心尋得真正的希望與安慰，療癒才可能發生。

(1:6~7) 既是一種決定，表示它出自心靈，而非來自身體。而你一定會極力抵制這種認知的，因為在你心目中，整個世界的存在皆奠基於「身體是作抉擇的主體」這一信念。

請看看，耶穌如此不厭其煩地重述這一真理。不少真誠又用功的奇蹟學員依舊難以接受「疾病出自心靈的決定」這一觀點，只因他們一味抵制「**一切**都在心靈內，身體什麼也不是，什麼也沒有」這個真相。

請留意，此處的「抉擇的主體」，就是我們常說的**抉擇者**（decision maker），現在首度出現，也是唯一的一次。不過，它的意涵又和我們一貫的用法有出入。小我要我們相信身體才是抉擇的主體，所有的事件都不外乎這一具身體對另一具身體做了什麼。我們對此深信不疑，因為肉體來自精卵結合，我們

的誕生根本不是自己的決定。小我真正要說的是：我們是精卵結合之**果**，而非**因**。以此類推，眼前的世界全是靠身體打造出來的，它才是抉擇的主體，是一切的**因**，而每個個體生命只是身體造出的**果**。

(1:8~10) 例如「本能」、「反射作用」這類說法，充分顯示出人們企圖把身體抬舉成一個「非心靈」的行為動力。事實上，那些名詞不過道出了問題之所在。它們並沒有提供任何答覆。

　　我們相信人類的某種行為反應屬於身體的反射作用，比如說所謂的「膝躍反射」，當你一敲膝蓋，小腿會自動往前踢。其實，那並不是反射動作。腳之所以會彈起，是因為心靈有意造出「應當如此反應」的身體，藉之證明那是身體本身的生理反應（不論是我自己的或別人的身體反應），而非出自心靈的決定。於是，我們才會發明本能、反射作用這類詞彙，來解釋這些行為反應是出自「非心靈」的動力，與心靈毫無關係。這種說法最多只為我們描述了外表現象，並未能說明這些生理反應的真正原因。

(2:1) 疾病乃是心靈為了某種目的而利用身體所作出的決定，這一認知乃是療癒的基本要素。

　　了解心靈才是抉擇的主體，而不是身體，這正是一切療癒的基礎。我們會生病，不是因為細菌感染，而是心靈決定要生病，身體不過是傳達這一決定的道具而已，藉以掩飾自己那

個決定。我們執意追逐個別利益，才是生病的真正原因。它好似說：「請看，人們過去是怎麼對待我的！請看，他們此刻是怎麼對付我的！你想想，我未來還能期待他們或世界如何對待我！」於是我們下了一個「我應該自求多福」的結論，卻絲毫未意識到，這個虐待、羞辱、排斥以及隨時背叛我們的世界，其實全是我們自己造出來的。

(2:2~6) 不論哪一種療癒都缺不了這一認知。只要病患決定接受這一觀點，他就會恢復健康。他若抵制康復，自然得不到療癒。誰是醫生？就是病患自己的心靈。

這一段話相當重要。疾病之所以發生，完全是因為心靈選擇了小我，相信了個別利益，因此，我們所要求助與祈禱的對象，應該是自己心中作抉擇的那一部分心靈，需要改變的，自然也是這一心靈。它必須重新選擇，加入聖靈的陣容，體會出唯有共同福祉才是領我們回家的正道。真正的療癒者是心靈，而不是上主、聖靈或耶穌。我們必須選擇與聖靈合一，心靈才可能療癒；而選擇生病或選擇療癒的能力，始終在我們心內。

(2:7) 他決定要什麼，就會獲得什麼結果。

外在沒有一物具有左右我們的力量，為此，隨時意識到本課程非二元的形上原則是如此的關鍵——外面什麼也沒有，一切全是出自內心的投射。**觀念離不開它的源頭**，不論我們相信外在有什麼東西，它們也從未離開過心靈這個源頭。既然如

此，那些**子虛烏有**的外物怎麼可能影響得了我們？換個說法，一切都是我們自己打造的夢境，身為夢者的我們如果生病了，只因我們想要生病；如果我們受到不公的待遇，也是因為我們自己想要這類的經歷。任何與此相反的信念，本身就是一種病態，因它相信了小我「非此即彼」、「受害者與迫害者」的運作原則。所以耶穌在〈正文〉才會如此說：

> 不論面對什麼遭遇，都不要再騙你自己是如何的無助。你只要承認自己犯了錯誤，就無需承受任何遺害之苦了。

> 上主之子不可能完全受制於外在事件的。他的一切遭遇必然出自他的抉擇。（T-21.II.2:6~3:2）

(2:8) 表面上他好似得到某人的某種協助，其實那些助緣只是如實地反映出他所作的抉擇而已。

　　此處的**助緣**，指的是我們心目中的藥物，《課程》其他地方也稱之為**怪力亂神**（magic）（例如：T-2.IV.4；T-2.V.2；M-16.8~9）。比方說我頭痛，服用阿司匹靈（助緣）之後，頭痛好了，我自然認為那是阿司匹靈的效用。其實，療癒的真正原因是憑靠著原先選擇罪咎的同一股心靈力量。但我始終害怕承認心靈的力量，因我相信心靈是一切罪惡的淵藪，在那兒，上主陰魂不散地向我索債，不讓我受盡懲罰絕不善罷甘休。也因此，我絕不允許自己意識到心靈有選擇罪惡的能力，我才

能「失心」地相信是世界或身體的壓力讓自己生病的。這麼一來，能讓我感到好受一點的，當然必須歸功於那些藥丸或外在的助緣了。

　　請注意，我的意思絕不是生病不該看醫生吃藥。只要我們還相信自己是一具身體，理當設法讓自己好受一點，但我們同時要記得，真正的療癒與那些外在助緣一點關係都沒有。疾病的真正原因是心靈決定選擇小我，而療癒的動力即在於「心靈決定轉而選擇聖靈」。事實就這麼單純！話說回來，我們必會千方百計抵制真正的療癒，因為我們相信小我的說詞：「我們一旦回歸心靈，一定又會再度誤用心靈力量而遭到上主懲罰。我們是如此害怕這股具有傷害我們、傷害別人甚至傷害上主的能力，與其面對罪咎懼的苦果，我們寧願相信疾病或療癒和心靈毫無關係，這樣還比較安全一點。」於是，我們決定把全部心力投注於這具「失心」的肉體上，把它看成生病的原因，自然也成為療癒的管道了。

(2:9~11) 他選擇的那些助緣也不過具體表達出本人的願望罷了。外援的功能僅限於此。他其實根本不需要這些援助的。

　　總而言之，我用頭痛來攻擊自己，是出自心靈的決定，那麼，消除頭痛也只可能出自心靈的決定。如此而已。但問題是，我們完全不敢正視那讓我生病或健康的心靈力量，而寧可將它投射出去。阿司匹靈之所以好像有效，是因為它讓心靈的決定有個具體可見的方式表現出來而已，手術和節食或任何的

助緣，也是同樣道理，它們把心靈想要健康的決定，透過某種生理形式表達出來。

　　縱然在理性上，我們不難接受上述觀念，但在我們的經驗中，它仍是不可思議的。比方說，如果我們好幾個小時不進食，便會感到虛弱無力，我們認定這是缺乏食物的緣故，因此只要開始進食，體力果然恢復了。其實，身體感到虛弱無力的真正原因並非沒有進食，試想食物怎麼可能對一個不具生命，甚至不存在的身體發生任何作用？饑餓不過是為了證明我們的脆弱無能，這樣小我就可以藉此說服我們，世上確實有些東西能夠使我們變得強壯，如此一來，我們便會把全副精力導向身體，而與心靈分道揚鑣。正是這個原因，我們才會打造出一具天生就需要依靠氧氣、水分、食物來維生的肉體，更別提這具肉體還需要彼此的慰藉、溫暖以及愛了。小我老是耳提面命，沒有這些東西，我們無法存活。但耶穌卻告訴我們，小我要我們相信的那一套都不是真的，我們根本無需聽信它的怪力亂神之詞。

(2:12~13) 即使沒有這些助緣，病患仍能站起來說：「這對我一點用都沒有。」所有的疾病都會當下痊癒的。

　　只要我們還認同這具身體，當然應該照顧它，繼續呼吸、吃喝，去看神通廣大的醫生，借用他們的「助緣」來解除生理或心理之苦。貿然運用本課程的玄妙之理來說服身體，是行不通的，因為真正的療癒途徑需要一點一滴逐漸領悟出「自己

的福祉與他人休戚相關」這一真理。唯有透過這層領悟，方能幫助我們逐漸切斷對身體的認同，慢慢導向心靈的領域。耶穌早已告訴我們，利用怪力亂神之術來治療身體並非什麼罪過（T-2.IV.4,5），只是在運用的時候得提醒自己，那不過是以幻治幻而已。

(3:1~5) 若要完成知見上的這一轉變，需要具備什麼條件？它唯一的條件就是體認出疾病乃是出自心靈，與身體毫無瓜葛。這種認知需要付出什麼「代價」？它的代價即是你所見到的整個世界，因為世界從此再也無法佯裝為操控心靈的力量了。有了這份認知，究竟誰該負責，便水落石出了，絕對不是世界，而是那看不出眼前世界真相的那個人。

　　耶穌再三重申，生病與療癒都屬於心靈的事。他故意把「代價」加上引號，因為在實相中並沒有「損失」這一回事。世界在我們的眼中不僅真實無比，而且還有操控我們的能力，我們絲毫意識不到它只是一個虛幻且瘋狂的念頭投射出來的海市蜃樓而已。小我警告我們，我們若把目光由身體轉向心靈，不僅會失落眼前的世界，還會失落心目中的自己。不妨回顧一下耶穌在「對救贖的恐懼」那一節所說的：我們若允許自己體驗到上主的愛，我們所熟悉的世界就會消失於眼前，一躍而入天堂之境（T-13.III.2:6；4:3）──這才是我們最深的恐懼。我們不怕十字架之苦（那是小我「癮」以為樂的），我們真正害怕的是救贖（T-13.III.1:10~11），而十字架與救贖都存於心靈

內。**十字架**在《課程》中的象徵意義，遠超乎《聖經》的描繪，它蘊含著整個小我罪咎懼的思想體系，以及我們將受死亡的天譴這類信念。十字架的信念可謂正中小我下懷，它會讓我們對愛退避三舍，因為一旦與愛認同，小我便無以立足了。由此可知，我們只要與推崇個體價值的小我體系認同，對於真愛必定敬而遠之。於是，我們不可能不害怕真正的療癒，因為真正的療癒會將我們領回愛的覺知中。

(3:6~9) 他想要看什麼，就會看到什麼。不多也不少。世界從未對他做出任何事情。他卻認定自己的一舉一動都受制於世界。

　　沒有錯，我們始終覺得世界一直在對我們「做」什麼。比如說，我相信世界會帶給我生命與死亡，快樂與痛苦，健康與疾病，幸福與悲哀。我們堅信自己處處受制於世界以及世人，事實上，這一切全是小我天衣無縫的陰謀策畫。我們心靈中的一部分想要獨立自主，為了保全自己的存在，千方百計阻撓我們認出心靈的選擇能力，如此方能確保小我的根基永遠不被撼動。前文已明述了，疾病不過表示我們選擇了小我這個錯誤，那麼療癒就代表我們「修正」錯誤、選擇聖靈。為了防止我們這個「修正」的選擇，小我才會打造出整個世界與身體，以及迫在眉睫的生理、心理、社會、經濟、政治等等層出不窮的問題。所有的問題都源自同一妄念：「我必須與心靈切斷聯繫，才保得住自己的小我。」耶穌在下文告訴我們，不僅世界沒對

我們做什麼，我們也不可能對世界做出什麼。

(3:10~11) 他對世界其實也沒有做出什麼大事，因為他把世界究竟是怎麼一回事都搞錯了。認清這一點便足以把人由罪咎與疾病中一併解脫出來，因兩者原是同一回事。

確實如此，世界既沒有迫害我們，我們也沒有踐踏世界。究竟來說，什麼事也沒發生！小我的罪咎懼劇本純屬虛幻，它自編自導這一恐怖故事，純粹是為了嚇阻我們切莫與心靈有任何瓜葛。其實，我們從未叛逆過上主，因為我們不曾一刻與祂分開過，故根本無需為此內疚，更不必害怕任何報應。恐懼之心一除，世界或身體這類防衛機制自然也沒有存在的必要。如此，更無需演出生病的戲碼，因為疾病與罪咎原是同一回事。更精確地說，疾病等於我們選擇罪咎的那個**決定**。罪咎本身既然純屬杜撰，疾病也一樣同屬虛幻，當然和生理與心理的症狀一點關係都沒有。

(3:12) 然而，他必須先認同「身體無足輕重」的觀念，才可能受此解脫之惠。

然而，要我們接受「身體無足輕重」的觀念，真是其難無比，只因人人都認為這具身體所代表的自己有著非凡的特殊意義。即使我們這群熱愛《課程》的學員，照樣認為自己這具身體有它存在的特殊價值，否則，耶穌怎會向我們傳遞這些訊息？奇蹟學員往往要操練好長一段時日之後，才會若有所悟：

原來耶穌並不是向我這「個體生命」喊話，而是針對心靈的抉擇者說的。這一段話不但充分表露出耶穌的真正用心，其實，他在整部課程中都是在向心靈的抉擇者發聲的，因為那兒既是一切問題之始，**也是**答案所在之處。

(4:1~2) 接受了這個觀念，所有的痛苦從此一逝不返。接受了這個觀念，他對宇宙造化的一切困惑都會煙消雲散。

　　身體之所以無足輕重，因為它僅僅是一個**果**而已，並非**因**。耶穌這番話再次將我們由個體層面拉向形上的體驗。不幸的是，我們在無始之始已向上主表明，我們不再需要祂，我們已篡奪了造物主寶座而自立為「第一因」。自此，小我心目中的上主反倒淪為「果」，而且成為一位相信天人分裂，只知罪罰、犧牲和特殊性的報復之神了。

(4:3~5) 這豈非必然的結果？你只要在這一件事上把因果的關係調回它們正確的位置，你所學的一切便能普遍運用於萬事萬物之上，整個世界也會為之改觀。一個真實的觀念，它放諸四海皆準的價值是不可限量亦無止境的。

　　這段課文又回到「普遍運用，絕無例外」這個重要原則。在特殊關係裡，我們往往把自己的不快樂歸咎於對方，因此，特殊關係成了我們最好的「解鈴」之鑰。聖靈提醒我們，我們已經把因果顛倒了，現在要做的，不過是把我們錯置在身體上的「因」撤回，將它重新置於「心靈」的正位即可。如此，我

們便會認出心靈才是**因**，身體原是**果**；是心靈在選擇了小我之後，引發出罪咎感，繼而投射到世界上。有了這一番認識，我們不難明白世上任何事物的肇因全屬幻相，分裂、罪和咎根本就不存在。甚至連我們有選擇小我或聖靈的自由這類信念，也是一種幻覺而已。由上主充滿愛的一體生命中延伸出來的一部分心靈，不可能有其他的選擇。試想一下，它還能選擇什麼？故究竟說來，分裂根本稱不上是選擇，而且，連抉擇者都不存在。由此推之，小我思想體系本身既然徹頭徹尾虛幻，那麼它在世上呈現出來的種種，還會真實到哪裡去？連世界本身都不是真的！

> 然而，你若是上主所創造的你，那麼，你的想法也脫離不了祂的聖念，你不可能造出一個沒有祂的永恆及聖愛這種世界的。你在世界中看到了這些特質嗎？它能夠像上主一般創造嗎？除非它能夠如此，否則它就不是真的，連存在都不可能。你若是真的，你所見到的世界就是假的，因上主的造化與你眼前的世界毫無相似之處。（W-132.11:1~5）

一旦認清這個道理，我們才可能意識到真正的因果關係：上主是第一**因**，我們（聖子）是祂唯一的**果**。既然**觀念離不開它的源頭，果也離不開它的因**，換句話說，因與果其實是一體不分的。這豈非顯示了我們從未離開過天父的家，分裂也不曾發生過！這一領悟要等到我們真正體會出「我的痛苦不是他人

造成的，因為我和他根本就是同一生命」，唯有到那時，我們才會憶起這一真相。

(4:6) 這個課程的最終成就即是「憶起上主」。

　　當我們放下了小我那套因果循環的人際關係，揭穿了其中的陰謀，再也不受謊言蒙蔽之後，所剩下的，便是小我處心積慮想要掩蓋的真相——最真實的「因果關係」。也就是我們與上主的關係。

(4:7~8) 如今，罪咎、疾病、痛苦、災禍以及種種苦難，對你還有什麼意義？它們一旦失去了存在的目的，只好悄然隱退。

　　人間種種的苦難，其目的無非是要掩蓋我們原是「第一因的唯一之果」這個真相。只要我們真心渴望憶起自性，這個記憶必會浮現於我們的心靈。當罪咎、疾病與痛苦一逝不返，我們再也無需築起種種防禦措施來抵制真相了。

(4:9~11) 它們似曾引發的種種後遺症也隨之消失了。因與果的關係只是模擬造化之工而已。只要你能看得正確，不加扭曲且心無恐懼的話，這種因果關係也足以為你重建天堂了。

　　毋庸贅言，天堂是重建於我們的覺知而非這個現實世界。我們只要扳正了「心靈的決定」與「罪咎和疾病」之間的因果關係，正確的因果律會自動解除那些不曾發生過的幻相，讓我們終於看清天人不曾分裂過，我們也未曾篡奪造物主的寶座。一切只是噩夢一場，對實相產生不了分毫的影響。

（三）上主之師的任務

　　心外無一物，已療癒的心靈只會影響心靈；基於這個事實，改變自己的心念，對他人具有舉足輕重的影響。本篇其實是「身體與心靈」這個主題的另一段變奏曲，它指出療癒與身體毫無瓜葛，所真正仰賴的，全繫於心靈由罪咎轉向寬恕。

(1:1~3) 如果病患必須改變自己的心念才能獲得療癒的話，那麼上主之師還能作什麼？他能替病患改變心念嗎？當然不能。

　　這裡說的「上主之師」，是指已經具備前篇所列十大人格特質的資深教師。他們作了正確選擇而獲得心靈的療癒之後，對人類負有何種任務？首先，資深的上主之師絕不會將自己的意願強加於人，更無意對他人洗腦（或說「洗心」）。耶穌曾經如此形容聖靈：

> 聖靈的天音，不是命令，因為它不會如此傲慢或強勢。它也絕不強求，因為它沒有控制你的企圖。它更無意征服你，因為它從無攻擊之意。它只是在旁提醒。（T-5.II.7:1~4）

　　上主之師務必了解《奇蹟課程》的基本精神就是「必須尊重心靈選擇小我或聖靈的能力」。一旦抹殺了心靈的能力，等於剝奪了對方的力量，使他們從此欲振乏力。也就是說，尊重他人有權作出錯誤選擇，這一點非常重要，因為，這也等於肯

定了只有他們自己才有能力作出正確的選擇。換句話說，否定他人有選擇錯誤的權利，等於否定了心靈的力量，同時，也會認定他人不可能為自己作出正確的選擇。

(1:4~7) 對於那些已經願意改變心念的人，上主之師的唯一任務便是與他們一起歡樂慶祝，因為他們已和他一起躋身於上主之師的行列了。然而，對於那些尚不明瞭治癒真諦的人，他們的任務就變得相當具體了。這些病患不會明白，其實是自己選擇了疾病。相反的，他們堅信是疾病找上門來的。

依據世界的信念，一切際遇都是不請自來的。比如說，我們都認為疾病是自己找上門來的。倘若把疾病換成任何其他的名詞，也全都說得通，比如換成**生命**，想一想，我們不也相信是生命選中了我們？

(1:8) 他們的心靈依舊封閉於此一觀念裡。

即使是十分精進的奇蹟學員，也未必能全然接納《課程》中有關身體與心靈的教誨；縱然他們在理性上接受了這一真理，但在經驗上始終缺乏真正的體會。問題就出在，奇蹟學員往往仍然相信自己是一具身體，這意味著他們始終停留在開始涉入心靈與靈修的階段，這也表示他們依然在階梯的底層。因此，唯有每天練習不再把別人當成敵人或救主，也不再追逐私利而漠視他人的福祉，才有攀梯而上的可能。

(1:9~13) 身體告訴他們該怎麼作，他們只能言聽計從。他們毫

不自覺這種思維的瘋狂愚昧。只要他們能對這一思維稍起一點疑心，就有療癒的希望了。然而，他們如此堅信不疑。分裂之境對他們來講實在太真實了。

耶穌在〈正文〉提醒我們，若想修練他的課程，必須反問內心所珍惜的每一個價值觀（T-24.in.2）。本段課文即是重述這個觀點。然而，意思並不是要求我們全面改變自己的價值觀，而是要我們起碼開始質問一下這些價值的可靠性。說穿了，我們最根深柢固的價值就是個體生命的存在感，而耶穌只是希望我們反問自己，我們深信不疑的這具肉體是否真實？他並未要求我們立刻放下「自己是身體」這個信念，更不是要我們假裝自己不是一具身體。總而言之，《課程》的目標僅僅是希望我們以開放的心態，正視「我是活在物質世界中的一具身體」這一信念而已。

(2:1~3) **上主的教師就是為這一類人而來的，他們代表了這些人早已遺忘的另一種可能性。上主之師的臨在本身只是一種提示而已。他的思維方式等於向病患信以為真的想法提出一種反問的權利。**

一般病患往往深信自己就是這一具有形有相的身體，不僅如此，他們還相信自己的身體有病，亟需療癒。因此，當一位相信「疾病與療癒都源自心靈」的上主之師出現時，等於為病患活出他早已遺忘的那個選擇。上主之師憑藉的不是語言，而是自身的臨在，他以自身的選擇來提醒患者也可以作出同一選

擇。這就是上主之師所能做的**一切**，他們的臨在乃是幫助人們憶起聖子奧體的真相，這一能力構成了療癒的精髓。

(2:4) 上主的教師們，不只是傳遞訊息的使者，他們成了救恩的一個象徵。

我們在人間逐漸成為救恩的一個象徵，正如耶穌成了看穿世界夢幻本質而接受救贖的象徵。〈詞彙解析〉曾要求我們以耶穌為榜樣，活出一位回心轉意的正念聖子：

> 基督乃是上主的完美之子，祂的唯一造化，也是祂的喜悅，永遠肖似上主且與祂一體不分；當耶穌徹底與基督認同後，便成了全人類的生命實相。他引導你跟隨他。（C-5.3:1~2）

(2:5~6) 他們請求病患因他自己的聖名之故而寬恕上主之子。他們代表另一種神聖的選擇。

此處重現了本書的第二主題曲，說明聖靈在我們的救贖道上所扮演的角色。聖靈是我們的聖師，我們的生活也成了「心靈選擇聖靈」的象徵。此外，這兩句課文也是第一主題曲「一體生命」的變奏曲：「我所作的選擇，你也辦得到；甚至可以說，我所做的，你早已做到了。」這一觀念指涉了耶穌在〈詞彙解析〉所提的，當他復活時，我們與他攜手並進，一起復活了（C-6.5:5）。換言之，耶穌的覺醒等於我們的覺醒，只因他與我們本是同一生命。縱然我們仍可能選擇沉溺於夢境，但無

論如何，因著耶穌的覺醒，我們心中也有一部分已經覺醒了。這個說法乍聽之下令人匪夷所思，因為如果從世界戰場的角度來看，每一具身體**都是**互不相干、各自為政的；我們容或相信耶穌已經徹底開悟了，至於我們自己，怎麼看卻仍陷於人間苦海裡。事實上，這種看法只是我們想要如此**認定**罷了。說穿了，我們把自己和耶穌作反面對比，不過顯示我們一再企圖為分裂的真實性背書而已。

(2:7~9) 他們心中懷著上主聖言的祝福前來，不是為了治癒有病之人，只是提醒他們上主早已賜給他們的藥方。真正治療的，不是他們的手。講出上主聖言的，也不是他們的聲音。

　　我在前一篇曾經提過，**上主聖言**只是表達救贖原則的另一種方式而已。我也解釋過，療癒完全屬於心靈層次，因此耶穌才會說：「**無需**治療有病的人」。這句話的深意是，別忙著用各種外力來治療症狀，因為從心靈層次來講，療癒早已完成了。下面幾篇還會不斷重複這個觀點。身為上主之師，我們所肩負的任務與聖靈無異，都只是透過自己的身教來發揮提醒作用而已。為此，我們的目標不在於治療病人的症狀，而只需提醒他們「上主早已賜給了藥方」，便足以帶來療癒之效；反之，任何治療之舉只會強化「我們與對方是不同生命」這個知見。既然疾病出於罪咎，也就是源自相信個別利益那一決定，那麼，療癒之道自然就必須看穿疾病的虛幻本質。誠如〈正文〉告訴我們的：「心靈原是一體不分的，身體則不然。」

（T-18.VI.3:1）身體不過是為了表達心靈相信分裂的一種具象而已。總之，我們之所以共享同一福祉，純粹因著我們共享同一自性之故，我們為了覆蓋這一真相而不惜強化分裂，實在毫無道理可言。

耶穌在〈頌禱〉提過「分裂取向的療癒」（S-3.III），這類療癒之舉，等於在向對方說：「你是病人，我是治療師，我能解決你的問題，因我擁有你所欠缺的東西，而我可以給你這個東西。」這種說法完全否定了心靈有選擇生病的能力，對任何人來說，都是莫大的侮辱。耶穌絕對不會這麼做的，這也是他無意幫我們解決人間問題的真正原因。容我再說一遍，我們只需提醒別人，他們和我們一樣擁有選擇救贖的能力。當我們的心靈療癒了，便象徵著他人也能享有同樣的平安與愛，因為我和他人並非不同的生命，為此，他們必定也能作出與我們相同的決定的。

無論如何，治療的目的所在，當然是想減輕他人內心的壓力，但不管我們在行為上做了什麼，都比不過一顆能立即消除頭痛的阿司匹靈。其實，唯一能帶來療癒之效的，是我們愛的臨在；只因我們選擇了愛的天音而非恨與咎之音，也就是我們選擇了療癒之音而非疾病之音，因此，對方才能體驗到我們心中的愛。換句話說，不是言語或行為帶來療癒之效，而是由於我們的平安與愛的臨在，提醒了他人重新選擇，如此而已。於是，這也成了共同福祉的一曲變奏──我與他人的福祉是分不

開的，因為**我們**不是兩個個別的生命。

(2:10) 他們給出的不過是上主賜他們的禮物。

　　這句話又寓意著「施與受是同一回事」的主題。第肆篇論及「慷慨」時已略作解說，後文還會繼續深入。它是共同福祉的變奏曲，只因「你我原是同一生命」。

(2:11~12) 他們這樣溫柔地呼喚弟兄遠離死亡之途：「上主之子，請看永恆生命賜給你的禮物吧！你何苦選擇疾病，而不惜放棄這一恩賜？」

　　你的臨在若能引發他人反身自問：「究竟要選擇疾病，還是選擇你身上散發的平安？」光是這樣，已足以帶來療癒，此外，你什麼也無需做。你只需親自領受救贖，解決任何人的問題並非你的責任。一旦接受了這種療癒，你自然明白身體根本不算什麼，心靈才是一切之本。既然疾病不過是心靈一個錯誤的決定，那麼，療癒也不過代表了心靈的愛為它帶來的修正。

(3:1) 上主的資深教師絕不會被弟兄信以為真的種種疾病所蒙蔽。

　　此刻，我們又回到「形式與內涵」的主題了。形式導致分裂，因為它出自分裂的內涵，只要撤除分裂之念，「我們原是一體生命」的意識便會重現心中。總而言之，我們唯一需要做的，就是藉著聖靈的幫助，將妄念徹底由心中清除。

(3:2) 否則就表示他們已經忘卻了一個事實：所有的疾病都是為了同一目的，因此它們實際上是同一回事。

　　是的，所有的疾病不論以哪種方式呈現，全是同一回事。為此之故，我們才說幻相沒有高低之分，療癒和奇蹟也沒有難易之別。重大如癌症、愛滋病，小至感冒或扭傷腳踝，本質上並無差異，它們背後的目的完全相同。究竟來說，疾病之因乃出自我們決定做為一具「失心的肉軀」，因為唯有如此，我們才能把自己的痛苦和困境歸咎於外境，包括細菌、天氣或他人，讓自己成為一個身不由己的受害者。也因此，我們才反覆重申，「認清一切事件背後的目的」是如此的重要。

(3:3~4) 上主之師會努力在這位自欺到竟然相信上主之子可能受苦的弟兄心內找到上主的天音。他們會提醒這位弟兄，他不是自己造出來的這個生命，他絕對還是上主當初所創造的他。

　　你只需默默在心中視他人為上主創造的完美圓滿之子，知道生命是一體不分的，這樣就夠了，而無需費盡唇舌去說服對方相信他是上主的創造。換句話說，你的教學方式就僅僅是親身活出生命的真相。於是，你會很自然而由衷地說出鼓舞人心的話語，或做出利益眾生的行為。別忘了，療癒是靠愛的內涵，與形式無關；你的愛提醒了他人，沒有任何人是罪咎、仇恨或疾病之子，**我們全是**在愛中誕生的兒女。

(3:5~6) 他們明白這類幻相改變不了任何事情。他們內心的真

理會伸向弟兄內心的真理，使得幻相無法繼續逞能。

幻相之所以影響不了大局，只因它的源頭徹底虛幻不實。這又涉及前文提到的因果關係。請注意，耶穌隻字不提身體的作用，整部課程的宗旨僅僅致力於引導我們把焦點從身體轉向心靈。我們既是同一個心靈，故我的療癒自會延伸到聖子奧體的每一部分。「當我痊癒時，我不是獨自痊癒的」（W-137）；同理，我一旦選擇了罪咎，也不是為我自己選擇的，基於聖子奧體的一體本質，我不可能不相信其他人跟我一樣有罪。

(3:7) 就這樣，他們把幻相帶到真相前，而不是將真相帶入幻相內。

現在，又回到「把幻相帶到真相前，而不是將真相帶入幻相內」這個重點。也就是說，我們必須把「以身體為本位的個別身分」這個幻相，帶到「上主唯一聖子之一體心靈」這個真相前。我已經重複很多遍了，我們並非在帶給別人救贖，因那等於將真相帶入幻相，我們只是藉由自己活出心靈本有的愛與平安，而幫助他人憶起生命的真相。如此，當他們準備好的時刻，自然就會選擇接受同樣的「修正」。

(3:8~9) 就這樣，上主的旨意藉此合一之願（而非某個人的意願），驅除了所有的幻相。上主教師的任務不外於此：他們不再把他人之願視為與己無關的願望，也不會把自己的意願視為與上主旨意無關之願了。

　　沒有人能夠靠別人的意願而驅除幻相的。我無法教導你內心不知道的東西，除非療癒已在你心中；我也不可能療癒你，更不可能提醒你，你的心靈早已痊癒，除非你早已知道這一事實。這就是耶穌在《奇蹟課程》裡所做的一切。我們總以為他在教導我們真知，其實他什麼也沒教。他只是提醒我們，我們作了一個錯誤的選擇，現在可以重新作出正確的選擇了。柏拉圖在兩千五百年前就告訴我們：「教育只是喚醒記憶，點醒學生心裡早已知道的真理。」同樣的，資深的上主之師也正是為聖子奧體而活出這一真理。

　　於是，我們又聽到了「一體生命」的主題曲在耳邊響起——我們彼此不曾分裂，更不曾與上主分裂。這「與上主以及自己一體不分的造化」，就是所謂的「合一與一體」之境（T-25.I.7:1）。這才是唯一的實相。本課程的宗旨所在，僅僅只是不斷提醒我們放下個別利益，重新選擇，讓每一天的生活反映出那「合一與一體」的生命而已。我們所能教人的也僅止於此，透過日常生活向人示範：我們選擇的真理，是為所有人而選的，絕無例外。

陸. 一定會得到療癒嗎？

　　本篇的主題仍是一體性與共同福祉，重點所在，就是不再把施者與受者視為兩個不同的個體，而能將他們完全看成是同一個，連同所施以及所受之物，全都如此。不論我們選擇聆聽小我或聖靈，原則仍然相同：如果相信分裂與罪咎真的存在，就會在所有人身上看到分裂與罪咎；反之，若相信寬恕與愛，眼中則只會看到寬恕和愛。總而言之，我們相信什麼，便會給出什麼，**也會**收到同樣的東西。

　　前一篇已經述說，上主之師親自接受療癒之後，療癒便自然發生，病患也隨之療癒。本篇只是進一步追問下去：「真的是這樣嗎？」

(1:1~4) **一定會得到療癒的。幻相一旦帶到真相前，就無立足之地了。真相顯示出幻相一無所用。上主之師已經在病患的心裡看到了修正自己錯誤的機會，認出了修正的真實意義。**

　　除非光明早已存在，否則我們如何把黑暗帶到光明前，並將黑暗化為虛無？同理，上主之師必須先在自己心內看到問題

的答案（也就是修正），才可能幫助病患看到他們所需要的修正就在自己的心裡。〈心理治療〉一文也論及這一平行關係：當治療師放下評斷，自心獲得療癒之際，病患也隨之痊癒了。

> 療癒必須等到心理治療師忘記評估自己的病患之時才會來臨。（P-3.II.6:1）

治療師一旦接受療癒，便成了資深上主之師——他只是活出一個象徵，讓病患看到自己也能作出相同的決定。為此，我們才敢說「一定會療癒的」，因為只要一個心靈療癒了，每一個心靈都隨之療癒。但現實世界的運作原則正好相反，有贏家就有輸家，施者必有所減損，受者才能獲益，雙方顯然是利害互為消長的兩個個體。相對於此，從正念之心著眼的「共同福祉」，才稱得上是唯一神智清明的正見，唯獨這一慧見方能認出上主之子的同一性：在夢境中，他們擁有同一小我、聖靈與抉擇者；超乎夢境之上時，他們原是天堂的同一基督（自性）。總之，只要接納了救贖的真相，療癒不可能**不**發生的。

(1:5~6) 當他親自領受了救贖，他的病患必然也領受到了。萬一病患把生病當成一種求生的途徑，認定療癒才是一條絕路，怎麼辦？

由於療癒必會將我們帶回心靈，並在那兒找到問題的根源以及解決之道，這無異於宣判了小我的死亡。換言之，只要把問題帶到它的解答之處，一切難題自然迎刃而解了。棘手的

是，我們的存在就建立於分裂的基礎上，而存在本身已經成了問題的一部分，難怪我們會把療癒視為莫大的威脅。既然療癒代表著個體性與特殊性的終結，我們豈願接受這種療癒？正因如此，我們才會利用疾病，築起高牆來保護自己。所幸，不論小我如何逞能，基於心靈本是一體不分的整體，只要有一個心靈接受療癒，我們就一定會療癒的。

(1:7~9) 果真如此，突如其來的療癒會使此人陷入深度的憂鬱，強烈的失落感反而可能讓他萌生尋短的念頭。他的人生一旦失去奮鬥的目標，很可能會走上自我毀滅的路。為了他的安全，應該暫緩療癒的計畫。

　　耶穌再度點出不同層次的療癒。他一面說療癒已經發生（因為在「分裂不曾發生過」的無始之始，上主之子已經接受了救贖），同時又指出，我們其實很害怕接受這個早已完成的救恩。在西方世界，耶穌向來是代表全人類接受救贖的象徵人物，只不過，我們仍可能選擇不接受救贖，繼續打造世界、身體、疾病與死亡，以這些防禦措施來抵制我們另一部分心靈早已接受的救贖。這種說法聽起來簡直匪夷所思，除非我們已經跟耶穌一起跳脫夢境，才可能如此回顧人間。但事實上，我們根本無法憑靠頭腦來讀懂《奇蹟課程》，因為頭腦早已預設為只能在時空範疇內思考，而《課程》卻是來自超乎時空的心靈，它完全是針對我們內在明明超乎世界之上卻寧可選擇相信自己活在世界內的抉擇者而發言的。但無論如何，我們註定會

療癒的，一如〈正文〉所言：「世上還有什麼比『上主之子』更萬無一失的？」（T-20.IV.8:12）

(2:1) 當人們還視療癒為一種威脅時，療癒通常會知趣地避開。

透過救贖，療癒始終臨在於心靈裡，既然如此，它豈會自動「避開」？說穿了，是我們存心迴避它，只因我們深怕失落自己的個別身分，才會故意與療癒保持距離。

(2:2~4) 等到自己受到歡迎時，它才會即刻現身。不論療癒降臨何處，人們遲早會領受得到。時間豈有阻擋上主恩賜的能耐？

既然上主之子根本活在時空之外，也許一天，或者一個月、一年、一世紀，甚至於百千萬劫才會療癒，但那又有何差別？要知道，選擇生病，是來自時間之外的決定，療癒也是如此，不可能受限於時間。

(2:5~7) 我們在〈正文〉多次提過那個「寶庫」，上主一視同仁地為施者與受者備妥了許多禮物。一個禮物都不會失落，只會愈來愈豐富。當上主之師幫人療癒而對方卻好似不領情時，也無需感到失望。

上主之子**早已**獲得（received）療癒了，只因療癒不曾離開過心靈，禮物已經在那裡，只是我們尚未領回（accepted）。正如前篇提過的「教育只是喚醒記憶」，救贖也是同樣道理。

換言之，我們要做的，僅僅是憶起先前故意遺忘的「自己是基督」這一真實身分，然後放掉過往認定「自己是小我」那個虛妄身分，如此而已。

(2:8~9) 因為他無從判斷別人什麼時候才應接受他的禮物。他應肯定不疑對方其實已經收到了，而且相信只要對方一旦認出那禮物是個祝福而非詛咒時，他自然就會接受的。

資深教師內心深信一切問題皆已獲得療癒，他們不會急著幫人解決問題或到處救苦救難。其實，我們若還迫切想要改變別人，等於宣稱對方沒有自我決定的能力，也表示我們未能尊重對方有選擇害怕的權利。正如前面已經提過的，每當我們想方設法為別人消除恐懼，就已不知不覺否定了他的心靈擁有選擇恐懼或愛、疾病或療癒的能力。說得更明白一點，當你急著要別人信服你信奉的那一套，期待他按照你的想法而療癒，或是希望對方作出你認為他應該作的決定，這些全都源於你依然懷疑自己的圓滿自性之故。在這一刻，有病的其實**是你**；你如此期待他人接受療癒，充分顯示出你自己仍在懷疑救贖原則的效應。

你的心靈一旦痊癒，自然就會對救贖及其療癒力量肯定不疑了。這表示你已經和耶穌一同立於時間之外，在那兒，時間業已失去了意義。耶穌在「祂們已經來臨」一節中解釋過這個觀念：

一百年，一千年，或者數萬年，對祂們〔上主與基督〕又算得了什麼？祂們一來到，時間便功成身退了。祂們一來到，不曾存在的一切復歸虛無。（T-26.IX.4:1~3）

一般人所推崇的**耐心**，至此已毫無意義。耶穌要教導我們的是，明白「無所等待」的道理才可能生出真正的耐心，只因結局已定，一切終將回歸於愛。為此，實在沒有什麼好急的。這也重申了上主之師第八項人格特質的真精神。

耶穌切盼我們在選擇療癒之際，不要忘了自己已知的真相。只因我們很可能這一刻選擇療癒，下一刻又擔心起來，掉回先前的猶豫不決，於是為了證明自己的選擇確實奏效，我們會開始向外尋求見證。一旦試圖尋找有形的證據，勢必會大失所望，因為那等於向小我索求見證，徒然加深我們的不確定感。終究說來，唯有打從心底明白一切均在一體之愛裡，分裂也不曾發生過，我們才能真正體會外在沒有一物足以攪擾我的平安，即便是我愛的人作了一個「錯誤的決定」，也沒有絲毫影響。由某個層次來看，他的「決定」可能是錯的，但我了解那是他當時的唯一選擇，或許他是在為未來的正確選擇鋪路，誰能說得定？有鑑於此，我們必須特別謹慎，切莫干涉他人的救贖途徑，更勿抹殺他人心靈的選擇能力，因為整個宇宙最終能幫得了他的，就只有心靈這個選擇力量了。即使可能造成一場大浩劫，我們仍須尊重人們的選擇權利。請務必記得，需要

療癒的是**內涵**層次，而非**形式**作為。唯有藉由溫良、耐心與平安的表率，具體活出寬恕，才療癒得了人心內分裂、罪咎與恐懼之內涵。

(3:1~3) 上主的教師們沒有評估自己的禮物會產生什麼效益的任務。他們的任務只是給出禮物，僅此而已。只要他們盡了這一任務，自己便已同時獲益了，因為這也是禮物的目的之一。

我們必須再三提醒自己，施與受是同一回事。施與受的效益也是禮物的一部分，因為「因與果」是一體不分的；所施和所受，也是如此。只要我真心送你禮物，你必然收得到，只因我倆是同一生命。如果我送禮之後還擔心你是否收到，這等於聲明你和我是兩個不同的生命，也表示我已相信疾病，有病的正是**我**。如此一來，我其實完全著眼於**形式**，而非**內涵**，而這也完全稱了小我的心。事實上，療癒的內涵就在心靈內，只要我從正念之心出發，便不難了悟整個聖子奧體早已痊癒了，因為上主之子同享一個心靈。

(3:4~5) 他若開始操心給予出去的後果如何，他就給不出去了。那對施予本身反而成了一種限制，施者或受者都難以由這禮物受惠。

真正的給予必然建立於生命的一體性，這也成了鑒定愛的最佳指標。相反的，假施予（也就是毀滅性的施予）會掛慮給予的後果——對方究竟會接受或拒絕這份禮物？此念一起，等

於在鞏固對方的分裂心態，只因為我們心靈的焦點已經偏離了共同福祉而轉向個別利益了。同樣的，這也意味我又選擇了疾病，因此，此刻有待援助及療癒的，自然就只有我自己。

(3:6~8) 信賴乃是施予的一個重要因素；施予就是靠這因素才能達到分享之效，也是這個因素確保施者只會獲益，絕不會受損的。誰會給出禮物後還抓著不放，非要對方按照他認為適當的方式使用不可？那樣不能算是給予，反而成了一種對人的束縛。

　　信賴的主題再度出現了，大家可還記得，這是上主之師的第一個也是最重要的人格特質？「信賴乃是施予的一個重要因素」，這句話提醒我們信賴聖靈所傳授的救贖真相：分裂不曾發生過，故我們也不曾與上主或彼此分離過。共同福祉就是建立於這個真理；同時，這也等於告訴我們切莫相信肉眼所見，因那只會助長我們的分裂感。當我給出療癒之禮的同時，我便知道對方已經收到了，否則，它還可能失落到哪兒去？反之，給出禮物之後，心裡還惦三掛四，這便淪於「毀滅性的施予」，屬於小我的特殊之愛。這種愛其實是各逐私利所生的特殊之恨而已。

(4:1~2) 唯有完全放下自己對這份禮物的操心掛慮，才稱得上是真正的給予。唯有這種信賴，才能真正地給出東西。

　　我已經從不同角度一再重申，唯有跳脫夢境之外，才會感

到上述觀點言之成理，因為唯有在那兒，我們才可能看清所有的給予原來都是給自己的。正如〈練習手冊〉第一百二十六課所言「我所給的一切，都是給我自己的」，因為在實相層次，外面沒有他人可以接受你的給予。一切不過代表我們願意放下罪咎，容許愛在聖子奧體心中自然流動而已。這也正是「施與受是同一回事」的深意。

(4:3~4) 療癒就是心靈的轉變，病患心中的聖靈一直在為他尋求的正是這份禮物。這也是施者心中的聖靈所要給他的禮物。

《課程》用聖靈一詞作為象徵，來表達將所有生命結合為一的共同因素──祂就是結合之聖念，代表我們心中與上主始終緊緊相連的那條神聖連線。正是這條連線不斷提醒我們「分裂不曾發生過」。換句話說，你和我根本是不可能分裂的。

(4:5~9) 這種禮物怎麼可能落空？怎麼可能失效？它怎麼可能受人糟蹋？上主的寶庫永遠不空。只要失落一樣禮物，它就稱不上滿盈。

聖子奧體只要失落了某一部分，就不成聖子奧體了。聖子奧體足以成為基督自性，仰賴的正是它圓滿無缺的整體性。它並非由種種相關零件組合起來的，而是一個無法切割的完整整體。為此，你只要對一個人吝惜自己的禮物，就等於否定整個造化的一體本質，而助長了小我分裂與分化的信念。如此一來，再度顯示出有病的人是你自己。

(4:10~12) **然而，它的滿盈有上主作保。那麼，上主之師對自己禮物的效益還有什麼好擔心的？其實，這是真神對真神的餽贈，在這神聖的交易裡，有誰會收到少於一切的禮物？**

　　假如站在分裂之境的戰場，以人類大腦去解讀上述觀念，它們只是一堆文字而已。唯有超越世界之上，你才可能當下領悟「這是真神對真神的餽贈」這句話意味深遠——我們全是真神（上主），因為我們全屬於那「唯一」生命之源。我們固然不是「造物主」，但我們乃是上主本體的一部分，而在天堂之境是不可能有任何分裂的。只要我們領悟了這一體實相，療癒就發生了；這一領悟若反映於人間，則成了眾生皆已療癒的象徵。我只需在自己的心內接納救贖的聖念，它就會自動遍傳整個聖子奧體。於是，療癒成了人類萬無一失的結局，因為終究說來，還有什麼比上主更屹立不搖、千古不易的？

柒. 需要再三療癒嗎？

　　本篇承續上一篇「一定會得到療癒嗎？」的主題，再度以問句為標題，來鋪陳一個肯定的觀念：如果你相信療癒是必然的，顯然就無需再三療癒了。

(1:1~4) 答案其實就在問題之中。療癒是無法重複的。病患若已痊癒，還有什麼需要治療的？我們已經說過，療癒既是必然之事，還有什麼好重複的？

　　療癒如救贖一般的必然，因為它是基於上主千古不易的必然性。但唯有提升到世界之上，跳脫身體加諸我們的時空限制（其實這限制是出自我們心靈的決定），才可能真正了解上述這段話的內在邏輯。

(1:5) 上主之師若老是操心療癒的效果，反會限制了療癒的功能。

　　耶穌在此重申前一篇的論點，目的是要我們確切明白這個觀念的重要性。重申之餘，他又繼續發揮下去：

(1:6~9) **於是，真正有待療癒的倒是上主之師的心態。這才是他必須下功夫的地方。如今他必須看清，自己才是有待治療的病患。因為他犯了錯誤，必須心甘情願地轉變自己的心態才行。**

如果我認定你有問題，表示真正生病的其實是**我**自己。試想，完美的上主之子怎麼可能會有問題？必然是我不知不覺又陷入分裂與形式的夢境，才會認為疾病出自身體而非心靈的決定。這一決定其實對實相毫無影響，因為救贖原則明白指出「分裂不曾發生過」，而且「連天堂之歌的一個音符都不曾錯過」（T-26.V.5:4）。因此，每當我認為世界或某人有問題，表示是「我」出了問題，因為我透過小我的眼睛去看，才會看到個別利益，然而這與真相恰好背道而馳。換句話說，不論你的狀況如何，我一旦把你看成有問題，我當下就淪為病患了。只要我在外境看到任何分裂景象，就顯示「我」已經犯了錯誤。由本書的第一主題著眼，如果我在任何人身上看見「他有而我沒有」的問題，其實是再度肯定了彼此的分裂。**這才是**一切疾病的根源，因為我已經把分裂之夢弄假成真了，上主也因而顯得**毫不真實**，顯然的，我也同樣把上主之子的真相看走眼了。由此看來，唯有回歸正念之心重新看待一切，才可能化解這個錯誤，並將上主及其聖子正名復位於天堂的一體寶座之上。

(1:10) **他缺了真正的施予絕不可缺的信賴之心，因此，他還無法由自己的禮物中受益。**

信賴一詞又出現了，此處是指我們已把信賴錯置於小我的分裂而非聖靈的救贖之上。

(2:1~3) **只要上主之師有意充當療癒的管道，他就已經成功了。他若開始懷疑療癒的效果，也不該重複他先前所下的功夫。他所能做的已經達到極限，因為聖靈會如此接納也會如法運用的。**

不要老是想去療癒別人，送給他們白光或健康的正念，諸如此類的。把這些光明正念送給自己吧，那才是最重要的，因為你的心靈已經陷於分裂、罪咎與仇恨的陰影，真正需要療癒的是你自己。你那正確選擇所釋出的光明，其實是為你而來的。如果你在自身之外看到黑暗，又十分當真地與之互動，請別忘了，是你把自己心中的黑暗投射到外面去的，真正需要療癒的，是你的種種投射。

耶穌在此所用的**極限**（maximal）一詞，就是引自第一條奇蹟原則「全都表達了愛的極致」（T-1.I.1:4）。極限，或極致，意味著「全有或全無」（all-or-nothing）的概念——我若選擇了愛，便會在萬事萬物看到愛，**絕無例外**。換句話說，療癒代表心靈選擇了救贖中無所不包且無一例外的愛；反之，疾病則代表心靈已經選擇了分裂。

(2:4~5) **此刻，上主之師只有一條路可走。他必須理性地說服自己，他已經把問題交託給一位絕不會失誤的「導師」了；他**

還需看出自己的彷徨不定絕不是出自愛，而是恐懼，那其實與恨無異。

　　這幾句話為我們重新點出本書的第二主題「向聖靈求助」。我必須先意識到有病的是自己，才可能向聖靈求助。聖靈就是我心中代表健康與療癒的神聖象徵，也就是我心內神智清明的那一部分，唯有在此，我才能作出一個反疾病與瘋狂的決定。更進一步說，小我思想體系是無法切割的一整套，抵制愛與選擇恐懼，其實與選擇仇恨無異。這是本篇最令人難以消受的說法，因為耶穌直接戳破：助人的動機若是出於分裂信念，這種美其名為善行的作為，背後其實已隱含了恨。一旦把他人視為另一生命，他們不僅成了我們分裂心靈的象徵，也會是我們最痛恨的罪咎象徵。

　　不僅如此，小我還變本加厲地搧風點火，它說一定是有人偷走了我們的幸福，我們才會活得如此不快樂，也因此，我們才能理直氣壯地痛恨別人。這種論調在無明亂世法則的第四與第五條闡述得非常清楚（T-23.II.9~13）。我們一旦把分裂當真，便不可能不把小我與它為「特殊性」打造的思想體系一併弄假成真，我們就這麼一路掉進仇恨的戲碼。無論如何，小我的策略必定是一整套的，不可能只接受其中一部分，或說一點兒天堂摻入一點兒地獄。對此，後文還會詳加解釋。請切記《奇蹟課程》這個「全有或全無」的原則：不是百分百的地獄，就是百分百的天堂；不是百分百的恐懼，就是百分百的

愛，完全沒有模糊地帶。一旦認同小我，就等於接受它整套的思想體系，包括罪、咎、懼、恨、判斷、痛苦以及死亡，一應俱全。反之，我們若選擇聖靈，就選擇了祂整套的思想體系，也就是愛、平安、寬恕、療癒和喜悅。

(2:6~8) 他會感到對自己難以交代，因為他正在恨自己原先想要愛的人。這是不可能的。他給出的如果是愛，對方收到的必然也是愛。

這段話的意思是說，我給你的不是真愛，而是出於分別心的**特殊之愛**。這就是〈頌禱〉所說的**分裂取向的療癒**，也稱為**毀滅性的療癒**，言下之意，是說我們可能給予別人所欠缺之物（S-3.III）。問題是，人們既然是完美無缺的生命，怎麼可能有所匱乏？既然我們所有的人都是同一生命，又怎麼會是分立的個體？如果我們相信自己有而別人欠缺，因而給他們任何東西，表示我們又把分裂弄假成真了。這就是小我的「虛假的感通」（T-16.I），把聖子奧體視為自己身外的另一生命體，只有一部分的人配接受我的感通、愛與關心，其他的人則不配得到。事實上，真正的感通是讓上主的愛透過我們而延伸到每一個人身上，融為同一個生命，道地的愛必然無所不容。請記得「全都表達了愛的極致」（T-1.I.1:4），只因愛源自於一體生命，在它內的一切必然融歸於一；在「一」之外的，只可能是恨，而它就源自於充滿恨意的小我思想體系。

(3:1~4) 上主之師需要信賴的就是這一點。所謂「奇蹟志工的

唯一責任就是親自接受救贖」，真正的意義即在於此。上主之師必然也是奇蹟志工，因為他必會收到自己給出的禮物。但他必須先行收下此禮才行。

身為上主之師，給出愛之後就得信任對方已經收到了，因為施與受是同一回事。為此，我若願意幫助別人、充當愛的管道，我得先接受始終存於我心內的聖愛才行。容我重述一遍，我與你並非兩個不同的生命，所以我不可能給出自己所沒有的東西，你也不可能從我這裡收到我所欠缺之物。推到究竟，一切就只有這個愛，也就是上主之子的一體生命，因此，唯一需要療癒的，只有我的分裂信念。我必須信賴這一體之愛能透過我而推恩出去，它會指點我如何說話、如何行事才會帶給人們最大的利益，因此我從不操心後果，因為我知道它是萬無一失的。這份信賴是愛對愛的贈禮，也是上主給上主的禮物。雖然在形式上我的表現好似把你當成不同的人，但我內在已經療癒的心靈知道我們是同一生命，且願意以這一心態去愛你。

(3:5~8) 此外，他無需做任何事情，也做不出更多的事了。唯有先接受療癒，才可能療癒別人。如果他對這一點還有所懷疑，願他記得真正給出禮物的是「誰」，而真正收到這禮物的又是「誰」。他的懷疑就會修正過來了。

我們所能做的只是接受救贖而已，此外一無可為。耶穌還針對信賴與懷疑作了以下對比。所謂懷疑，意味著不確定是否真的會療癒，也就是說，我不敢確定救贖為真且小我是幻；

然而說穿了，真正的意思是，我不敢確定**我**自身也是虛幻的。至於信賴，則意味著我相信自己以前所思所言全是虛妄的，因為我一直想把自己內在的真理之音推出心外。從這樣的對比可知，唯有信賴聖靈，才是修正懷疑的正途。這又回到了本書的第二主題「向聖靈求助」。

(3:9~11) **他原以為上主可能會收回祂的禮物。那只是一個誤解，不必大驚小怪。總之，上主之師所能作的只是認清錯誤，讓它接受修正就夠了。**

　　罪咎會陷我們於錯誤中而難以自拔，因為它已經把**小小瘋狂一念**當真而忘了一笑置之（T-27.VIII.6:2），小我稱之為「罪」。於是，「咎」便會在我們心裡刻下難以磨滅的烙痕，等候天譴。小我才會為自己打造一套瘋狂的保護措施，引誘我們逃離心靈，造出一個世界，躲進一具肉體。為此，我們亟需認出自己的錯誤，明白分裂不是罪，只不過是一個錯誤的選擇而已，絲毫影響不了真理實相，因為幻境中形成的種種後果都是虛幻的。

(4:1~3) **人們最難識破的誘惑就是：看到外在症狀不斷重現而懷疑療癒的功效，這是缺乏信賴的一種標記。它骨子裡其實就是攻擊。然而表面上它會裝得恰如其反。**

　　這種懷疑等於攻擊了你的基督自性，自然也波及你與我一體的同一自性。我若視你為身體的受害者，等於否定了你心靈

的選擇力量，這不是攻擊還可能是什麼？我的殷勤關切，表面
看來既仁慈又有愛心，但其實底下隱藏了一種恨，因為我正強
化了小我的分裂與失心狀態。為此，我的種種助人善行，說穿
了不過是想消除自我懷疑而已，這豈能稱之為愛？一切不過是
小我自私取向的另一明證：我是為了逃避面對自己的罪咎，才
轉身來幫你的。如此一來，雙方都無從療癒了。這也是藥物無
法根治任何疾病的真正原因，因為下手處根本就錯了。疾病並
非身體層次之事，也不是微生物感染或器官衰竭所引起，它僅
僅是源自心靈選擇了罪咎的那一個決定。

**(4:4~7) 操心掛慮乃是一種攻擊，這種說法乍聽之下確實有違
常情。因它具有愛的所有樣貌。然而，沒有信賴，愛是無法
存在的，而懷疑與信賴也不可能並存。恨，不論化身為何種形
式，必然與愛水火不容。**

　　別忘了，當我們提到信賴聖靈時，所信賴的其實是「我們
並非兩個不同的生命」這個救贖原則。當我為你擔心時，顯示
我已把你當成一具與自己分裂也與上主分裂的肉體了，**我**才
會如此擔心**你**。這與救贖原則所強調的一體恰好背道而馳，所
以其中不可能有愛。當愛缺席時，剩下的，就只有恨了，一如
〈正文〉所說：「不愛，就等於謀害。」（T-23.IV.1:10）此刻，
我們又回到**非此即彼**的原則。凡是不屬於聖靈大愛的，必然落
入小我的罪、咎、懼與恨之內。我們知道，小我之愛只可能出
自分別與差異的特殊之愛，而聖靈大愛則立足於「我們原是上

主唯一聖子」這個天生一體的溫柔基礎上。

(4:8~9) **你若毫不懷疑這禮物，就不可能懷疑它的療效。就是這份肯定不疑使得上主之師搖身一變而成了奇蹟志工，因他們已把信任寄於上主身上。**

再度回到第二主題。我們要將信賴置於上主、祂的天音，以及代表天音的聖言之上。當我覺察到自己正為所愛之人或世上任何一人擔憂、操心或焦慮時，最好能當下打住，反觀一下自己背後的真正用意。如果我真的想幫助他們，我必須先回到內心選擇愛，把焦點由表面上與我分立的另一形體，轉向內心已與上主分離的我自己。療癒必須發生在**自心之內**。如果你願意反省自己對他人的掛慮，正視掛慮表相下所隱藏的動機，這是你能為他人提供的最高服務。

(5:1~2) **任何問題，如果我們已向上主的聖師尋求解答，心中仍存有一些疑慮的話，只有一個可能，就是自我懷疑。那表示我們的信賴一定已經誤置於虛幻的自我之上了，只有那個「我」才不足以信任。**

我之所以會自我懷疑，只因我存心漠視「自己是上主所創造的一體自性」這個真相。反之，我們一旦由夢中覺醒，覺於自己的基督自性，就不可能意識不到生命的一體本質。要知道，自我反省所引發的自我懷疑，影射了二元對立的心態，自然反映不出基督自性一體不二的境界。因此，耶穌在〈正文〉

結尾提到，我們尚可借用某些概念來形容「自我」，但沒有任何一個概念足以表達出「真實的自性」（T-31.V）之真正意涵。

(5:3~8) 虛幻之我會化身為許多不同的面目。也許是擔心自己無能或是害怕受到傷害。也許是唯恐自己不善而害怕失敗與受辱。也許是出自假謙虛的一種自慚形穢。這一錯誤不論以任何形式呈現，都無關緊要。重要的是認清那不過是一個錯誤而已。

是的，它只是一個錯誤，而非罪過，但我們總得看清錯在何處才行。也就是說，我們不過是選錯了老師，又與一個錯誤的思想體系認同了。總而言之，問題不在於外在形式，而是抉擇者作了個錯誤的選擇而已。

(6:1) 那個錯誤說穿了其實就是：上主之師感到自顧不暇而與病患劃清界線。

這句話在說明第一主題中「個別利益」的部分。它的言下之意是：我根本不在乎你的病情是否好轉，我唯一在乎的是自己的失落感或挫敗感。你一定要恢復健康，我才能夠「自我感覺良好」，或藉此向他人誇耀自己的神能。這才是我真正關切的重點。

(6:2~4) 它認不出對方其實是你自性的一部分，這顯示出你對自己身分的迷惑。你對自己身分的認知一旦產生衝突，便再也看不清自己的真相了。你之所以如此自我蒙蔽，因為你已否定

了創造你的生命之源。

這一段話可說是第二主題曲的變奏。我們一路隨著〈教師指南〉講解下去，就會更清楚看出這兩個主題曲之間的密切關係。自從我驅逐了造物主，自立為王之後，自然會為自己的姜身不明而疑慮不安。從此以後，萬事萬物在我的認知裡都與自我的存亡休戚相關，以至於自我中心與排外的自利取向便成了我心中根深柢固的觀念。我根本認不出你的真相，因為我誤判了自己的真相在先。這正是**投射形成知見**的道理（T-21. in.1:1）。

(6:5) 如果你要給人的只是純粹的療癒，你不會懷疑的。

這是理所當然的，因為真療癒只可能出自愛，它屬於一體之境，而且是千古不易的。

(6:6~9) 你若真心想要解決問題，你也不會懷疑。你若十分肯定問題的真相，你更不會懷疑。只有當你三心兩意又自相矛盾時，才會萌生懷疑之念。確定一下自己究竟想要什麼，懷疑就無由生起了。

耶穌不斷催問我們，究竟想要什麼？我們要的是獨立、自主、自由、特殊，或者個人價值嗎？不論我們只要其中一種或全部都要（反正它們全是同一回事），全都表示我們不僅選擇了小我，也認同了一個內在矛盾的自我，存心藉此抵制一體自性的生命。從此以往，我們在人間的一切努力，都僅僅是為了

鞏固那虛妄的自我認同。於是，我們造出一個世界，並認定自己洞悉世事，完全了然世間的一切。其實，這只是在迴避「我好像是個小我」這一自我懷疑罷了。然而，我們不可能不自我懷疑的，因為我們造出自我與世界，就是企圖推翻自己「千古不易」的本來真相。

　　我們用來肯定自我的最大動力，就是認為世界需要我、人類需要我、人間一堆問題都有待我來解決。我們真的認為**自己**知道問題出在哪裡，以及解決方案是什麼。這種傲慢心態，其實是針對深埋心底的自我懷疑，以及害怕自己一無所知而產生的一種反彈。深恐自己的存在無足輕重而且轉眼即逝，我們才會想盡辦法讓自己「萬世留芳」。這是自我懷疑必然導致的結果。我們必須看清其中的蹊蹺，「自我懷疑」才可能被「肯定不疑」所取代，我們的自性也才有取代這小小自我的一天。

捌. 如何避免難易有別的觀念？

　　這一篇繼續探討「越過形式去看」的途徑。具體地說，就是如何讓自己的眼光超越外在的問題或現象，而直接審視所有問題底下的共同因素。耶穌仍是透過心靈與身體的角度來答覆這一問題，他要我們著眼於心靈的內涵而非身體的外形。觀看的途徑有二，一是由小我的分裂、罪咎、憎恨與疾病的眼光去看；另一則是藉由聖靈的救贖或寬恕的眼光。以下，耶穌先為我們說明知見世界的「對比」性質。假設我們正在一個房間裡，我們可以靠著形狀差異而區分出房內的桌椅或牆上的畫像，因著它們之間的對比來分辨出不同的物體。如果每件東西都是同一色彩、形狀、大小，那就無從辨別了。事實上，在這個分化與判斷的世界裡，我們所看到的一切，都只是上主之子最原始的分別判斷所投射出來的倒影而已。透過這樣的對比性質，耶穌接著為我們解釋，這一切全都源於心靈的決定，與身體或世界一點關係都沒有。

(1:1) 相信世事難易有別，乃是世俗知見的立論基礎。

　　這得由上主與聖子最原始的從屬關係說起。聖子因為不甘屈居第二，決心剷除他的天父，篡奪造物主的王位，整套小我思想體系於焉衍生，而它所打造出來的世界徹底體現了小我所要建立的新從屬關係。

(1:2~7) **它的認知完全建立在差異性上，每個畫面都有錯落有致的背景，變化多端的前景，高低不同，大小不等，明暗不一，以及成千上萬的對比；每一物都想把另一物比下去，才能博得注目的眼神。龐大之物會把小東西比下去。亮眼的東西會比黯淡無光之物吸引人。在世俗眼中比較刺激人的或是比較吸引人的觀念，都會攪亂心理的平衡。人的肉眼最愛著眼於衝突。別想從它們那兒尋求平安與了解。**

　　在這裡，耶穌描述了世人視為天經地義的知見世界。說真的，沒有這些知見法則，我們的確無法存活下去。小我打造如此的身體與知見世界之初，早已預設了「唯有如此去看世界方能生存下去」，於是，我們再也意識不到自己的所知所見其實是出自心靈的決定。世間萬物既然是源自小我在無始之始對上主所生的矛盾之念，它們彼此之間就不可能不發生衝突，因為**投射形成知見**，換言之，知見世界只會如實反應心靈的狀態。毋庸贅言，這種衝突也只可能存於小我心中，真實的上主對此一無所知。

(2:1~3) **幻相說穿了不外是種種「分別相」罷了。除此之外，還有什麼其他的幻相可言？幻相，望文生義，它必有把自己認**

為重要但又明知其為虛幻之物弄假成真的企圖。

「幻相說穿了不外是種種『分別相』」，因為一切幻相均源自最初那個「上主與聖子有所不同」的妄念。雖然我們在心靈深處隱約知道，真正的我並非自己心目中所以為的這個我，但我們依舊想盡辦法證明小我是對的、上主是錯的。為此……

(2:4~5) 人心基於想要擁有的強烈欲望，必會設法將幻相變得真實無比。幻相只是仿效創造的拙劣贗品，企圖把真理帶入世界的騙局之中。

曾幾何時，我們仿效創造而集體打造出一個「自我」，〈正文〉也提過這個「拙劣贗品」（T-24.VII.1:11），我們千方百計想把它弄假成真。小我使出的手段就是給分裂之念貼上「罪」的標籤，讓我們相信自己真的幹了這件好事，上主成為我們不共戴天的對頭，而後我們又將這個衝突之念投射於外；於是，整個分化對立、充斥著迫害者與受害者的世界，便應運而生了。

(2:6) 當人心感到難以接受真相時，必會起身抵制真相，還會為自己營造出一個勝利的假相。

世界代表著勝利的假相。我們好似真的戰勝了上主，且在天堂之外建造一個可知可感的世界。我們的大腦又進一步認可知見世界的真實性，於是我們向上主宣告：「祢輸了！我告訴過祢我有這個能力，我果然辦到了。瞧！我造出了一個比天堂

更好的世界，它接納了祢在天堂拒絕我的特殊性。更妙的是，我無需為這個世界負責，一切都是別人的錯！」這就是所謂的「勝利的假相」。

(2:7~8) 人心若發覺健康成了一種負擔，便會逃避到一個「發燒」的夢境。心靈一旦陷入這種夢境，便分裂了，與其他心靈顯得如此不同，各有所好，甚至能夠犧牲別人來滿足自己的需求。

　　此處的「健康」，其實是指救贖與一體的境界。真正有待修正與化解的是，我們為了保全彼此的差異以及一己之私利而建立的防護機制。本段的結尾也點出，特殊關係中的雙方其實各懷鬼胎，各有盤算，為了滿足自己的需求，不惜犧牲對方的利益。特殊關係裡的討價還價，更凸顯出彼此的不同：「我根本不在乎你的死活，我只關心你能否滿足我的需求。」

(3:1) 這一切差異性究竟源自何處？

　　這句話又把我們的焦點轉回分別取捨的始作俑者，也就是心靈，因為**觀念離不開它的源頭**。

(3:2~6) 它們一定好似發生於外在世界。然而，是誰在判斷肉眼之所見？絕對是心靈。詮釋肉眼所獲的訊息且賦予「意義」的，也是心靈無疑。因此這個意義絕對不存在於外在世界。肉眼所見的「現實」其實都是人心想要看到的景象。

　　這段在告訴我們，知見本身其實是一種詮釋，關鍵不在於我們的眼睛究竟看到什麼，而是我們的心靈如何詮釋眼之所見。詮釋，若非出自小我，就是出自聖靈。以小我之見，一切不外乎分立與敵對，罪咎也是理所當然；聖靈的眼光則會看穿表相的差異，直視底下一體相通之處，而我們的結合所憑靠的，正是這個一體的本質。耶穌教導我們如何一視同仁，學習看出所有人如果不是在傳達愛，就是向愛求助。唯有如此，我們才會明白，世界在我們的正念之心中，原來充滿了愛，而不是仇恨、罪咎或恐懼。

(3:7) 是它把自己的價值層次投射到外界，然後再派遣肉眼去把它找回來的。

　　所謂「價值層次」，即是指一切都有好壞善惡、受害加害、無罪有罪之分，非但如此，我還看透誰是正的誰是邪的。這就是我們的知見。然而在心靈深處，我們心知肚明自己才是有罪的一方，上主是清白的。我們故意顛倒是非，把自己假扮成上主義怒之下的無辜受害者，再藉著投射嫁禍他人，唯有對方成了罪大惡極的加害者，我才能恢復清白。請回想一下，〈正文〉把小我描述成被饑餓與恐懼折磨的惡犬，四處搜尋罪咎的蹤跡，無情撲殺之後拖回死屍，向主人邀功（T-19. IV. 一 .12）。肉眼其實早已被預設為只看得見分裂、罪咎與疾病，不知不覺中，我們已然淪為小我的奴隸了。

(3:8~11) 肉眼必須透過那些分別相才能看見東西。然而，知見

的形成不是靠肉眼帶回的訊息。它完全是建立在心靈對那些訊息的評估上；因此，只有心靈才能對自己的所見負責。唯有它能決定所見之物究竟是真實的還是虛幻的，是自己想要的還是不想要的，要帶給身體的是快感還是痛苦。

《課程》一再提醒我們，肉眼其實視而不見，耳朵聽而不聞，大腦完全無法獨立思考，它們必須聽從心靈的指示才可能產生作用（T-22.III.5~6；T-28.VI.2）。小我先把自己的分裂之念投射到世上，我們的感官才會好像真的看到了那些分別相。也因此，若非徹底識破小我的陰謀詭計，我們是不會甘心將自己的目光由身體轉向心靈的。

(4:1~5) 錯誤的知見就是透過那擅長揀擇取捨的分別心而潛入的。因此，修正的功夫必須由此下手。心靈靠它先入為主的價值觀來識別、鑑定肉眼帶回的訊息，是它在決定感官所搜集來的每個資訊如何排列組合。這種判斷基礎何其荒謬！它毫不自覺，這些與存在於它內的鑑定系統不謀而合的東西，都是人心自己求來的。

總之，生病的不是世界或身體，而是那毫不自覺地相信了分裂，而且著眼於分別相的心靈。是心靈在操控我們一切的所知所見，以至於我們只會在他人身上看到罪與咎的蹤跡，在自己身上卻完全視而不見。甚至，我們就算承認了某些罪咎，依然會將它們歸咎於他人或外境，比如基因、父母、環境，乃至命運或神明。這一切，全是小我知見的陰謀，指使肉眼只看它

想要看到的分裂與罪咎，並讓我們感覺自己無需為當前的處境負責。

(4:6) 唯有如此，它才能斷言自己的鑑定系統必然真實可靠。

我們總是如此肯定自己是對的，卻渾然不覺自己不過是一直在做「2＋2＝5」的判斷。事實上，我們不可能**不**犯錯的，因為在心靈的預設之下，肉體、感官和大腦只可能搜集到不正確的資訊。然而，不管是分裂、分別、分化、特殊或疾病，根本就是幻相，我們始終是上主創造的一體生命，這才是真理實相。相對的，眼之所見反倒虛幻不實，我們之所以會看到幻相，只因我們想要證明它真的存在。總而言之，一切錯誤的源頭從來不在於我們眼見耳聞的世界，而必須追溯到存心想要看見這種世界的心靈那裡。

(4:7~8) 所有的分別判斷都是依據這一原則，因為整個世界的判斷都建立在這一基礎上。這種混淆人心且荒誕不經的「推論邏輯」怎麼可能值得信任？

是的，整個世界都建立於「我們的分別判斷是正確無誤的」這個假定上，只因我們一生都是靠自己的所知所見而存活下來的。我們確實相信眼見為憑，**因為**我看到了，所以它一定存在。我們完全意識不到，之所以會看到它，是因為心靈命令我們把分裂當真，進而賦予它種種的意義。不僅如此，我們還會在這分裂世界看見他人罪孽深重，而我們只是別人罪行之下

的無辜受害者。準此而言，他人一旦受罰，代表我們有救。說穿了，世間的一切之所以建立於上述的判斷與認知，全都是因為我們想要它們變成那樣的。事實上，那兒除了幻覺與幻相以外，什麼也沒有。這才是真理實相。

(5:1~6) 療癒也沒有難易之分，因為所有的疾病都是幻相。當你治療精神病患時，難道陣勢大一些的錯覺妄想會比小規模的錯覺更難驅除？難道聲音響亮一點的幻聽，會比輕聲細語的幻聽更容易使他信以為真？難道在他耳邊輕聲慫恿他去殺人的幻音，會比大聲的命令更容易讓他聽若罔聞？難道魔鬼手持的耙子有幾根叉，會改變他對魔鬼的相信程度？他的心靈一旦把它們全都鑑定為真實之後，它們對他便全都變成真的了。

請注意，耶穌所強調的是原則問題。幻相就是幻相，永遠都是虛幻的；大幻相與小幻相沒有任何差別，就如一乘零和一千乘零的結果完全相同。自從心靈斷定自己真的分裂了，不僅造出身體與世界，還相信幻相有程度之別，藉著這種知見，反過來為幻境撐腰。

(5:7~9) 唯有等到他明白這一切全是幻相，它們才會消失蹤影的。療癒的道理也是如此。幻相之間的差異性影響不了大局的，因那些形形色色的分別相和幻相本身一樣虛幻不實。

這個觀念極其重要，不妨再重申一次。但除非我們真實體驗過世界與自我的虛幻本質，否則，上述的論點依然有如天方

夜譚。若無「夢境之外」的體驗，我們即使嘴上說得天花亂墜，心裡仍不免把身體當真，而且還相信彼此大不相同。難怪我們看新聞時仍有情緒反應，聽了醫生的診斷仍會煩惱不安，表示我們依舊在分裂與知見的領域中，深信人間一切確實有難易之分。除非我們已經看破了幻相，否則這根深柢固的錯誤真的很難修正過來。

底下的最後一段是針對資深教師說的，耶穌描述了心靈療癒後的境界。

(6:1~3) 上主之師的眼睛仍會看到萬物的差異性。可是，已經療癒的心靈再也不會與它認同了。雖然有些人看起來好像「病得比較嚴重」，肉眼也會照舊報導病情的發展。

這段話並非要我們否認肉眼所見的是各自獨立而且互不相同的形體。請記住，知見僅是一種詮釋，並非事實。世界一向教導我們「眼見為憑」，耶穌則要我們把焦點轉向我們對肉眼所見之物的「心態」上。依照世間的眼光，永遠有看起來病得比較嚴重的病患、比較邪惡殘酷、比較仁慈善良，或精神境界比較高超的人。小我最愛各式各樣的對比了。為此之故，我們才會如此堅持善惡、正邪、愛恨，以及有罪無罪等等的分別。

(6:4) 但已療癒的心靈會把它們全數歸類於同一個虛幻不實的範疇裡。

肉眼只會看到差別性，好比症狀的輕重或問題的大小；然

而，已經療癒的心靈毫不重視程度之別，它只知道既然是幻相，全都一樣虛幻不實。症狀不論輕重，依舊是虛幻之身的虛幻現象。唯有接納這個真相，你才有療癒的可能，也才能成為療癒他人的管道。因著你憶起的真相，對他人成了一記醒鐘：**一切療癒真的都在心靈之內。**

(6:5~9) 那位聖師給他的禮物就是幫他了解：人心從外在的表相世界所接收的訊息只能歸納為兩大類。而其中只有一類是真的。既然實相是全然的真實，與大小、形狀、時間及空間無關——因為差異性無法立足於實相之境；同理，幻相之間其實也沒有什麼分別。不論哪一種疾病，只有一個答覆，就是療癒。不論哪一種幻相，也只有一個答覆，就是真相。

這兩類訊息，其一是**一體**訊息，必須透過共同福祉與共同目標體現於有形人間；其二則是**分裂**訊息，藉著利害衝突而呈現於世上。聖靈反映的愛的原則是**全贏**或**全輸**；小我反映的則是**非此即彼**，**非你即我**，你贏則我輸，你輸我就贏了。心靈一旦在聖靈的慧見下獲得療癒，便不難領悟奇蹟確實沒有難易之分。這正是耶穌祕傳給海倫時開場的第一條奇蹟原則：「關於奇蹟，首先應謹記於心的，即是它們沒有難易之分。」隨後的整部課程都是這句開場真言的變奏曲而已。

正因如此，我們必須警覺自己是如何想盡辦法否認這一真理的。相對於這個真理，無明亂世第一條法則（T-23.II.2:3）恰好背道而馳，它聲稱幻相**確實有**程度之分，也就是說，人間

各種問題和諸多的疾病症狀真的有難易之別。在這樣的觀點之下，不論是受苦的人或是想幫助他人的人，每個人都變得神智不清，因為他們全都只是著眼於分別相。你這個治療師如果認為自己和患者大不相同，他有病你沒病，就表示你的病情跟他一樣嚴重。不妨隨時這樣提醒自己：若非全都療癒了，就是所有人全都一樣神智失常，不可能只有一部分人療癒，或只有一部分人發狂。請記得，千萬別低估了all（**所有**或**全部**）這個詞的重要性。

(6:8~9) 不論哪一種疾病，只有一個答覆，就是療癒。不論哪一種幻相，也只有一個答覆，就是真相。

　　我們都相信自己擁有與眾不同且真實無比的身體，表示我們全都在受同一幻相之苦，也全都一樣神智失常。當然，我們也共享同一個終極答案「分裂不曾發生過」。這句聖言等於提醒我們彼此不曾分離過，故我們的日常功課不過是覺察自己如何又掉入「禍福不與共」這類信念的陷阱。由此可見，我們的心靈多麼需要「一切問題的唯一解答」，也就是接受上主救贖的療癒聖言。

玖. 上主之師需要改變生活環境嗎？

　　本篇雖是〈教師指南〉全書最短的一篇，但它針對奇蹟學員最常面臨的誘惑痛下針砭，因此意義非常重大。許多學員認為《奇蹟課程》的境界如此超然神聖，奇蹟學員自然也應該活得超然脫俗才對，比方說，不宜涉入人間的婚姻、家庭、職業、投資、買保險等種種紅塵俗事。不少學員深受「靈修境界」吸引，甚至有人在這樣的迷思中，毅然放棄了家庭、工作或保險，一心等著聖靈供養他的日常生活所需。耶穌預見這一陷阱，因而在本篇特別提出「修正」之道。

(1:1~2) 上主的教師需要改變的是他們的心。外在環境也許會隨之改變，但也不盡然如此。

　　需要改變的僅僅只是心靈，而與外在的有形事物毫無關係。這是理所當然的，因為問題的根源以及解決方案均在一心之中，心外別無他物。

(1:3) 不要忘了，什麼人會出現於什麼環境，都不是偶然的，

在上主的計畫裡，沒有意外這一回事。

　　這又涉及了先前討論過的「時間」這個主題。這幾句課文絕非影射上主會為我們欽定某些計畫，或聖靈會如同在棋盤上移動棋子那般指點我們的生活。人生劇本早在原初那一刻就寫定了，絕非上主或聖靈的安排，而是我們自己寫下的。既然一切在**那一刻**已經發生了，故說**眼前**的種種，沒有一件事情是偶然的。正因如此，在時空中發生的任何事情，都成了我們學習寬恕的最佳時機，故而稱之為「上主的計畫」；我們投射於他人的罪咎，正好給了我們一個選擇聖靈劇本以及轉變心靈知見的大好機會。

(1:4~5) 上主訓練新教師的課程一概是由改變心態下手的。但沒有固定的模式可循，因為訓練方式一向是因應個人的需要而設。

　　在〈教師指南〉的最後一篇，耶穌用類似的話重複了同一觀念「這部課程非常注重因材施教」（M-29.2:6）。訓練方式既然因應個人的需要，我們便不可能知道其他人應當如何修行才是正確的。換句話說，學習這部課程沒有所謂正確或錯誤的方式，包括你到底該不該辭職或與某人分手，都沒有絕對的對錯可言。你的選擇只要不是出於罪咎，便是「對的」，但倘若暗含了一絲的罪咎，那就是「錯的」。這是唯一有意義的分辨標準。

　　接下來，耶穌重申先前的教誨重點：我們的焦點必須由外在的世界與身體轉向心靈所選擇的思想體系。既然問題出在我們選擇了小我，轉換思想體系就成為解決問題之正途。因此，我們不應把心力放在外境，期待問題會神奇地解決，因為僅僅改變外在作為並無法改變心靈。反之，改變心靈也未必需要改變作為，只要我們能夠回到正念之心，要如何做都沒關係，因為此時的作為自然而然會是仁慈、善良，且為人著想的。

(1:6) 有些人幾乎即刻感到有改變環境的必要，這通常屬於特別的案例。

　　在《課程》發展的初期，出現過不少「特殊案例」，值得我們深切反思。不幸的是，許多奇蹟學員總是深受**特殊**一詞的吸引，忍不住將自己視為「特殊案例」。然而，我敢保證，耶穌根本不在意你在哪兒高就或有沒有工作，也不想知道你住哪兒或跟誰一起過活。他唯一關心的是，你是否歡迎他進入你心中。他明知外在形相的虛幻，怎麼會在乎你的行為表現？可還記得這句名言：「本課程是一部強調『因』而不強調『果』的課程。」（T-21.VII.7:8）這句話裡的**果**，指的就是與身體有關的外在表現，至於**因**，則是指心靈層次。為此，《課程》的治心之法，其實就是由罪咎轉向寬恕的過程。

(1:7~9) 絕大部分的教師所接受的訓練都是逐步推進的，直到過去的錯誤一一修正過來為止。尤其是人際關係，必須從正確的角度來正視，所有未經寬恕的死角才能清理乾淨。否則就會

留給舊有的思想體系一個還魂的機會。

請留意**逐步推進**這幾個字，它意味著溫柔、耐心、仁慈和體諒，因為世上沒有任何事情需要急著完成。既然我們早已療癒（的確，我們從沒有**未**療癒過），又有什麼好急切的？當我們開始焦躁時，表示我們又把時間當真了，自然也會把時間的始作俑者「罪咎懼」一併弄假成真。我們之所以需要逐步推進，完全是因為我們對愛仍然懷有恐懼，會不時抵制我們有意加速的腳步。

只要罪咎尚未化解，它就會透過某種攻擊的形式，猶如不斷重複的噩夢一般，再三重現於生活中。然而，想要化解罪咎，首先得看清我們是如何將它投射到每個人每件事上的。這就是課程始終把重點放在「將特殊關係轉為神聖關係」上面的緣故，唯有如此，才能幫助我們由鞏固罪咎轉為化解罪咎，把分別判斷的知見轉向共同福祉，而後我們才可能逐漸悟出，原來我們**全部**都是天堂一體生命的倒影。

(2:1~2) **上主之師在這訓練課程中走得愈深，他在每一課所下的功夫就會愈徹底。他不再自行決定任何事情，隨時向自己的聖師祈求指引，作為自己行動的唯一指標。**

大部分的學員對「作決定的準則」（T-30.I）這一節應該不陌生。耶穌在這節提到的「向聖靈求助」的重要性，正是本段課文的重點，也是本書的第二主題。事實上，我們只有小我

或聖靈兩種選擇，不消說，真正的助緣只可能來自聖靈。這一選擇的含意，耶穌繼續解釋於下……

(2:3) 上主之師逐漸學會放下自己的判斷後，這事會變得愈來愈容易。

只要我們能由衷而欣然地說出：「謝天謝地，祢那一套才是對的，是我搞錯了。」轉向聖靈的過程就會愈來愈容易。不幸的是，我們始終堅信自己知道問題所在，舉凡世界的問題、朋友的問題，或我自己身體的問題，無一不瞭如指掌。尤有甚者，我不但知道問題出在哪裡，而且還把自己的判斷視為顛撲不破的真理。其實，我們的判斷壓根兒不可能正確，因為我們的著眼點一開始就放錯了地方，我們認定問題都在外面，而且還等著我們去解決。我們竭盡所能在外面打拼，就是不甘願回到心內重新選擇，接受另一套解決方案。

(2:4) 放下自己的判斷，無疑是聽見上主天音的先決條件；這一過程通常進展得相當緩慢，不是因為它的難度，而是因為這通常被人視為有辱個人的尊嚴。

被人指出自己是錯的而且極度無知，這對個人來講，毋寧是奇恥大辱。到了下一篇，說法就更加過分了——我們不僅不了解任何事物，甚至連了解事物的能力都沒有。

〈教師指南〉在這幾篇裡，把「判斷」濃縮為小我思想體系的精髓。事實上，人類最原始的判斷，可推溯至聖子抗議上

主沒有給他所要的特殊性，在那一刻，聖子便作出了自求多福且另起爐灶的判斷，從此，他就被小我一路領著亡命天涯。這是何以然我們至今仍不由自主認定，自己是最了解狀況、最能掌握一切的人。正如我們也常常認為，自己比對方更清楚他該如何去想、如何去做，或該怎麼回應才對？如今，我們唯一能作的有意義的判斷就是：我們全都搞錯了，但我們內在有個永遠是對的「祂」。請記得，倘若我們冥頑不靈地堅持自己知道一切，是永遠不可能聽到祂的天音的，因為我們的判斷會覆蓋了祂的天音。我們的判斷顯然會說：你和我是兩個不同的個體，在特殊關係裡我們會變成「你要不是最棒的，就是可恨的；若不是我的盟友，就是我的敵人」。有鑑於此，耶穌才殷殷勸勉：「放下判斷吧！」唯有放下判斷，我們才可能看到每個人都與我共享同一福祉，這才是真正腳踏實地的歸家之路。

(2:5~6) 世間的訓練所致力的目標與本課程恰好背道而馳。世俗要訓練人信賴自己的判斷，甚至以此作為衡量個人堅強與成熟度的標準。

　　當今社會特別看重個體的價值與決斷能力。即使我們的衡量標準不盡相同，但每個人都不反對人生在世總得訂個奮鬥的目標。對此，我們不能不用某些既定的價值標準來評估自己，這個評估的過程自然少不了判斷。

(2:7) 我們的課程卻把放下判斷當作得救的先決條件。

　　根據世間的定義，所謂的判斷就是：「評估狀況，解決問題。」面對特殊關係也是如此，我們先下判斷，然後尋求對應之道；而我作判斷的最高指標，就是設法讓對方滿足我的需求。毋庸置疑，這類判斷必定建立在小我**非此即彼**的原則上，在特殊關係中即是「基本需求互相衝突」的關係。它們必然衍生出「一方獲利，另一方便受損；這一方若是對的，另一方就是錯的」，而且每個人必會竭盡所能地證明自己是對的那一方。這便是促進世界運轉的動力。事實上，這種心態可遠溯至唯一聖子原初的無明一念：「我若是對的，上主一定是錯的，我和祂不可能兩個都對。」當上主說：「你是我的一體聖子，與我一體不分。」在那一刻，我們作了一個相反的判斷：「我不接受！我不想再與祢一體不分！與祢分道揚鑣才是正確的選擇。」由此可見，我們所犯的原始錯誤不過是告訴上主：「祢錯了，我才是對的；我會證明給祢看。」這一衝突是小我思想體系的起源，整個大千世界由此而生，這也是世人共有的權威課題的精髓。就像每一位父母都很熟悉的「要命的兩歲症候群」：「不！我偏不！我知道什麼對我才是最好的，老爸老媽你們什麼也不懂！」我們至今尚未放下這個心理包袱，我們依舊相信自己比任何人或任何權威更清楚真相。無疑的，這一判斷是在向隱身於每個權威關係背後的上主下戰帖。

　　我們一生鍥而不捨地證明自己是對的，到頭來，不僅不曾給自己帶來任何幸福，反而還造出身體與世界，把自己搞得苦

不堪言，甚至讓受苦成了普世的共同標記。這就是為什麼耶穌在〈正文〉會這麼反問我們：「你寧願自己是對的，還是寧願自己幸福？」（T-29.VII.1:9）總歸來說，我們不快樂不幸福的原因，只因我們作了「我們是對的，上主是錯的」這個判斷。〈正文〉論及小我思想體系時，說了一句最讓小我痛心疾首的話：「上主的想法則恰恰相反。」（T-23.I.2:7）這是我們痛恨上主而且拒絕祂的愛的真正原因。想想看，我們妄造出如此「神奇」的世界、擁有如此「了不起」的自我，而上主的想法與我這些寶貝想法竟然「恰恰相反」！不過話說回來，上主不可能真的如此「想」的，縱然我為了證明自己的判斷準確無誤，而不惜打造了三千大千世界，但上主是不可能著眼於物質世界與身體的。《奇蹟課程》的修持始終強調我們應該放下判斷，原因即在於此。

拾. 如何才能放下判斷？

耶穌不只教導我們如何放下判斷，而且幫助我們了解「自以為能夠判斷是多麼愚昧甚至瘋狂的事」。

(1:1~2) 判斷，與維繫這個幻相世界的其他伎倆一樣，都被世界徹底誤解了。它甚至被人誤認為是一種智慧，企圖篡奪真理之位。

我們通常認為善於分辨是非對錯與善惡利弊，才算是有智慧的人，這種認定標準顯然是根據世上有形的條件。如同人們常說的，智慧是靠經驗累積而來的。然而，累積的究竟是什麼樣的經驗呢？不過是我這具形體與其他形體在人間共生並存所學來的經驗而已，說穿了，就是愈來愈精通特殊關係的遊戲，愈來愈懂得榨取別人來滿足自己的私心和欲求。世間所謂的聰明人，幾乎都是這種奉行**非此即彼**原則的箇中高手。縱然他們在世人眼中十分精明能幹，然而，凡是已看清世界瘋狂面目之人，豈會希罕瘋人院裡的智慧？

(1:3~6) 在世俗的觀念中，一個人能夠作出「好」的與「壞」的判斷，教育的目標即是加強好的而減少壞的判斷。然而，人們對好壞的判斷卻莫衷一是。某人覺得「好」的判斷，另一個人卻可能視為「壞」的判斷。甚至同一個人對同一種行為的判斷，這一刻覺得「很好」，另一刻又覺得「很壞」。

上述所說的判斷全是相對的，無一屬於絕對性。希臘哲學家蘇格拉底與門徒柏拉圖在傳揚「真理的本質千古不易」之際，先後受到當代力主「真理乃是相對的」之哲人駁斥。正如無明亂世法則第一條「幻相有層次之分」（T-23.II.2），主張的就是某些幻相比其他幻相更為真實一點。耶穌在本段清楚指出，世間萬物對我們而言都是相對的，比如說，這一世代認為的好事，到了下一世代卻變成壞事；對這個群體有利的，可能就傷害到另一群體。又如信奉某一宗教的，常認為別人的信仰是褻瀆神明的異端，諸如此類的實例，可謂不勝枚舉。自古以來，人們能夠達成共識之事可說少之又少，不僅如此，連我們原本認可的事，只消需求一變，我們的判斷可能立刻就一百八十度反轉了。

(1:7) 沒有任何課程能給人一套前後一貫的鑑定標準。

既然世間萬事皆是相對的，那麼就不可能有一貫的鑒定標準了，所有的結論都憑個人的觀點，而每個人的想法往往又迥然有別。這種差異性可以追溯至我們與上主的不同立場。上主的觀點出自完美的一體性，而我們的觀點則出於徹底的分裂。

既然**觀念離不開它的源頭**，由原始分歧之念爆生出來的崩離世界，也必然存於所有人之內。我們的觀念本就互不相同，隨著成長和成熟的過程又不斷改變，尤其當需求變動了，所有的知見、價值與判斷也必然隨之改變；所以說，只有聖靈的判斷才是唯一而絕對的。祂的判斷即是：「罪咎會傷人，必是不好的；寬恕之所以好，因寬恕會帶來幸福。」這也成了我們所能作的唯一判斷。

(1:8~10) **學生隨時都可能推翻他的「準」老師的判斷**〔也就是上述的鑑定標準〕，**連老師自己所相信的那一套也未必前後一致。因此，「好判斷」的界定並無太大意義。「壞判斷」也是如此。**

此處又提出另一重要觀點，每個判斷所隱含的二元傾向：**善**的概念影射**惡**的存在，**高**影射了**矮**，**美**影射了**醜**。自從我們相信了原初的二元對立之境以後，便不可能不自求多福了，因為我們必須在不同的選項之間分別取捨。而這種分別，可能瑣碎到我喜歡這張畫而你覺得平淡無奇，我偏愛這種氣候而你恰恰相反。只要我們選了與對方**相反的一邊**，芝麻小事都可能變成大問題。其實，所有的差異全是同一回事，不管如何選擇，無一不是幻相。既然我們的判斷全都建立於二元相對的觀點上，就不可能屬於上主的判斷，甚至連它的倒影都稱不上。那種判斷可說是虛妄至極。

(2:1~4) **上主之師必須明白，不是他不應該判斷，而是他無法**

判斷。所謂放棄判斷，只不過是放棄他原本就不具備的能力。他只是放棄一個幻覺而已，或者更好說，他的放棄本身即是一個幻相。實際上他只是變得更誠實了。

耶穌在〈正文〉裡多次修正《聖經》的說法，此處即是他針對「不可判斷，免得自己受到判斷」之說，進一步指出：「不可判斷，不只因為你**無法**判斷，是你根本沒有判斷的能力。」小我最喜歡在幻相之間品頭論足，這種判斷其實虛幻無比。容我再提一次《奇蹟課程》的關鍵理念：就在我們相信自己與上主分裂的那一刻，「判斷」潛入了世界，從此以後，我們在人間不斷重演分裂的戲碼。既然說分裂不曾發生過，「判斷」也就沒有立足之地，世界不過是一場盛大的化妝舞會罷了。問題是，我們並不會因此就不再相信世界的真實性了。回想一下，上主之師的第二個特質是**真誠**，每當我們甘心承認自己並不真正知道什麼才是對的，反倒顯現自己愈來愈誠實。再試著回想〈練習手冊〉那一課「我認不出什麼是對自己最有益的事」（W-24），既然認不出什麼是對自己或對別人最有益的事，又如何判斷現在該當如何才是對的？耶穌繼續解釋下去：

(2:5~7) 認清自己根本沒有判斷的能力，他就不再心存這種企圖。這不是犧牲。相反地，在這種心境下，有一種判斷雖然不「出自」他，卻會「經由」他而出現。

這一段重申了第二主題曲「聖靈的角色與功能」。如果我甘心放下「**我**能夠判斷」的瘋狂信念，表示我自願充當聖靈判

斷的管道，也就是放棄「我是對的，我知道怎樣才是最好的」
這個立場。唯有等到這種傲慢心態消退之後，聖靈的判斷才可
能透過我而大放異彩：每個人不是愛的流露，就是在向愛求助
（T-12.I）。這正是聖靈**唯一**的判斷。至於對方究竟是向愛求助
或是愛的流露，都無關宏旨。無論前者還是後者，我們都會宛
如慈愛的弟兄，給予對方渴望的愛。換句話說，不論外境如何
改變，我們的回應始終如一。正因天堂之歌不會因為那**小小瘋
狂一念**而錯過任何一個音符（T-26.V.5:4），而我對你的大愛之
歌也不會因為你做了或沒做什麼而失落一個音符的。只有這種
判斷才是我們天經地義的回應。

**(2:8~9) 這個判斷無所謂「好」或「壞」。它是唯一真實的判
斷，就是：「上主之子是清白的，罪根本就不存在。」**

　　〈教師指南〉開卷之初就點出，普世的課程只有一個核心
觀念，即是「上主之子是清白無罪的，他純潔的本性正是他的
救恩所在」（M-1.3:5）。在此，耶穌再次重申其意，除了這個
判斷之外，沒有任何的判斷站得住腳。世間所有攻擊的表相，
只是透露出內心的恐懼，心懷恐懼的人必然變得兇暴，因為他
害怕人們拒絕他向愛求助的訊號。也因此，在聖靈眼中，每個
攻擊都只是一種求助訊號而已。唯有這種判斷不會引發分裂、
分化、對立或衝突的後果，因為它的前提是建立在「我們是
結合於愛中的兒女」這一正念上，不論我們此刻是在體現或抵
制這一真理，都毫無差別。因此，不管我們以什麼言辭或行為

來回應任何人，縱然表達的形式有所不同，內涵都出自同一個
愛。除此之外，全屬於小我的幻相，根本就不存在。耶穌繼續
諄諄教誨，將我們逐步領入正念心境：

**(3:1~2) 本課程的目標與世俗的訓練大異其趣，它要我們認清
自己是作不出世人所謂的判斷的。這不是一種說法而已，而是
事實。**

　　耶穌好似委婉地規勸我們：「別再跟我爭辯了，這不只
是我的看法而已，事實就是如此，你是無法跟事實爭辯的。」
他在〈正文〉中說過，上主才是唯一「絕對的事實」（T-3.
I.8:2），他由這個「事實」引申出以下的結論：既然分裂不可
能發生，那麼判斷也不可能存在。這就是救贖原則，也是幻境
中唯一顛撲不破的事實。

**(3:3~7) 若要正確地判斷一事一物，他必須對它的過去、現在
及未來述之不盡的相關背景一清二楚才行。他還需要事先認
清自己的判斷對所涉及的人或物可能產生的任何影響。他必須
確定自己的觀點沒有任何偏曲，對每一個人所下的判斷，不論
目前看來或未來回顧時，必然全然徹底的公正。有誰敢作此保
證？除了有自大妄想症的人以外，有誰敢出此狂言？**

　　若想作出「正確」的判斷，我們必須先了解整個時間幻相
以及某人的行為在某一特定時間的意義才行。不僅如此，我們
還需要知道此人的每一個行為在他「非線性」的救贖道上的意

義，包括「從唯一聖子選擇與上主分裂的那個原始一刻開始，一直到我們親自接受救贖這一結局為止」這整條救贖之路。倘若能擁有如此純淨未受任何扭曲的知見，我們的判斷必然對人百利而無一害，也必是全然的愛，不含一點特殊性的雜質。同時，這種知見絕不能受到任何妄見的污染，更無過去、現在與未來這類分裂的心念。耶穌問道：「有誰符合所有條件，有誰具備這一資格了？」只有傲慢到神智不清的人才敢說：「我有資格。」耶穌在此只不過委婉地喚醒我們的自知之明而已。

(4:1~5) 只要記得，有多少次你認為自己知道所有的「事實」，胸有成竹地作了判斷，結果卻錯得離譜！有誰沒有這種經驗？又有多少次你自以為是對的，其實是錯的，卻毫不自覺？你為何選擇這種武斷作為你決定的憑據？智慧不是判斷，而是放下判斷。

這一段又點出「我們多麼相信自己是對的」這個老問題。類似的實例，簡直俯拾皆是。比如說，有多少次我們堅信別人不喜歡甚至厭惡自己，結果發現對方連想都沒想過我們；或在應徵工作時，自認為應對得體，必會錄取，卻絲毫未發現面試官一開始就對自己印象不佳；又或者自己對某次選舉的結果有十足的把握，後來卻大失所望。耶穌在此提醒我們，放下判斷意味著虛心承認自己一無所知，不只不了解任何事物的意義，更重要的是，我們根本不需要了解！可還記得〈正文〉之言：「你寧可相信自己的了解具有左右真理的力量，真理全靠你的

了解才可能成真。」（T-18.IV.7:5）我們只需了解一事：不論外在發生什麼事，愛永遠是我們唯一的答覆。我們唯一需要注意的，就是不去干擾愛的運作。也就是說，不再聚焦於別人的所作所為，或揣測他人行為背後的含意，而應把心力放在「我是怎麼看待他這些舉動的」，也就是「我究竟在他身上投射了什麼？」

正因如此，我們需要耶穌將我們領回心靈作選擇的那一個點，才有重新選擇的機會。我們無需絞盡腦汁去臆測任何事物的意義，反正**人間沒有一物是有意義的**。如果我們認為自己知道股市、政黨、聯合國，甚至自己的配偶或子女應該怎麼表現才對，我們就必錯無疑，因為人間沒有一件事是純粹循著理性發展的。世上每一件事都扭曲變形得難以辨認了，只因為他們全都來自扭曲至極的原始一念——我存在。

(4:6~10) 那麼，重新作個判斷吧！就是：只有與你同在的「那一位」的判斷才是完美無缺的。祂知道現在、過去及未來的一切事實真相。祂也知道祂的判斷對每一人或每一物可能產生的影響。而且祂對每一個人都是徹底公正的，因為祂的觀點沒有任何偏曲。

第二主題又在耳邊響起了。我們再次面對一個老問題：如何才能與「那一位」連線而得悉天音？事實上，我們根本無需刻意與祂連線，祂的愛與智慧始終臨在於我們心靈中。這就是所謂的救贖原則。問題是：祂在而**我們**不在！因此，首要之

務，我們應由自己選擇的小我回歸到聖靈所在的正念之心。只要我們甘心放下判斷，也就是放下追逐個人利益那類知見，自然就會融入聖靈未受任何扭曲的正知見，領受到祂的愛。

(5:1~4) 因此，放下判斷吧，你會了無遺憾的，只是充滿感激的一聲輕嘆。如今總算擺脫那壓得你寸步難行的沉重負擔。那純是一種幻覺。僅此而已。

　　這段課文反映出〈正文〉的一句話：「你若不以評判的心態對待自己及你的弟兄，那種如釋重負的平安絕對超乎你的想像。」（T-3.VI.3:1）問題是，每當我們不能不判斷而且想要證明自己是對的，或找盡理由來維護自己的立場與利益，那種時刻，我們往往未必意識到那是一種難以負荷的心理重擔。更何況，世界與個人的生活都是靠著種種判斷而運作的，我們的自我也是因著分裂信念所導致的痛苦而打造出來的。但也正因如此，一旦我們的心念扭轉過來，全然地放下判斷，那時，我們不只會心存感激，還會有如釋重負之感。

(5:5~9) 如今，上主之師終於可以如釋重負，挺起身子踏著輕盈的腳步前進。他所獲得的益處還不僅止於此。他的操心掛慮也會煙消雲散，因他沒有任何值得牽掛之事了。他已經把它連同自己的判斷都一起交託出去。他也把自己交託給祂了，如今他已下定決心信賴祂的判斷，不再聽信自己的評判。

　　耶穌說，我們絕對想不到放下判斷之後自己會多麼快樂，

他更保證我們的日子會輕鬆得多。可以說，這一段話將本書的兩大主題融合得天衣無縫。我們請求聖靈幫助我們認出彼此的共同福祉，讓自己更深刻體會聖靈的臨在；愈能深刻體會到祂的臨在，表示與祂愈加親近，也愈加容易放下妄見了。為此，我會如此祈求：「請幫我明瞭，只要我不再堅持自己是對的、證明別人是錯的，而且不把別人視為仇敵的話，我的日子會好過很多。不論他們外表做了什麼，依舊是我的弟兄。」

(5:10~13) 如今，他再也不會犯錯。因為在他內有一位萬無一失的神聖嚮導。如今他開始祝福自己以前常批判的對象。以前讓他感到哀痛的事，如今已能破涕為笑了。

上主就是這樣「擦乾每一個人的眼淚」的（〈以賽亞書〉25:8；〈啟示錄〉7:17；21:4a）；〈練習手冊〉也引用過這句話（W-301）。**我們**終於放下了判斷所帶給我們的傷痛與淚痕，世間的一切在我們歡笑與仁愛的眼光中都成了一個，我們不過在作同一個痛苦的噩夢而已。

(6:1~6) 放下判斷原非難事。想要為自己的判斷而自圓其說才真不容易。上主之師只要看清自己為判斷所付出的代價，必會棄之唯恐不及。他環顧周遭的一切醜陋，都是出自判斷的遺害。他所看到的一切痛苦，全是它導致的後果。所有孤獨及失落感，所有虛度的光陰以及難以自拔的絕望，所有令人一蹶不振的消沉，以及對死亡的恐懼，全都源自於判斷的結果。

　　這段又強調了判斷的代價。首先，我們得看清自己的判斷與「堅持自己與人有利害衝突」這種立場是有因果關係的，尤其得看清它們帶給自己多少煩惱、消沉、焦慮及不快。唯有認清自己為判斷所付出的代價，我們才可能甘心放下它。如果未能親身經歷心懷攻擊之念（不論是一絲不悅或勃然大怒）所帶來的痛苦，我們是絕不會輕易放下判斷的。

(6:7~11) *如今，他知道這一切實無必要。也沒有一個是真的。他一旦放棄了它們的肇因，知道那不過是他錯誤抉擇的後遺症罷了，毫不真實，所有困境都會由他的身邊銷聲匿跡的。上主之師！只要你能踏出這一步，平安必會來臨。以此為自己的唯一目標，豈能說是難事一樁？*

　　耶穌再度呼籲我們誠實面對自己的所作所為，讓他來幫助我們作出放下判斷的選擇。判斷一止息，平安必然來臨——因平安始終都在當下，只不過常被我們忍不住判斷的衝動掩蓋了而已。

拾壹. 世界怎麼可能太平？

「仰賴聖靈幫助」這個主題乃是本篇及隨後幾篇的前提，它的重要性絲毫不亞於「放下判斷」。

(1:1~2) 這幾乎是每個人都會提出的問題。外表看來，世界好似永無寧日。

面對當前的世局，會提出這個問題的人勢必更多了。然而，耶穌所談的並不限於世界和平，他著重的是心靈的平安，也就是沒有衝突、焦慮、競爭或批判的人生。

(1:3~5) 然而，上主聖言許諾過不少這類看似不可能的事。祂的聖言不只許諾了平安。祂還許諾過死亡的消失、復活的結局，又說重生乃是人的天賦權利。

這裡的「復活」，指的是從夢中覺醒，與福音流傳的耶穌肉體復活是兩回事，後文對此會有更多的著墨。同樣的，「重生」是指我們從妄心生出的小我，轉向在正念中重生的聖靈。也就是〈練習手冊〉提到的：「每當一位浪子有意離開自己的

家時，基督就重生為一個小孩。」（W-182.10:1）只要我們與耶穌一起選擇神聖一刻，就等於重生了一次。上主的聖言（即救贖）為此結局作保，這是必然的事，只因我們從未離開過生命的終極源頭。

(1:6) 你所見到的世界一點都不像是上主所愛的世界，然而，祂的聖言卻一再保證，祂深愛這個世界。

　　耶穌曾在〈正文〉引用了〈約翰福音〉的一段名言：「神愛世人，甚至將他的獨生子賜給他們，叫一切信祂的不至於滅亡，反得永生。」（〈約翰福音〉3:16）在巧妙地改寫後，耶穌便點出了其中深意：「上主竟這樣愛了世界，『把世界』賜給了自己的獨生子。」（T-2.VII.5:14）句中的「世界」指的是真實世界，也就是小我思想體系全面獲得修正的那個心靈境界，與物質世界毫無瓜葛。究竟說來，上主也不可能「賜下」所謂的真實世界，因為祂對任何幻境根本一無所知。上主既然不可能知道小我的世界，又怎會處心積慮去修正它？「祂的聖言」，其實就是指聖靈的救贖之路。

　　至於「上主深愛世界」這個說法，則是耶穌為了修正小我惡意捏造的故事才特別點出來的。小我說，上主不只痛恨世界，更恨透它所代表的一切。在這種觀點下，我們不會不相信造物主痛恨世界和人類，因為這個世界正是我們為了攻擊上主而打造出來的（W-PII. 三 .2:1）。我們造出這個世界，好似在挪揄上主：「我比祢更行！瞧瞧我打造的宇宙，如此壯麗、永

恆又無限，祢真有本事的話，試試看！」看起來，上主是輸定
了，因為祂不可能知道形色世界或宇宙星辰的「偉大」之處，
祂只知道自己的超凡聖子之偉大。就算小我警告過，上主會像
我們一樣瘋狂，耐心盡失而痛下殺手，不把人類與整個世界消
滅殆盡，誓不甘休（T-26.VII.7），然而，耶穌只消一兩句話就
把小我的末世預言完全推翻了。

**(1:7) 上主聖言也曾許諾過，平安是可能存於此世的；凡是祂
許諾的，沒有不成的事。**

　　平安是可能存於此世的，因它所指的是始終存於心靈的救
贖原則。世界既然由心靈投射而來，表示它原本存於心內，那
麼平安必定存於此世，因為平安也在我們的心內。事實上，平
安本是心靈**唯一**的真實內涵，也是真理的倒影，此外的一切全
是幻相。甚至連救贖也屬於幻相，只不過它有修正所有幻相的
能力（M-2.2），故可稱之為最後的幻相。既然世界只是心靈的
投射，而上主的平安又是心靈唯一的真相，因此，平安必能延
伸到世界。

　　話說回來，若從世界的角度來看，這一段話是完全不可理
喻的。正如我前面提過，只要我們環顧周遭發生的一切，實在
很難相信世界會有太平可期。小我思想體系在人心中如此根
深柢固，數十億人口怎可能全都接受救贖？然而，真正的答案
是：上主的聖言或救贖原則與人數或時空毫不相關。世界是註
定永無寧日的，因為打造世界的初衷就是存心讓上主無法插足

其中（W-PII. 三 .2:4），它怎容得下平安？要知道，平安僅僅存於心靈層次。唯有接受救贖，心靈才可能恢復平安，世界也隨之消失於無形。只因心靈一旦療癒，心外的世界便無立足之地了。這就是為什麼說耶穌不會知道那種世界。我們原是為了防禦或抵制罪咎而造出世界，人心內若全是慈愛與平安之念，就毫無抵制的必要了；既然沒有罪咎需要防衛，便無需打造一個躲避憤怒之神的避風港。同理，我們當初打造出身體的目的，原是為真愛設限，我們一旦決心不再限制愛，身體便沒有存在的必要了。

　　所以說，平安一旦進入我們的心靈，世界自然太平；平安不只可能存於此世，而且它必會來臨。不論我們在夢裡或身體經歷了什麼衝突或痛苦，千萬別忘了它們虛幻的本質；任何事情都左右不了我們，除非我們寧可把自己當成夢中的一份子。換言之，除非我們與幻相認同，否則，不管是一觸即發的戰爭或身體的任何腫瘤，都不會激起我們的恐懼不安。要知道，沒有人用槍抵著我們的心靈逼我們入夢，是我們自願沉睡於夢境的，只因夢會保全我們的個體生命，肯定我們的存在價值。

(1:8~12) 但你若想要收到祂許諾的禮物，你「真的」需要徹底改變自己看世界的眼光。世界究竟是什麼？它不過是一個有目共睹的現象而已。它會變成什麼樣子，你沒有選擇的餘地。但你願如何去看它，則在於你的選擇。這確實是你「必須」作的選擇。

一點也沒有錯，想要活得心安，我們就必須學習用新的眼光去看世界。請記得，世界原是為了攻擊上主而造的，身體是為了限制真愛而造的，語言則是為了讓我們遠離真理而造的，它們在幻境中儼然是不爭的事實。但別忘了，知見只不過是一種詮釋，而非事實。世界的本質就是企圖把分裂變成「天律」，把個體價值看得神聖無比，使得各逐己利成為天經地義的事。儘管如此，你仍然能夠選擇另一種眼光，亦即承認是自己把深埋心底的小我思想體系投射到世界上的。當你開始以不同的眼光看待世界時，你其實是以不同的眼光看待自己的**心靈**，這表示你已經選擇了不同的導師。一旦如此，世界對你唯一的價值就只是一個修行道場，它會為你反映出自己究竟拜誰為師，它成了「描述你內心狀態的外在表相」（T-21.in.1:5）。為此，世界才可能平安並且成為你的助緣，因為平安已然成為它致力的目標了。

(2:1~3) 我們又回到判斷的老問題上了。這回，你捫心自問一下，你的判斷或是上主聖言的判斷，哪一個比較真實可靠？你們倆對世界的看法是如此的不同，毫無妥協並存的餘地。

當耶穌問起「誰的判斷比較真實可靠」，我們若能坦白回答，必定會說：「當然是我的判斷！」因為我們如此堅信自己活在世界。然而，上主聖言卻認為我們根本不存在於此。試想，我們怎麼可能存在於虛無之境而且不過是一個幻相呢？不管是否意識到自己一直在嘵嘵爭辯，我們真該好好看清自己對

上主、聖靈、耶穌以及本課程的對立心態。只要我們仍把某種分別相視為天大的事，或認定世上某些事件確實有令自己不安或快樂的能力，其實就是在向耶穌挑釁，認為他的看法有誤，而我自己才是對的。根據耶穌的教誨，世上沒有任何事物具有令人快樂或悲傷的能力，說得更徹底一點，**這兒空無一物！**《奇蹟課程》的說法和世間視為天經地義的真相恰好背道而馳，兩者根本「毫無妥協並存的餘地」。當前的宗教就是典型的例子，它們一直努力為「天堂與世界，靈性與物質，真神與儀式（或戒律），合一與排外，愛與攻擊」這類原本互不相融的境界打造一座妥協的橋樑。然而，這是不可能的。這也是何以然《課程》不時點醒我們，我們天天都在幹同樣的事情。

(2:4~5) 上主要給世界的是救恩；你的判斷卻定了它的罪。上主說：死亡不存在；你的判斷卻說：死亡是生命註定的結局。

　　根據小我的思想體系，任何罪行都理當受到懲罰；在這種認知和判斷之下，死亡成了生命註定的結局。人們完全接受這一觀點，只因罪惡必須存在，才鞏固得了分裂的狀態。

(2:6) 上主聖言向你保證，祂愛這世界；你卻評判它不值得一愛。

　　觀念離不開它的源頭，故罪與咎之念也離不開它的心靈源頭。世界既是小我之念的投射，必然充滿了罪與咎，本質上是絕對不值得愛的。但是，心靈一旦選擇了救贖，便會處處看到

救恩的倒影，萬事萬物在我們眼中也徹底改觀了。我們慢慢學會去愛世上每一人每一物，並非由於他們的外形或表現如何，而是因為我們漸漸在他們內心看見一體的生命本質——他們原是同一聖子奧體分裂出去的碎片。

(2:7~9) 誰是對的？你們兩個之中必有一個是錯的。這是不可否認的事實。

如果聖靈是對的，不僅世界不存在，連**我**都不存在了。我若一心想要保全自己的個別身分，勢必要證明自己才是對的而聖靈的說法有誤。進而言之，主權問題乃是我們與生俱來的，人人之所以拼命堅持自己的立場，原因即在於此。不論事件大小輕重，每一個人都想說服別人、證明自己是對的，這種固執心態往往與爭執的事件無關，它只是**象徵**我們與上主之間的基本對立——祢若是對的，我就無法存在；而如果我是對的，祢就得讓位隱退。就這個角度而言，世界存在的目的無他，不過就是提供我們無盡的機會，證明自己的立場才是正確無誤的。

(3:1~3) 本課程的〈正文〉解釋過，你所製造出來的一切問題，只有一個終極答覆，就是聖靈本身。那些問題都不是真的問題，但對相信它們的人而言，這一說法毫無意義。每個人都會相信自己所造的東西，而且正因他如此相信，當初才會造出它們的。

毫無疑問，我們深信的小我思想體系就是建立於「天人

確實分裂了」的基礎上，世界便是據此信念而投射出來的，小我與世界在我們眼中才顯得如此真實。這種信念一旦撤銷了，整套的小我體系就會「隱沒於它所源自的虛無中」（M-13.1:2）。對此，小我最高明的一招便是讓我們活在「失心」狀態。試想，如果我們連自己擁有心靈都不知道，自然意識不到它所選擇的信念體系，如此一來，就會繼續相信小我那一套，而絲毫沒有轉變的可能。說穿了，我們害怕的正是這一轉變，才會寧死不屈地堅持自己的意見與判斷，而且我們真正要堅持的就是它們所代表的「分裂」狀態。然而，這和事件本身壓根兒無關。

(3:4~6) 面對這既無意義又沒道理、也找不到出路的世界，上主給出祂的「判斷」來回應人類詭異又矛盾的處境。祂的「判斷」會溫柔地取代你的判斷。經過這番取代之後，所有不可理解的都變得可理解了。

上主的判斷即是：祂的聖子無罪無咎，而且永恆不變，「連天堂之歌的一個音符都不曾錯過」（T-26.V.5:4）。而聖靈就象徵著我們心中對這一幸福「事實」的殘存記憶。

(3:7~9) 世界如何才能太平？根據你的判斷，那是不可能的，永遠也不可能的事。但在上主的「判斷」下，世界反映出來的其實就是平安。

根據我們的判斷，世界是不可能太平的，只因我們早已深

信天人分裂的衝突之念。世界不僅由此念誕生，還自甘充當分裂之念的代言人；只要我們聽信於它，平安便無立足之地。相反的，在上主的「判斷」下，天人之間毫無衝突可言，只有祂純粹的愛。平安不只可能存在，而且必會來臨，因為救贖的結局已定，上主的聖愛註定了這唯一的結局。

(4:1) 對那些老是著眼於戰爭的人，平安當然沒有立足之地。

　　從古至今，人類瘋狂至極的想法即是：必須付諸一戰方能贏得和平。但事實上，戰爭只會助長分裂、對立、**非你即我**、受害與迫害等等的衝突。不幸的是，這套思維掌控著整個人類歷史，戰爭結束後所簽訂的和平協議往往又為下一場戰爭埋下種子。這類悲劇不斷在歷史重演，只有傲慢無知的人才可能相信戰爭會為人類帶來和平。發動戰爭的目的，其實就是*存心讓世界不得安寧*。

　　換個角度來說，由事件所帶來的後果可以看出它的本意。如果戰爭醞釀出更多的衝突、仇恨和戰爭，我們可以斷定，這正是發動戰爭的初衷。小我思想體系的陰謀再次暴露無遺，它必須憑靠衝突來壯大聲勢，才會不斷製造衝突來維繫一己的存在。當然，這類現象不僅顯現在國際關係，只要人心與小我結盟，它同樣在人際關係不斷上演。若無衝突從中作祟，所有的聖子便成了同一個生命，而且彼此毫無不同，自然無需為了所謂的一己之利而紛爭不已。由此可知，平安的結局代表了小我的終結。

(4:2) 然而，對於那些常常分享平安的人，平安卻是天經地義的。

　　只要打從心底選擇平安，那麼，你就只可能給人平安，也只可能收到平安。正如前文所言，「一定會獲得療癒」而且「無需再三療癒」。同理，只要你對平安的必然性深信不疑（因為超越時空的大愛臨在其中），平安就成了天經地義之事。

(4:3~5) 原來，擺脫自己對世界的判斷是這麼容易的事。不是世界使得平安無法立足。而是你眼中的世界不允許平安存在。

　　我們眼前這個分崩離析的世界不可能是真的，因為它根本就不存在；它純粹出自虛幻至極的分裂之念，所以不可能是真的。從這角度來看，並不是「平安不可能存在」，而是「戰爭不可能存在」。然而，如果從人間戰場和線性時間的角度去看，會覺得上述觀念荒謬無比。唯有與耶穌一起提升至戰場之上，這一說法才顯得天經地義。透過耶穌心靈的慧眼，我們對於瘋狂之境便有了全像式的認知，自然不再論斷好壞善惡。換言之，神智失常只是神智失常，錯覺妄想也只是錯覺妄想，不論看到的是巧克力聖代或是核子戰爭，都毫無差別，幻相永遠是幻相。當我們由上方俯視人間戰場，只會慈悲地哂然一笑，然後把自己心中的愛推恩給塞滿衝突之念的人心。我們會溫柔地提醒，不論他們看到什麼，做出什麼，或如何對待彼此，都沒有左右真理實相的力量，也無法改變任何事情，只因為人間沒有一物傷害或毀滅得了真愛。

(4:6~9) 受盡扭曲的世界就在上主這一「判斷」下得救了，心安理得地歡迎平安的來臨。平安也會欣然回應，翩翩降臨人間。如今，平安終於能在世上安身立命了，因為上主的聖念已經進入了世界。除了上主的聖念以外，還有什麼東西能夠僅憑這一念就把地獄轉變為天堂？

「上主的聖念」即是指救贖。平安必會降臨人間，只因我們已經結合於上主的「判斷」下。一旦進入祂的「判斷」，始終臨在於我們心內的平安，自會推恩於外而且歷歷在目。耶穌再次提醒我們，平安與我們肉眼判定的世界毫無瓜葛，而是全憑我們的心靈之眼如何去看待這個世界。

(4:9~12) 除了上主的聖念以外，還有什麼東西能夠僅憑這一念就把地獄轉變為天堂？大地在此仁慈而神聖之念下俯首，上主聖念也會親切地俯身作答，再次把世界高高舉起。如今，問題改變了。不再是「世界怎麼可能太平？」而是「世界怎麼可能不太平？」

這段話唯有在神聖一刻內才可能了解，因為唯有在那兒，我們方才能夠與耶穌一起立於時空世界之外，微笑地面對人間幻相。否則，仍處身於戰場，是笑不出來的，因為充滿仇恨的人間「已到了饑渴交迫、奄奄一息的地步」（W-PII.十三.5:1），只會想盡辦法將他人除之而後快。記得海倫在筆錄《課程》之初，耶穌曾對她說：「面對沙漠，走為上策！」（《暫別永福／暫譯》P.236）而不是在沙漠裡遍栽花草，努力

澆灌。同理，面對戰場，走為上策。不必枉費心力去結盟、打仗或簽訂一些徒勞無功的和平協議來解決衝突，甚至期待世界這個沙漠有朝一日會轉為良田。證之於歷史，就明白此路不通矣。真正的治本之道，我們應該進入始終存於人心之內的上主聖念，唯有在祂的完美平安中，我們才會看到每個人的共同福祉，散發出基督自性的一體光輝。只要提升到戰場之上，以耶穌的慧眼來看世界，我們看到的，再也不是敵人或盟友，而僅僅會看到自己的道友，他們都在向愛求助——只因他們誤信自己失落了那份真愛。身為上主之師，我們唯一的天職即是親自向人示範，世界自認為不配得到的愛，其實一直都在那兒。於是，我們和耶穌一樣，成了天堂之愛的化身。因著我們的示範，平安不只變得可能，而且成為人間的現實。

拾貳. 拯救世界需要多少位上主之師？

　　本篇有助於學員擺脫「第一百隻猴子」的迷思。這類迷思誤以為「累積一定的人數才拯救得了世界」。不少奇蹟學員受到這種量化的救恩觀念所誤導，不惜放棄家庭和事業，摩頂放踵地投入奇蹟教師的行列，建立類似教會的組織，傳播奇蹟理念，熱中於改變他人的信仰，期望更多人皈依《奇蹟課程》。他們徹底忘了外面既沒有世界，也沒有一堆人需要傾聽你的奇蹟訊息。說穿了，重點不在於如何將奇蹟訊息傳播出去，而是如何將奇蹟訊息**納入自己心內**。這種被誤導的狂熱心態，主要是出自我們在身體與心靈之間的層次混淆。這和先前討論過的小我伎倆如出一轍，小我總是千方百計保全兩種不可能並存的層次，例如形式與內涵，心靈與身體（或世界）。歷史上各種的宗教狂熱，毋寧說正是箇中翻版。然而事實上，**外面沒有一個等著我們拯救的世界，因為所謂的世界根本就不存在。**

　　為此之故，本篇一開始就給予明確答覆：拯救世界僅僅需要**一位**上主之師，也就是**你**。只要你親自領受救贖（並非頭腦

上接受奇蹟理念，而是將它徹底內化），自會明白，原來聖子真的只有一位。不是一百位、五百位，或六十億聖子，而是**只有一位**！只要你獲得了救贖，整個聖子奧體連帶它所投射出來的世界，都會一併痊癒的。這「一位」，絕非獨指耶穌，雖然他是最耀眼的典範；這「一位」，指的是每一個人。可以這樣說，整部的《奇蹟課程》純粹是為一個人寫的，這個人就是**你**。你的心靈一旦獲得了療癒，**你便成了祢**。本篇的主旨即是再次提醒我們，切莫混淆了身體與心靈兩種層次。

(1:1~3) 答案是一位。只要有一位完美無缺的上主之師完成了所有的課程，便綽綽有餘了。這已被祝聖及救贖的一位，搖身一變，成了自性本身，也就是上主之子。

　　請記住，聖子只有一位，就是一度相信了分裂思想體系而決心放棄救贖體系的那一位聖子。芸芸眾生之間唯一有意義的差別，僅在於選擇小我與選擇聖靈之別，也就是判斷與寬恕之別，或恨與愛之別，如此而已。至於小我體系內的一切，本質上毫無差異；聖靈體系內亦然，只因同一體系內的聖子作的都是同一選擇。終有一天，這個同一性會逐漸交融為本質上的一體性。

(1:4~6) 自始至終都是一個圓滿靈性的他，如今再也不會視自己為一具身體，也不會認為自己活在身體內了。於是，他成了無限的存在。身為無限的存在，他的意念便永永遠遠與上主的聖念結合了。

如今，這位完美的上主之子終於躍身於時空幻相之外了。到了最後的神聖一刻，他代表那「一位」聖子歸於圓滿的一體生命，即「合一與一體」的本來狀態（T-25.I.7:1）。

(1:7~10) 他對自己的認知都是根據上主的「判斷」，而非自己的判斷。他便如此融入了上主的旨意，將祂的聖念帶入精神錯亂的心靈內。他永遠都是那個完整無缺的生命，因為他仍是上主當初所創造的樣子。他已接納了基督為他的自性，他已得救了。

根據上主的判斷，聖子永遠純潔而清白無罪，與上主一體不分，永遠都是受造之初的本來面目。倘若要「將祂的聖念帶入精神錯亂的心靈內」，你什麼也無需做，因為心靈本來就是一體相通的，你根本不必把聖念帶到任何地方，只需親身將救贖之念領受進來，此念自會透過上主的唯一聖子之心，遍及世界每一個角落。如此，你的臨在代表了「另一種選擇」，成為聖念的化身；你在他人的夢中，成為他內心本有的聖念之象徵，好似邀請他作出與你相同的選擇。事實上，我們每個人莫不具有潛能成為彼此的那一種老師。

(2:1) 人子就這樣變成了上主之子。

《課程》偶爾會使用《聖經》中的**人子**一詞，指的是活在分裂之境的上主之子，但更常用的還是**上主之子**（順帶一提，〈新約〉對人子的用法別有深意，它暗指耶穌）。總之，這句

話真正要說的是：心靈一旦從妄念轉入正念之境，必會消融於永恆如是的唯一基督自性。

(2:2~3) 這稱不上什麼轉變，他不過改變了心念而已。他的外形沒有任何改變，然而，他的內心如今卻能處處反映出上主的愛。

　　這幾句話與第玖篇「上主之師需要改變生活環境嗎？」的答覆緊密呼應——唯有**心靈**需要改變，而非外在環境。這個答覆再次重申了〈正文〉的教誨：我們此生的目的並不是改變世界或他人，唯一需要改變的是自己對他們的看法（T-21.in.1:7）。所謂「外形沒有任何改變」，是說這部課程的教誨完全不重視我們在世間的言行表現，它只是教導我們如何寬恕。的確如此，我們何需耗費精力去改變外在的幻相？只要改換老師以及被我們弄假成真的思想體系，如此就綽綽有餘了。

(2:4) 上主也不再顯得那麼可怕了，因為人心已看不出任何受罰的理由。

　　如果我不曾與上主分裂，我便完全無罪，也不會心懷罪咎；既然沒有罪惡感作祟，就不會認為自己理應受罰，那麼，我也無需把分裂之罪投射到上主身上，更不至於將祂視為始終伺機報復的「天敵」了。如此一來，小我那一套瘋狂體系只能銷聲匿跡了。

(2:5~9) 上主的教師看起來好像有很多位，那只是基於世人的

需要。他們有志一同地結合於上主的同一目的之下，怎麼可能還有彼此之分？即使他們呈現出不同的面貌又有何妨？只要同具一心，他們的結合便已圓滿了。上主如今已能透過他們的一體生命而工作，因為他們本來就是同一個完整無缺的生命。

　　由於我們深信上主之子已經分化為億萬個碎片，才會產生「很多位」上主之師這種幻相。事實上，我們始終都是祂唯一的聖子。耶穌在〈正文〉也說：幻相取代真相的形式不論如何千變萬化，上主之子始終只有一個，世人也只不過集體性地相信自己已經分裂了而已（T-18.I.4:3）。我們把自己視為在人間四分五裂的聖子奧體之一員，好似一個巨大的多重人格體，也就是一個神智失常的我分裂成神智失常的多重人格。唯有回到自性之境，才可能領悟到，原來我們並非各有不同人生目標的一群聖子。這個觀念可說正是貫穿了整部〈教師指南〉的一大重點，也是第一主題曲「共同福祉」的變奏曲。表面上，儘管上主的聖子已經分化為形形色色的自我，各有不同的需求，也各自選擇不同的回歸途徑，但在本質及目標上，他們依舊是同一個生命。推到極致，他們的救恩訊息也只有一個，那就是「上主之子清白無罪」。

　　儘管資深上主之師有諸多的名號或稱謂，但它們全是同一回事。等到進入本書的尾聲，我們便會了解，不論基督化身為多少種形式，始終不出同一個自性（C-5.1:3~5）。由於人們的根器及需求各自殊異，上主聖言必須以我們所能接受、認得

以及相信的形式出現，因而幻化出各種風貌不一的教師。至於聖言會採取什麼**形式**，或各個教師具備了哪些特質，都無關宏旨，重要的是他們背後愛的**內涵**，也就是救贖聖念。

(3:1~2) 為什麼上主之師需要幻化為這麼多位教師？因為精神錯亂的人是無法了解實相的。

　　實相原是「一」。然而，只要我們還活在人間，是不可能真正了解「合一與一體」之境的，也因此，才需要透過不同的形體與教義，以我們所能理解的形式來跟我們交流。但話說回來，人們很難不在表相差異上頭大作文章，傳統宗教即是最典型的例子，他們不僅未能超越表相，而且往往把某種救贖訊息獨尊為**唯一**的救恩，不惜在人間製造仇恨對立也要護守自己的立場。各位可還記得這個說法：「上主之子清白無罪」這一普世性課程，可以用成千上萬種形式呈現於人間（M-1.3:5；4:1~2）。不論以何種方式傳達，我們永遠是同一生命；不論外在發生什麼事，內在的一體性與同一目的始終不變。總而言之，一體境界實在遠遠超乎人們的理解，紛紜而多元的幻相才會因著我們的需求而呈現於世。

　　因此，以下這段話勸我們虛心一點：

(3:3~6) 只有極少數的人聽得到上主的天音，然而連他們也無法直接通傳聖靈所賜的訊息。他們需要一個中介，才可能向那些尚未認清自己是靈性的人傳遞天音。他們需要一具人們看得

見的身體。**一種人們聽得懂的聲音，才消除得了他們心中抵制真理的恐懼。**

　　無可否認，世間已經放下小我的人可說鳳毛麟角，因此「只有極少數的人聽得到上主的天音」。只要我們還聽從「特殊性」之音，就不可能聽見上主的天音，因為這兩種聲音是**非此即彼**，永遠無法並存的。無論如何，天音仍需藉由人們所能了解與接受的管道來傳遞，本課程即是其中之一，此外還有兩千多年前出現人間的耶穌，以及歷史上超凡入聖的靈性導師。他們的言論、著作或形體本身，其實無足輕重，殊勝的是他們所象徵的心境。若非透過他們化身出來的種種表相，人們根本無緣聽聞上主的聖言，畢竟，天音對我們而言，實在是「大音希聲」。一如〈正文〉所言：

> 如果你請教、答覆與聆聽的對象，都是這一特殊性，你可能接收到聖靈什麼樣的答覆？上主不斷以愛讚頌你的生命真相，你卻一味聆聽特殊性的喑啞回應。上主讚美你與愛你的雄偉讚歌，在特殊性的淫威下，只好噤聲不語。每當你豎耳聆聽特殊性的喑啞之聲時，上主對你的呼喚必然不復可聞。
>
> 只要你還在為自己的特殊性辯護，就絕對聽不到在它旁邊的聖靈之音。（T-24.II.4:3~5:1）

　　既然人類造出語言文字的初衷是為了與上主分裂，聖靈就

必須透過語言文字來修正這一錯誤，才能將我們領回那超乎言詮的一體境界。因此，如果我們把某些形式尊為神聖或貶為褻瀆，因而視彼此為異類，各自追尋不同的福祉，表示我們其實已經掉入了小我的圈套。

(3:7~8) 不要忘了，真理只會在人們一無所懼地展臂歡迎之刻來臨。因此，上主的教師需要一具身體，因為一般人無從直接認出他們內在的一體生命。

　　在實相裡，如果真的只有一位聖子，分裂之境及分裂世界頓時就變得虛幻不實。但因這一真理實在太過駭人，故需借用某種人們所能了解並接受的形式，才能傳遞出來。也就是說，普世性的訊息必須透過具體的人或某種靈性教誨進入人間。然而，耶穌也再三叮囑我們，切莫被那類的表相蒙蔽了。如果某種靈性訊息讓我們愈來愈看重形式上的差異，因此開始判斷，而且還堅持己見，表示我們一定聽錯了。要知道，耶穌的訊息只有合一的作用，它只會教導我們超越種種外表的差異，並且把差異轉化為邁向一體的助緣。

(4:1) 造就上主之師之道即是教他們認清身體的正確目的。

　　我們無需否認身體的存在，而只需改變它的目的，讓它為心靈效命。此後我們不再假借身體的需求來鞏固分裂的心境，維護一己的私利。更進一步，我們可以借用身體來學習如何超越外在的差異，認清彼此不僅是同一生命，而且共享同一福祉

與人生目標。

(4:2) **當他們對自己的職務體驗愈深，就會更加肯定不疑，身體的作用只是讓上主天音傳入人們的耳朵而已。**

換句話說，你要做的只是教自己別再擋路就夠了。你無需為真理操心，而應找出自己內心的種種障礙（T-16.IV.6:1），也就是一直擋在你與真理之間的罪咎、特殊性以及疾病。

(4:3) **耳朵再進一步把這超越世界之上的訊息傳到聽者的心中；人心會認出這些訊息的，因為它們直接來自那終極源頭。**

真正吸引人們接受《奇蹟課程》的最大原因，不在它的文字，甚至不是它的教誨，而是讀者在字裡行間強烈感受到某種無形的力量。說實話，多半的人未必真正懂得這部課程在說什麼，卻能深受吸引，甚至愛不釋手，主要是他們每每感受到書中那個「無我」（egoless）的臨在。或者說，我們有時也會在某人身上經驗到類似的觸動，即使未必聽懂或了解此人的所言所行，卻仍然可以感受到他身上某種不一樣的東西，那才是最讓人嚮往之處。然而，倘若把這份愛的臨在特殊化，而認不出那其實是自己的一部分，我們便又投入特殊性的懷抱了。請記得，我們需要透過分別幻相來學習一體無別之境，聖靈也需要藉著一具狀似分裂的形體來教導我們認出「分裂不曾發生過」的真相。因此，我們必須在學習過程如履薄冰，慎防特殊性的陷阱，只因救恩很可能淪為雙刃之劍，它原是為了拯救我們，

我們一旦選錯老師而誤解救恩的真諦，把**形式**與**內涵**混為一談，這種救恩反倒成為一種詛咒，將我們打入萬劫不復之地。

(4:4~5) **有了這一番了解，上主的新教師才會認出身體的真正目的，也是它唯一而真實的用途。這一課（是指上述的了解，而非本課 12 課）便足以帶給他一體的經驗，讓他豁然醒悟：原本一體的仍是一體。**

　　請留意，「一」與「一體」在這一小段出現得如此頻繁，它不斷提醒我們人間紛紜萬象之下共具的同一目的。

(4:6) **上主的教師們表面上與一般人一樣活在分裂的幻境中，這是因為他們需要藉助於形體之故，然而，他們再也不會被幻境中的種種表相所蒙蔽了。**

　　〈練習手冊〉第一百五十五課提示過類似的觀念：除了更常面帶微笑以外，你和世上所有的人毫無不同（W-155.1）。舉凡吃飯、穿衣、說話等等日常作息，都與一般人無異，但你會自然流露出一種「無我」的平安。你無需顯得如何與眾不同，別人也感受得到你所散發出來的平安與愛。因此，即使每天照舊活在肉體裡，過著凡夫俗子的日子，你卻深知自己並不是真的在這裡。如同兩千年前在人間活過的耶穌那般，他早已領悟自己的生命實相是在形體世界之外。換言之，福音所記載的故事情節並不重要，它們呈現的只是耶穌在人間的尋常生活，**事實上他早已不活在人間了。**正因**形式**與**內涵**的混淆，耶穌的

教誨才會遭到誤解，偏離了原來的精神。其實，耶穌的言行只是真理的一種呈現方式，並非真理本身。在這種誤解下，難怪〈新約〉的作者始終把焦點放在耶穌的形體，還以這具形體為主角打造出一個宗教，卻未能超越形體，邁向心靈的真理之境（也就是普遍而完美的一體境界）。可以說，世上每一個形式宗教都是在這種誤解下形成的，而世上每一個人也是由這種同樣的錯誤中誕生的。

　　總而言之，上主之師和所有世人一樣活在人間，外表言行都無異於常人，唯一不同的，人們會在他們身上感受到某種超乎人間的愛。

(5:1~4) 你把身體作何用途，它就變成了你，這是最關鍵的一課。你若用身體來犯罪，或攻擊（兩者都與罪無異），你就會視它為有罪之身。因為罪孽深重的，必然脆弱不堪；因為脆弱不堪，它註定受苦，最後必然難逃一死。你若能藉助身體而把上主聖言傳給尚未領受的人，身體就被聖化了。

　　換句話說，你自身**成了目的**。但你若用身體來維繫分裂的真實性，身體就會為你極盡分裂之能事，讓你看起來真的是一個與其他人分立的個體。別忘了，**目的才是關鍵之所在**。

　　自認為罪孽深重之人，必然脆弱不堪，因為你相信自己已經與唯一的力量之源（上主）分裂了。試想，把全能的造物主當成自己的死對頭，你能不感到自己渺小脆弱、不堪一擊嗎？

如果你認為自己的罪行理當受罰，在這種威脅下，任何人都會感到欲振乏力，甚至擔心下場堪虞。如同〈創世記〉第三章描述了上主針對亞當及夏娃抗命的原罪所施加的懲罰：他們的後裔不僅在痛苦中誕生，還會受苦一生，最終難逃一死。

反之，如果身體成了我們對尚未領受真相者傳遞上主聖言的工具，它會立即變得神聖無比。毋庸贅言，身體本身當然不可能神聖，幻相豈有聖凡之分？它之所以顯得神聖，純然是因為它在為正念之境的寬恕目的效力。再說一次，**目的才是關鍵之所在**。

(5:5~6) **它既是神聖的，便不可能生病，更不可能死亡。當它的用途已盡，便可棄置一旁，如此而已。**

這段話重申了前文論及疾病與療癒時所提到的身體與心靈的關係。死亡與身體無關，試問，根本不曾活過的東西怎麼可能死亡？耶穌也告訴我們「天堂之外沒有生命可言」（T-23. II.19:1）。然而，我們心中卻同時存有死亡之念與生命之念，前者認定我們謀害了上主，祂必會向我們索命；後者則是救贖原則，相信永恆生命不曾改變分毫，也不受任何影響。選擇小我等於選擇了死亡，這一選擇交由身體演出，而且化身為種種念頭。為此，身體必死無疑，因死亡是它的源頭。不論人們信不信神，潛意識中都相信自己罪孽深重，死有餘辜，必遭天譴。放眼望去，世上沒有一物不死，連參天巨木或無生命的石頭也經不起千年的消磨，終將灰飛煙滅。因著這一切，我們相

信上主的確在懲罰人類。

　　然而，還有另一種角度來面對身體的結局：心靈一旦療癒，即使外表看來身體持續邁向死亡，其實心靈早已決心完成救贖，準備好放下肉體了。〈頌禱〉一文把邁向死亡的溫柔過程描寫得極為動人：

> 然而，還有另一種死亡的形式，它的源頭卻大相逕庭。它不是源自某種有害的意念或是對宇宙的無明怒火。它只不過表明身體的功用已盡，可以功成身退了。因此他拋棄了身體，是出於自願的，猶如拋棄一件破舊的外衣。
>
> 死亡本應如此，它是出自平心靜氣的決定，在平安喜悅中作出的選擇，因為這具身體一直體貼地扶持著上主之子走在上主的道上。（S-3.II.1:8~2:1）

　　箇中的關鍵，就在於改變心念。上主之子的生命是一體而且永恆的，故死亡不可能存在，這代表了「生命之念」。療癒之念必須藉著我們親身示範才能傳遞出去，身體一旦完成了這個教學任務，便可以功成身退，雖然世界會把我們的死因歸咎於種種生理因素。總之，我們唯有超越戰場之上，才可能看透心靈賦予死亡之目的。

(5:7) 心靈才是真正的抉擇者，身體的狀況全都出自它的決定。

　　抉擇的主體是心靈而非身體，因此，我們不會死於某種

「自然法則」，事實上，世間根本沒有自然法則這一回事。一切都是出自心靈的抉擇，心靈才是聖靈的救贖所安止之處，反映的乃是永恆生命的天堂之律。人之所以會死亡，純粹因為「不自然」之念，也就是造出可朽肉體的罪咎之念。可以說，亞當和夏娃的故事正是小我誕生的最佳寫照。那個故事投射出來的造物主，不但相信自己的造化犯了滔天大罪，甚至不惜痛下殺手來處罰他們。然後，那個造物主又想出一套計畫，透過耶穌的死亡來拯救其餘的兒女。這個大迷思所反映的小我思想體系，充分顯示出《聖經》對西方人士的心理所造成的深遠影響。《聖經》裡的神如果相信殺死自己的一個兒女才是拯救所有兒女的唯一方法，那種瘋狂的程度絕不亞於當今相信發動戰爭才得享受和平的國家領袖。然則，這種瘋狂之念既不出自《聖經》的作者，也不是國家領導人發明的，根本是小我的傑作。它打造出一個神明，不僅構想出這種計畫，而且付諸行動。人類歷史上凡是認為靠著謀殺手段可以換來和平的政軍領袖，都受到了同一瘋狂的思想體系所蒙蔽。也因此，我們才會一再強調，如果不改變小我的思維邏輯，世界是永遠不可能改觀的；而需要作此改變的，只有一個人，那就是**你**！

(5:8~10) **然而，上主之師絕不會獨自作此決定的。否則，他會在那原能聖化身體的目的之外賦予身體另一個目的。上主的天音不只告訴他任務何在，還會讓他知道他何時已善盡了本分。**

　　這一任務純屬於**內涵**層次，至於以何種**形式**來表現，則不

是我們該操心的事。我們只需領受聖靈的幫助，選擇奇蹟就成了。誠如〈正文〉所一再重申的：如何把奇蹟推恩出去，不是我們的責任（T-16.II.1）。

(5:11~12) **不論是去是留，他都不會受苦的。如今他再也不會疾病纏身了。**

對於活在正念中的人們來說，即使留在人間，歷經死亡，既不是負擔，更不是悲劇，因為他們知道自己根本不存在於此。事實上，他們連性別特質都會逐漸退化，因此，活在人間又有何損失可言？「再也不會疾病纏身」，是說儘管生理上仍可能出現某些症狀，但卻已經稱不上「疾病」了，因為疾病只發生於選擇相信分裂、罪咎與死亡的心靈內。

(6:1) **一體生命與疾病是不可能同時存在的。**

如今，我們總算明瞭自己為何會向疾病伸出歡迎之手，以及小我何以要為自己打造出一具脆弱又必死的身體了。這一切的陰謀，不過是想要證明我們不是上主永恆完美的一體生命，同時也證明自己的看法才是對的，是祂看走了眼。

(6:2~5) **上主的教師自願逗留夢境一段時間。這是有意識的抉擇。因為他們已明白，所有的抉擇都是出自意識的決定，而且十分清楚這些決定所帶來的後果。夢境則有另一番說詞，但人若已認清夢的真相，誰還會相信它那一套？**

　　《奇蹟課程》認為，我們一向是有意識地作出種種選擇的，這個說法在〈練習手冊〉第一百三十六課表達得更為清楚。人的生老病死全是出於心靈的選擇，但我們一作出決定，立刻就把它壓到潛意識下，因為我們不想讓心靈承擔責任，存心歸咎於他人或世界。《課程》的宗旨所在，即是將我們帶回造出整個人生大夢的那一部分心靈，也就是抉擇者；在那兒，我們才得以正視夢境的真實原委。此乃這部課程命名為「奇蹟」之深意。

(6:6~11) 上主教師的真正任務便是認清自己在作夢。他們看著夢中的角色來來去去，千變萬化，受盡病苦而死。卻絲毫不受眼前的景象所蒙蔽。他們已經認清，不論把夢中人看成分裂且病態的，或把他看成健康而美麗的，都同樣的虛幻。唯有一體生命不是夢境中的產物。上主的教師要學的，就是在夢境的背後認出這超越一切形相又非他莫屬的一體生命。

　　究竟而言，夢境不外乎分裂、區別、差異和多元化，故它不可能是真的。資深上主之師深曉這一真相，因為他們的心靈已然跳脫夢境之外，看穿它的荒誕不經。在這樣的視角下，自然不會把夢境當真。但我們仍必須警惕內在的抗拒，隨時覺察自己是如此不甘心脫離夢境，更別提回歸心靈了。「一體生命與疾病是不可能同時存在的」，然而，我們卻寧可選擇生病，只因我們是疾病之神的兒女，請謹記，**觀念離不開它們的源頭**。把自己視為小我或一具身體，本身即是一種病態，我們全

都樂此不疲，因為這樣可以幫我們遺忘本有的一體生命。一切只因我們深知，在上主的圓滿一體內，個別的我必然會消融於無形。

如果我們能夠真正體悟〈練習手冊〉頭幾課講的「世上的一切不具任何意義」，便堪稱為資深的上主之師了。這一領悟會讓我們依舊活在人間，**與人互動**，卻絲毫不受人們影響。不論世上發生什麼恐怖邪惡事件，都動搖不了我們心內上主的平安與聖愛，反而讓我們更深切認清世上真的沒有一物具有左右心靈的能力。如此一來，即使我們只是在**表相**層面與人互動，依舊能向所有的人圓滿地呈現**內涵**層次，只因資深教師早已領悟心靈之愛遠遠超乎身體的界線與限制，故能隨時隨地反映出那超乎小我分裂與仇恨夢境的真理實相。

拾參. 犧牲究竟是什麼意思？

　　犧牲，可說是小我思想體系的基礎，也是**非此即彼**這一核心運作原則必然導致的後果。小我不時警告我們，一旦與耶穌同行或操練本課程，必定有所犧牲而且損失慘重。比方說，放下判斷，無異於認輸；邁向完美一體之境，自我便得隱退。縱然〈正文〉一再提醒我們，個別之我的確只是真實之我的拙劣贗品（T-24.VII.10:9），但那畢竟是我的身分，我絕對不甘失落它；正因如此，犧牲才會對我們顯得如此真實。為此，耶穌才如此慎重其事，為我們重新詮釋犧牲的概念：

(1:1~2) 犧牲，這一名詞在真理內雖然毫無意義，在人間卻充滿了意義。它的意義就像世上所有事物一樣，只有一時的效用；當它的功能用罄，其意義終將隱沒於它所源自的虛無中。

　　究竟而言，**犧牲**一詞不具任何意義，因為天堂裡沒有失落這一回事。試想，在無所不有之境，我們**就是**一切，怎麼可能有任何的失落？唯有當我們認同小我的生存機制與目的時，才會賦予犧牲某種意義，否則它真的虛無得很。

(1:3~4) 然而在此，它真正的意義則成了我們的必修課程。它就像所有的課程一樣，仍在幻相之列，因為在實相內，沒有什麼好學的。

由於我們在幻境內所學到的一切全是錯的，因此需要歷經一段**解除舊學**的過程。一旦修完這門功課，其餘一切都是不修自成的，因為我們只是重新憶起那一境界而已。

(1:5~7) 但我們仍需一個修正方案來取代這個幻相；也就是以另一個幻相來取代前一個幻相，最後兩者方能一併消逝。前一個幻相必須替換下來，新的思想體系才有立足之地，這幻相即是：「放棄世間任何東西都是一種犧牲。」還有什麼比這更虛幻的看法？整個世界本身就是一個大幻相。

上主原是超乎時空領域的圓滿聖愛，若想認出這樣的上主，我們必須先修正自己視上主為仇恨、恐懼以及報復的那一套小我思維才行。但因犧牲的觀念早已在我們思維中根深柢固了，除非另有他物取代，否則我們是不可能放下它的。而這另一物即是耶穌的修正，它溫柔地指正我們：「上主沒有生氣，祂依舊深愛著我們以及這個世界。」當然，連這個說法都屬於幻相，但我們亟需這個正念之境的迷思來化解妄念之境的迷思，直到心靈完全淨化，上主聖愛的記憶才能漸漸浮現。

(2:1~3) 需要相當的修持才可能明白並接受「世界不能給人任何東西」這一事實。「犧牲虛無」的說法究竟有何意義？它不

可能意味你會因此而「擁有更少」。

　　世界毫無價值，這個說法誠然是〈正文〉與〈練習手冊〉最常見的論點了。只要我們還認為世界具有某種價值，必然相信上主遲早會奪走這個寶貝來懲罰我們的罪過。這就是為什麼某些宗教會宣揚一些奇怪的觀念，比如說，宣稱神明要我們放棄性生活、某些食物、財富、欲樂，甚至放棄幸福，因為這等庸俗之物在神的眼裡都是「不好的」，甚至是有罪的。然而在《奇蹟課程》裡，耶穌卻說無需放棄任何東西，因為那些東西根本就不存在！所謂犧牲，也只是犧牲虛無之物而已，我們所擁有的，怎麼可能少於虛無？事實上，我們真正放棄的，僅僅是罪咎及個別利益那些錯誤觀念而已。還有比了解這個真相更可貴的事嗎？

(2:4~8) 在世俗的認知下，沒有一種犧牲不涉及你的身體層次。你不妨反思一下，人間所謂的犧牲指的究竟是什麼？權力、名位、金錢、生理的欲樂，哪一樣不屬於所謂的「夢中英雄」？它們除了對身體有價值以外，還有什麼意義？然而，身體本身沒有評估價值的能力。

　　權力、名位、金錢、生理的欲樂這四項是借用佛洛依德《精神分析引論》書中的名言：「藝術家的創作動力全都來自榮譽、權力、金錢、名聲，以及對女性的愛欲。」其實，我們大可說人類所有的生存動力也是同樣源自於它們。這些東西只對身體（包含生理與心理層次）具有意義，也就是耶穌所謂的

「夢中英雄」（T-27.VIII）。然而，身體不可能知道什麼對自己最好，因為它只是心靈的傀儡，並非真實的存在，故也只會遵照心靈的指令行事而已。

(2:9) 是心靈為了得到這些東西，不惜與身體沆瀣一氣，存心蒙蔽自己的真實身分而模糊了它的真相。

　　這段話一語道破了小我的陰謀。小我教唆心靈放棄自己的真實身分而淪為失心的存在，慢慢的，我們真的認為自己活在一具身體裡，而且完全受大腦控制。正因如此，我們對肉體的需求才會如此上癮，而放棄這類欲求就宛若天大的犧牲。犧牲感愈重，身體的「真實感」就愈發強大，進一步否定了心靈的存在。還是那句老話：如果我們連心靈都沒有，改變它的機會便不復可尋了。如此一來，「認同小我」這一原始選擇便益加固若金湯。這招實在高明，難怪小我所向披靡。

(3:1) 人心一旦產生這種混淆，就再也無法認清「世上所有的欲樂都虛幻得很」這一事實了。

　　只要認同身體一天，世間的欲樂對我們就不可能無足輕重。耶穌並不要求我們放棄人間的欲樂，只是期待我們能夠一步步審視「身體」和我們陌生無比的「心靈」之間的因果關係。他希望我們明白，上癮或受苦的並不是這一具身體，身體的感受完全操之於心靈。只因我們與肉體認同已深，這一步步的審視對我們遂難如登天，也因此，療癒的過程必須循序漸

進，一步又一步踏實前行。

(3:2~3) 這究竟會帶給人多大的犧牲？那犧牲可大了！從此，心靈開始詛咒自己求而不得，永遠無法活得心滿意足，最後連自己真正想要找什麼都搞不清了。

　　小我最具代表性的座右銘就是「去找，但不要找到」，與「山中聖訓」的精神正好相反：「你們祈求，就給你們；尋找，就尋見；叩門，就給你們開門。因為凡祈求的，就得著；尋找的，就尋見；叩門的，就給他開門。」（〈馬太福音〉7：7~8）我們一心想要尋回上主，得到真正的平安與聖愛，但是小我卻指點我們往身體或世界去找，而上主根本不在那兒。說穿了，問題不在世界，也不在人間的欲樂或誘惑，因為**世界根本不存在**。真正的問題，在於心靈始終企圖保全我們當初選擇小我的那一決定，不僅如此，我們信以為真的整個世界也都在為此效命。一言以蔽之，我們寧可活在失心狀態的這個決定，才是問題的關鍵。

(3:4~7) 誰能躲避得了這種自我詛咒？唯有上主的聖言才有此可能。自我詛咒乃是對自己身分的一種選擇或決定，沒有一個人會懷疑心目中所認定的自己。他可能懷疑其他的一切，但絕不會懷疑這個自己的。

　　唯有接受救贖，才擺脫得了自我憎恨的詛咒。我們當初就是忍受不了這個詛咒所引發的焦慮與痛苦，才逃到世界來的。

在這兒，我們不只認定自己真的存在，還有源遠流長的哲學思考可供憑仗，家喻戶曉的笛卡兒學說即是如此讓我們堅信不疑，在此就無庸贅述了。既然我們從不質疑個別之我的虛實，理當會設法讓這個「我」活得安然舒適。就小我而言，這便是大開方便之門；它知道只有犧牲他人（不論是形體或心理上的），才保得住自己，因它就是由這一念誕生的。

(4:1~4) 上主的教師已經能夠毫無遺憾地捨棄人間的欲樂了。捨棄痛苦豈能算是一種犧牲？成人豈會因為放棄童玩而惱怒不已？已能看清基督聖容的人，豈會留戀人間這座屠宰場？

　　這幾句剴切至極的話語，正是耶穌對身體與世界的看法。他在〈練習手冊〉也說過，世界「已到了饑渴交迫、奄奄一息的地步」（W-PII. 十三 .5:1），我們不妨再加上一句「而且到了大開殺戒的地步」。想一想，我們的「生命」無時無刻都得仰仗於另一物的死亡──每一具身體都需要靠著吞噬或毀滅另一生命才能存活下來。不論從生理或心理層面來講，可說都是同類相食，而且天性如此。這個說法一點也不誇張，最原始的小我之念即是吞噬同類的生命。非但如此，「我吞噬了上主的生命與能力，唯有犧牲祂，我才能自立為神」，這即是〈正文〉所說的：當我們選擇恐懼而捨棄愛時，我們等於不斷重演那一刻的選擇（T-26.V.13:1）。

　　一旦認清這個真相，誰還會想在此地逗留，繼續與「屠宰場」那些軀體認同？一旦看清了特殊性是這種「傷人的玩具」

（W-PII.四.5:2），一種道地的罪咎遊戲，誰還會玩得下去？問題是，我們始終對這殘酷的現實渾然不覺，借用哈姆雷特的名言，我們還以為這具活在肉體內的生命是自己求之不得的「夢幻逸品」。我們甚至瘋狂到把上主視為人類的一份子，而耶穌就是那具有形可見的肉體。推到究竟，這一切全是想為小我自視為一具身體的認同感撐腰罷了。

(4:5) 已由生老病死的世界解脫出來的人，也不會回頭去詛咒世界的。

如果我們能透過基督慧見去看，絕不可能愛這個世界，但也不可能恨它，因為我們了知它什麼也不是。面對虛無之物，一個人怎麼可能有任何反應？又怎麼可能活在那種虛無之境？但只要我們還自視為某號人物，世界對我們就有舉足輕重的影響。為此，培訓課程必須是「逐步推進」的，一步一步引導我們與自己所認同的虛無之我脫勾。若想仁慈、溫柔且耐心地經歷這個過程，上上策莫過於學習改變自己對他人的看法，不再把對方視為與自己不同的另一生命。

(4:6~10) 但他必會慶幸自己擺脫了世俗價值向他索求的一切犧牲。為了那些價值，他犧牲了所有的平安。為了它們，他犧牲了所有的自由。為了擁有它們，他必須犧牲天堂的希望以及對天父之愛的記憶。凡是神智清明的人，誰會選擇虛無而放棄一切萬有？

　　當我們逐漸意識到自己對世界的認同竟然如此之深，確實需要誠實地反問自己上述這一番話。

(5:1~4) 犧牲究竟是什麼意思？它就是人們相信幻相必得付出的代價。也是否定真相必付的代價。世上沒有一種欲樂不要求這種代價的，否則人們不難一眼看穿這種欲樂其實與痛苦無異；一旦認清了這一真相，沒有人會自找苦吃的。

　　耶穌在此所說的犧牲，與〈正文〉第二十六章一開頭提到的「『犧牲』一體性」，意涵完全相同。自甘放棄喜悅、自由、希望與生命，才是真正的犧牲。只要活在小我內一天，便會失落上述的一切；反之，如果和耶穌在一起，我們什麼也不會失落，只會失落虛無。此言不虛，因為世界真的就是虛無，它什麼也不是，什麼也沒有。不幸的是，我們依舊死抓著世界，不惜失落一切（Everything），也要賴活在一無所有的虛無之地。

　　倘若能真正看清「抓著判斷不放，只會帶來痛苦；放下判斷，方有幸福可言」，所有問題便會迎刃而解。然而，當中最大的障礙，乃因我們一向相信痛苦等於自由，因為痛苦會帶來一種存在感；卻毫不覺察自己為了這種信念所付出的代價有多大，始終把喜悅與痛苦、囚禁與自由混為一談（T-7.X；T-8.II）。且在同時，我們也暗自覺得，怨恨別人是頗為快意的事，真寬恕則否。因為一旦沒有這些憤怒、判斷、衝突與戰爭，我們究竟算得上什麼？沒有這具身體，我們又是誰？為此

之故，我們才不惜犧牲真正的幸福喜悅，死抓著標榜個別利益的思想體系，渾然不覺自己已然付出了慘痛的代價。

(5:5~8) 就是錯誤的犧牲觀念使他目盲而心迷。看不清自己究竟在求什麼。只好上窮碧落下黃泉地追尋；每當自以為找到了時，結果都是令人失望的一場空。「去找但不要找到」乃是世界最無情的遊戲規則了；凡是追求世俗目標的人都過不了這一關的。

世界存在的唯一目的，僅僅就是鞏固「天人確已分裂」這個信念。為了保全這套思想體系，我們非留在身體內不可。為此，小我明知世上不可能找到幸福、快樂以及永生，卻慫恿我們鍥而不捨地在人間尋尋覓覓，永無盡頭。這就是何以然身體對我們會有如此魅力的根本原因。其實，自甘放棄耶穌送上門來的真愛，才是道地的犧牲。在《天恩詩集》中，耶穌曾要求我們把過去用來攻擊上主之子的那些「殘忍的祭品」交到他手裡，他會用上主真正的禮物，也就是平安與愛，和我們交換。然而，倘若我們手中塞滿了小我的禮物，他就給不了他的禮物了。換言之，整部課程的目的所在，正是要幫助我們明瞭，用痛苦換來平安，用仇恨換來愛，對**我們**有莫大的好處。

(6:1~2) 你也許認為本課程會要求你犧牲自己的所愛。從某種角度來講，可說是真的，因為你珍愛之物正把上主之子釘在十字架上，動彈不得，而本課程的目的是要釋放他，還他自由。

　　《奇蹟課程》從不要求我們犧牲自己仍然珍惜的仇恨、謀害、特殊性、失落或分裂等等，只因我們仍然相信放棄那些東西是一種損失，所以才需要一位兄長前來教導我們看清這種思維何等瘋狂。話說回來，只要我們仍認定自己就是這具身體，且以此自豪，甚至想透過與其他形體的關係，爭取對方的愛及肯定，表示我們還不甘心放下自己這個我，那麼，不論《課程》傳授的方法多麼單純而明確，我們仍會覺得這門課程難如登天，自己永遠也做不到。

(6:3~7) 但不要因此而誤解了犧牲的意義。犧牲要你放棄的不外乎你想要之物。上主之師啊！你究竟想要什麼呢？上主一直召喚著你，你其實已經答覆了。如今，你難道願意犧牲這個召喚嗎？

　　請別被「上主的召喚」字面上的意思所誤導了，它指的是「始終臨在我們心內的聖靈」。只要我們真心接受本課程的教誨，並且活出它的精神，即是回應了上主的召喚。要知道，人心之內始終有一部分真的很想回家，但自己未必明白箇中的意涵，實在是因為每當我們把小我那一套思維權充為立身之本時，家的意識就已經被我們犧牲掉了。

　　救贖的召喚，不多也不少，即是要將我們由夢中喚醒；而也唯有這一救恩，方足以帶給我們真心渴望的幸福與平安。然而，在此之前，我們必須先識破小我的召喚（也就是分裂、個體性及特殊性）絕不可能滿足我們真正的渴望；否則，我們便

會一方面認同救恩，理性上也大致接受了，但在現實生活裡卻始終抓著判斷不放，感嘆這部課程實在太難修了。可以說，這全是出於內心不斷抵制的緣故——我們心裡其實有一部分非常害怕奇蹟的教誨。可還記得，我們當初打造這個世界的目的，原本就是為了擺脫內心難以負荷的罪咎。雖然這個罪咎純粹是無中生有，我們卻寧可信以為真，只因我們更害怕一旦放下世界而全面療癒之後，就會掉回心靈的黑洞，再度面對守在那兒伺機復仇的上主。對此，我們不能不再度躲回身體以求自保，但又心知肚明上主是不會放過我們的；無計可施之下，我們開始幻想，縱然上主仍會向我們追討死亡之債，但最後終究會寬恕我們，因為我們是《奇蹟課程》的乖學生，乖學生即使身體會死，卻仍有希望存在下去。看到沒？小我便是用這種微妙的手法來說服我們繼續安於失心狀態，不敢回溯問題的源頭，以為這樣便能永遠隔絕上主的答覆了。

(6:8~12) **到目前為止，聽到這召喚的人少之又少，人們只能轉而向你求助。在整個世界中，你成了他們的唯一指望。你的聲音成了上主天音在人間的唯一迴響。你若犧牲了這一真相，他們便會一起墮入地獄。他們一旦陷落，你也會與他們一起沉淪的。**

這一段話所鋪陳的，正是「共同福祉」的原則。我一旦背離了上主，等於背離了每一個人；我的每一個與小我沆瀣一氣的分裂之念，等於鼓勵其他人也一起選擇小我。這正是特殊關

係之所以如此吸引人的原因所在。恨的旋律一響起，我們便加入了死亡之舞，透過結合的方式相互殘害。請看看，多少長達四五十年的婚姻關係裡，無休無止的愛恨糾結卻又樂此不疲。夫妻雙方不斷強化彼此的共同信念——我是受到不公待遇的受害者。事實上，我們如何看待自己，也會如何看待整個聖子奧體。這並非意味著我們的選擇能夠影響他人，而是指它們確實會對他人的選擇產生激勵作用。究竟說來，每個人都得為自己的選擇負責，但這類選擇動搖不了已經下定決心選擇真理實相之人。即使我們能夠激勵他人選擇真理，但我們心裡必須十分明白，我為一人所作的選擇，同時也是為所有人而作的，包括自己在內，因為上主之子只有一個心靈。

(7:1~4) 不要忘了，犧牲是全面的。沒有半得半失的犧牲。你不可能只放棄天堂的一部分。你也不可能只墮入地獄一點點。

這個原則實在太重要了！我們既不可能擁有真愛同時又保有特殊之愛，也不可能一邊相信上主一邊又期待祂肯定我們的特殊性、差異性與個體性。同樣的，我們既不可能把天堂帶入地獄，更不可能把地獄帶進天堂。然而，我們可以把地獄**帶向**天堂，如此一來，地獄便會在天堂前化為虛無了。同理，在實相之中，上主也不可能進入世界；即使不明白身體與心靈層次之別的人親眼見過耶穌的血肉之身，但耶穌並非真的存在於世界。準此而言，《奇蹟課程》也並非真的出自這個世界，它只是現身於此而已——它的源頭始終在夢境之外那個未受小我污

染的真愛之境。

(7:5) 上主聖言的作用也是全面的，沒有例外。

　　這一句話，我們需要銘記於心。救贖不會排除任何一人，因為在救贖的眼光中，每個人都同為一體。在上主的聖愛內，也毫無例外可言，只因祂的聖子全都純潔無罪，並且無一例外。耶穌接著說：

(7:6~8) 正是這一特質造就了它的神聖性，且超越三界之上。這一神聖性直指上主之境。這一神聖性保障了你的安全。

　　世界是人們追逐分裂、差異與個別利益之地，為此，救贖若要發揮真正的修正效用，只可能發生在夢境之外。而且那還不是上主的境界，最多只能算是天堂一體之境的倒影，因為它修正的是小我的分裂妄念，而上主對此一無所知。救贖從不著眼於分裂的種種假相（**形式層次**），僅僅著眼於它們的同一性（**內涵層次**），故絕無例外可言。這個同一性即是上主唯一聖子的靈性生命之倒影，因為在那一體之境是沒有任何分別與差異存在的。

　　請特別留意，救贖未必保證得了你的肉身安全無虞。事實上，我們一旦領悟到自己並非這具身體，身體的狀態對我們又有何影響？真正的安全感來自於我們知道罪咎不存在，故自己不可能遭受任何懲罰。一旦不再相信受罰的可能，自然不會感受到攻擊，也不至於因之受苦了。要知道，我們之所以受苦，

或者說「我們之所以讓肉體受苦」，其實是想證明罪真的存在，而且這個罪不該算在自己帳上，而應算在那害我受苦的傢伙頭上。所以說，唯有罪根本不存在，我們才沒有後顧之憂，方能安全無虞地安止於救恩無所不容的神聖之境。總之，不論身體經歷了什麼，與真實之我毫無瓜葛。由此可見，縱然是虔誠的基督徒，很可能一開始就看走眼，失之毫釐而差之千里，他們始終盯著耶穌那具形體的種種事蹟，完全不明白他的神聖性根本和那具血肉之軀無關。耶穌的神聖性完全屬於心靈層次，而他的心靈又與我們的心靈始終一體不分。總而言之，耶穌的救贖之道，就是穿越根本不存在的罪，回歸始終在那兒的神聖本體。

(7:9~13) 只要你一攻擊弟兄，不論任何原因，救贖便會離你而去。因為這等於重蹈了天人分裂的覆轍。分裂原是不可能存在的，也不可能發生。但你對它篤信不疑，因為你已經陷身於一個不可能存在之境了。

以救贖的眼光來看，根本沒有天人分裂這一回事，也就是說，最原始的攻擊不曾發生。因此，我若加入救贖的行列，是絕對不可能攻擊任何人的。但如果我不想承認自己錯了而上主是對的，自然會對救贖避之猶恐不及。於是乎，我只需發動攻擊，小我就當下得逞了。攻擊之舉證明分裂真的發生，表示我們是兩個不同的生命，你的福祉與我毫無關係；我必須保護自己，攻擊你是情有可原的。

如此一來，我們便不能不犧牲生命的真相，也不能不毀棄一體本質；再推到極致，我們若想存活下去，就不能不除掉上主。要明白，每當我們選擇小我的思維而開始判斷之時，所反映的，不外乎上述這種心態。耶穌曾經問過我們，如果知道建立特殊關係純粹是為了打擊上主，我們還會想要它嗎？（T-16.V.10:1）如果我們能夠在每次選擇特殊性的當下，看清楚自己背後的居心用意，一定會為這個選擇及其陰謀感到不寒而慄的。唯有在這番了悟之下，我們才會甘心改變自己的心態而放下小我。

(8:1~3) 上主之師，切莫忘了犧牲的意義，並且記住，你所作的每一個決定不會不牽涉某種代價的。你若選擇上主，這一切對你都成了平白的恩賜。你若決定背棄上主，就等於選擇虛無，那麼，你就會喪失所有的覺知力。

切莫對上述這幾句話掉以輕心！除非我們切身感受到自己投射的判斷以及微不足道的小過節，其實帶給自己多大的負擔與痛苦，否則，我們是不會甘心放下小我而牽起耶穌的手的。也因此，耶穌敦促我們看清犧牲的代價，看清自己竟然心甘情願為了特殊之愛而放棄天堂的大愛。請牢牢記得，唯有選擇上主，才無需付出任何代價，但若選擇小我而抵制上主，所付的代價可高了，因為我們從此再也意識不到一切真實之物了。

(8:4~6) 你究竟想要傳授別人哪一種選擇？你只需記住自己究竟想要學到什麼就夠了。這才是你該用心之處。

　　此刻，請問問自己，究竟想要學到什麼──繼續分裂，還是解除分裂？留在人間地獄，還是回歸天堂家鄉？

(8:7~10) **救贖是為你而設的。你透過學習而領受救贖，也透過學習而給出救贖。世界容納不下它。但你只要學習本課程，救贖便非你莫屬。**

　　救贖並不是為了世界，也不是為了任何其他人，它純粹為**你**而來。前文已經提過，你一旦接受了救贖，**你就變成了祂**。然而，我們無法在世界學到或找到救贖的，因為世界只會教我們分裂與個體性。如果真心想學習本課程，就必得放下判斷。《課程》強調過兩次，若要得到本課程的真傳，得先意識到堅持自己的判斷所付出的慘痛代價才行。只要認定你我是互不相干的兩個生命體，代價就是失落上主的平安與聖愛。明白了這個道理，此刻，我們真的還甘心選擇這種犧牲嗎？

(8:11~12) **上主把祂的聖言交託給你，因為祂需要上主之師。除此之外，還有什麼更好的拯救上主之子的方式？**

　　上主其實並不需要成堆的上主之師，這段課文只是應**我們**之需而說的。大家應該都還記得，一個心靈等於所有的心靈，只要一個心靈獲得療癒，整個聖子奧體就全都痊癒了。因此，我若要拯救聖子與世界，唯有一途，就是拯救自己，也就是親自接受救贖與上主聖言。一旦放下分裂信念，我們便不難領會出，每個人的心內都有小我瘋狂的一面，**也都有**聖靈的清明修

正。認出我們全都共享同一心靈，成為憶起我們同是天堂裡唯一基督的必修課程。我們就這樣一邊放掉先前向小我學來的犧牲觀念，一邊在人間教導並學習救贖的真諦。

拾肆. 這世界會如何結束？

　　本篇的題旨所在，耶穌藉著答覆「這世界會如何結束？」之際，再次強調世界虛幻不實的本質。一言以蔽之，世界永遠不會結束，因為它從未開始，而我們也不曾真正與上主分裂過。為此，眼前看似真實無比的世界，其實純是幻相。這一救贖原則重申了《奇蹟課程》的修持宗旨，就是改變自己的心念，不再矚目個別利益，而應著眼於自己與他人的共同福祉。

(1:1~3) 試問，一個缺乏存在之因的東西豈會有真正的結束？世界怎樣由幻覺中誕生，也會怎樣在幻覺中結束。然而，它的「結束幻相」必然充滿了恩慈。

　　這幾句話點出了《課程》所揭櫫的兩個層次。層次一屬於形上，在那一層次只有上主真實不虛，其餘皆為不曾真正存在過的幻相，故根本不存在。層次二乃是針對幻相層次，亦即正念之心針對小我的妄念體系所提出的修正，也就是以共同福祉修正個別利益的信念。為此，「慈心善行」必屬於層次二的幻相，不妨稱之為寬恕的家園。如同〈正文〉所說，我們不會直

接由噩夢中覺醒的，小我之夢必會先轉為聖靈溫柔的寬恕之夢
（T-27.VII.14）。

(1:4) 它〔世界〕會籠罩在一個全面徹底、無所不包、無限祥
和的「寬恕幻相」中，掩蓋了所有的邪惡與罪孽，一切罪咎也
就至此告終了。

　　所謂的「掩蓋」，並非要我們故意對可怕的景象視而不
見，或心虛地掩飾自己的羞愧。耶穌要說的是，寬恕一旦籠
罩了世界，世界便會消失蹤影。正念之心的「掩蓋」，意在化
解；反之，小我的「掩蓋」則是壓抑或否認。另外，請留意
「無所不包」這個關鍵詞，這正是《課程》一再重申的主旨：
寬恕不會剔除任何一人，因為上主之子是同一生命，而這一正
見乃是我們悟出人類共同福祉與同一人生目標的先決條件。毫
無疑問，我們的確**是**同一生命，因為我們全都具有同一小我的
思想體系、聖靈的修正方案，以及在兩者之間選擇其一的能
力。也因此，真實而且道地的寬恕必然涵括了每一個人。既然
世界起於分裂之念，當寬恕之念化解了分裂之念，不啻宣告了
世界的終結。然而，想要領受這個幸福的真相，必須藉著寬恕
一步一步溫柔地為我們鋪路。

(1:5~6) 由罪咎交織而成的世界也就跟著結束了，因它如今已
失去了存在的目的，只有銷聲匿跡一途。相信「幻相具有某種
目的且能滿足某種需要」之念，乃是一切幻相之父。

正因為我們堅信不疑自己擁有一個個體的我，而且早已和真我或基督自性分離，幻相才會應運而生。依據這個信念，世界又進一步打造出一個虛擬現實，讓我們感到這個自我真實無比，於是乎，世上每個獨立而各自不同的形體，便成了天人分裂且互不相干這一妄念的證據與最佳寫照。誠然，這就是罪咎之心打造出世界的目的所在。〈正文〉也說：「你眼前的一切乃是被罪咎逼瘋的心靈妄想出來的世界。」（T-13.in.2:2）因為咎，心靈必須把罪壓制到潛意識之下，使我們意識不到它的存在，再把我們放逐到世上，如此，便無需面對自己忤逆了上主的那個恐怖記憶了。為此之故，「罪咎」可說是一切幻相之父，同時也成了幻相的守護神（順便在此一提，「幻相之父」一詞是借用〈約翰福音〉8:44的說法，耶穌曾把猶太民族比擬為邪魔之子、謊言之父）。總之，我們自認為完成了不可能的任務，也就是真的與上主分裂了。這正是一切幻相之本。當我們把彼此看成各有所需、互不相干的個別生命體時，這個知見就成了上述妄念的幫兇，繼續為它撐腰。也就是說，既然我們的福祉並非共有的，我若想獲得幸福，就得有人付點兒代價才行；相對的，別人的幸福必然也要我付出代價。

(1:7~8) 只要認清了幻相原來不具任何目的，它們便消失了蹤影。只要認清它們一無所用，它們就無法造次了。

可還記得「目的即一切」這句重要至極的話？我們終於看清了，幻相的目的原是我們為了保全自己個別且特殊的身分。

我們在人世經驗中，最大的幻相莫過於自認是不同的個體。也因此，別人必須付出一些代價，我們才有「得救」的可能。這不只成為世間所有人際關係的運作原則，風雲詭譎的國際關係更是如此。數千年來，人們一直相信和平是靠戰爭贏來的，必須不惜一戰，分個你輸我贏，妄想從中謀求和平。這種殘酷和瘋狂，前文已論述過，實在是溯源於人類集體性的分裂思維。我們從同一個小我開始分化，分化出來的每一碎片便預設了**非此即彼**的運作原則，唯有不斷與人分裂，才可能保全自己的個體性，由之，益加鞏固了天人分裂的假相。

　　我們一旦不再為小我的目標效力，轉而以聖靈之願為志，決心從夢中覺醒，回歸上主的一體生命，幻相便無存在的必要而自動銷聲匿跡了。世界幻相之所以會自動消失，是它本來就不靠任何外在力量進入我們的意識之中，因為根本就沒有所謂的外在這一回事。換言之，世界是憑靠著我們對它的信念而存在的，再藉著我們對它的依戀以及對身體的執著而壯大的。推到極致，仍是因為我們一心想要與上主切割來維繫自己的個體存在。

(1:9~11) **除此之外，還有什麼更好的方法能夠結束所有的幻相？它們已被帶到真相前，而真相對它們視若無睹。因為真相從不著眼於無意義之物。**

　　這一段話並非要我們否認幻相、否認肉眼所見的世界，它只要我們否認世界具有左右我們的能力，也就是拒絕小我對眼

前景象的詮釋。能夠如此，等於將個別利益的幻相帶到共同福祉的真相前，這會幫助我們慢慢體驗到，只要放下判斷，生命會變得何等幸福。總而言之，一旦撤除了小我的目的，幻相自會銷聲匿跡。

(2:1) 在我們完成寬恕的功課以前，世界確實還有它存在的目的。

　　在聖靈眼中，世界僅僅只有一個目的，便是充當我們學習寬恕的教室。終有一日，我們會恍然大悟，世上沒有一個人需要我的寬恕，因為連世界都只是一個虛幻的假相。為此，只要我們還認為自己真的活在世上，世界便具有極其殊勝的意義：它給我們一個機會認清彼此並非兩個互不相屬的個體生命，進而體認出我們與上主也不曾分裂過。這就是耶穌的救贖觀點。

(2:2~3) 它成了寬恕的搖籃，寬恕在這兒成長，茁壯，學習包容一切。它在這兒得到滋養，因為這兒需要它。

　　這段話與第一段前後呼應：寬恕無所不容，它不會排除任何一人。只要有一人被排除於聖子奧體之外，所有的人就都被排除了，因為基督乃是不可分割的整體。為此之故，若想培養寬恕的力道，我們必須決心接受耶穌賦予世界的真實任務，也就是透過否認小我的分裂初衷，而教人看出「世界根本不存在」這一真相。

(2:4~5) 那位慈祥的「救世主」就誕生在充滿罪惡且使罪昭顯

得極其真實之地。這兒是祂的家,因為這兒真的需要祂。

　　「慈祥的『救世主』」即指寬恕。嬰兒與小孩,是《課程》描述寬恕的過程經常使用的象徵,它們有待大人的撫育呵護才得以成長,例如這兩段引文:「每當一位浪子有意離開自己的家時,基督就重生為一個小孩。」(W-182.10:1),以及:「這是伯利恆的聖嬰重生之處。」(T-19.IV.三.10:8)也因此,我們對聖靈教誨的精義投入有多深,就是對聖子奧體的共同福祉有多麼重視,同時,伯利恆之嬰即會成長茁壯得有多快。

　　事實上,我們每選擇一次小我,就必須修正一次錯誤,也就是重新選擇一次基督的實相。如何才表示我們作了這一選擇?答案無他,就是心甘情願地視他人的福祉與自己休戚與共。唯有如此,才能反映出我們真實自性的一體本質。

(2:6~7) 世界因著祂的到來而進入了末世時期。上主之師答覆了祂的召喚,靜靜地轉向祂,領受祂的聖言。

　　這兒的「靜靜地」是指止息了小我的思維邏輯,並非不發出聲音之意。這段話是教我們別再理會小我的狂囂,靜靜聆聽聖靈寧靜輕微的聲音。

(2:8~10) 當世界萬物都受到了祂公正的「審判」時,世界就結束了。世界會在神聖的祝福中結束的。當一個罪的念頭都不存在時,世界就過去了。

　　終止小我的判斷，其實也是共同福祉的另一種表達方式。〈教師指南〉不時將我們帶回這個主題，再次點出寬恕無所不容的本質。「當一個罪的念頭都不存在」這一句話和〈正文〉尾聲提到耶穌的慧見，可謂緊密呼應：「從此，再也沒有一個幻相值得信任，再也沒有一點黑暗遮蔽得了基督的聖容。」（T-31.VIII.12:5）總之，寬恕包容了所有的人，也因而結束了罪的念頭；罪的念頭一消失，天人之間的裂痕便隨之彌合。既然世界是從分裂之念誕生的，而且不曾離開這一源頭，分裂之念一旦隱退，世界頓時失去了立足之地，寬恕就如此靜靜地結束了世界。

(2:11~12) 它不會遭到毀滅或任何攻擊的，連一根毛髮都不會受到傷害。它只是失去了那虛幻的存在而已。

　　最後一句至關重要。世界「失去了那虛幻的存在」，因為世界根本不曾真正存在過。〈正文〉曾區分「存有」（being）與「存在」（existence）之別。「存有」屬於靈性，屬於上主的層次；「存在」則屬小我的層次。如果從實相的角度去看，世界根本不曾真正存在過，只是看起來好似存在而已，也因此，只需結束那「看似」的存在，世界便消失了。然而，這個說法在世界的觀點中必然顯得荒誕無比，更非那完全依賴生理與心理經驗的大腦所能理解。唯有在心靈層次與耶穌結合，和他一起提升至人間戰場之上，我們才可能不再受制於身心種種的需求，而從超乎時空的層次俯視世界。如此，方能真正了解

這段話的深意。

(3:1~3) 當然，這一結局看來似乎遙不可及。「當一個罪的念頭都不存在」的說法，聽起來確實像個遠程目標。但是時間會停止運轉，供上主的教師完成目標。

我們一旦認同了世間的時空經驗，世界便顯得永無結束之日似的。試問，數十億的人口焉能同時放下世上的一切而選擇心靈的療癒？然而，耶穌鐵口直斷「時間會停止運轉」，也就是說，在選擇聖靈、放下小我的神聖一刻，我們已然跳出了時間的領域。

(3:4) 他們中只要有一個人親自接受了救贖，所有的罪念就在那一刻消失了。

這句話重申了《奇蹟課程》的核心理念：我們唯一的責任就是親自領受救贖。只要我們徹底寬恕，罪就消失了，心靈也療癒了。分裂之念不復存在，表示上主的聖子重返始終如是的「一」，絲毫不受小我罪念的瘋狂噩夢所影響。這就是何以然拯救世界只需**一位**上主之師，也就是任何**一位**奇蹟學徒。

(3:5~6) 寬恕一個罪，並不比寬恕所有的罪更容易一些。難易之別的幻相乃是上主之師必須學會突破及超越的一大障礙。

這句話直接緊扣著第一條奇蹟原則：「奇蹟沒有難易之分。」（T-1.I.1:1）請記得，罪所引發的所有後遺症全是同一

回事，就像各種形式的寬恕其實也是同一回事。我們的念頭若非出於小我的判斷，就是聖靈的寬恕，除此之外，沒有其他類別程度上的差異，這正是《奇蹟課程》一再強調的重要觀念。

(3:7~9) **只要有一位上主之師能徹底地寬恕一個罪過，救恩就已圓滿完成。你能了解這一點嗎？恐怕不能，這種說法對世人是毫無意義的。**

耶穌在全書中以不同說法再三提醒我們，人類的大腦早就被小我嵌入時空的思維模式，故絕不可能了解耶穌這類的言論。因此，唯有跳出大腦的理性思維框架，從超乎時間和空間的心靈層次，與耶穌一起重新去看這個世界，我們才可能對《奇蹟課程》的訊息真正融會貫通。

(3:10~11) **然而，一體之境得靠這最後一課才能恢復本然狀態。它與世俗所有的觀念正好背道而馳，天堂也是如此。**

這是耶穌指出我們全都神智失常的一種客氣說法，因為我們認定自己真的活在世上——我們不但認為自己的眼睛能閱讀、大腦能思考，還有一具能用來操練《奇蹟課程》的身體，殊不知這一切全是心靈的分裂之念投射出來的假相而已。唯有將聖靈的寬恕之念推恩其間，人間假相才有修正的可能。

(4:1~2) **世俗的思想體系一旦徹底扭轉過來，世界就此結束了。在那以前，它零零星星的觀點還會說得振振有辭。**

　　為此之故，我們才會理直氣壯地只寬恕某些事情，而非所有的事情。請看看吧：我們追求平安，卻又認為戰爭有時是無可避免的；我們願意愛所有的人，但有些人真的令我們忍無可忍；我們若不是有這樣的父母，今天不會活得這麼悲慘，也不需要苦練這部課程了；世上沒有一物左右得了我，除了這件事之外……

(4:3) 如果我們還不打算離開世界，還捨不下它小小的能耐的話，是不可能真正明瞭這足以結束世界的最後一課的。

　　這幾句話當然是針對所有依然認同身體的人而說的。我們想藉著靈修或寬恕，甚至把耶穌拉進來，幫我們在人間混得更好。耶穌卻再三耳提面命：「並沒有**世界**這種地方，因為它純是分裂之念投射出來的假相。之所以著眼於個別利益而與他人分立，這個決定其實只是那原始之念的一片殘破陰影而已。」話說回來，我們若請聖靈教導我們著眼於共同福祉（只因我們全都困在同一條小我的船上，同樣亟需棄船而去），便能將聖靈的救贖原則反映於人間，重申天人不曾分裂過的真相。唯有如此，我們才可能領悟，療癒並非發生於這個子虛烏有的世間或肉身，它只可能發生於心靈。

(4:4~5) 那麼，在這最後一課中，上主之師究竟負有什麼使命？他只需學習接受它的指點，心甘情願且按部就班地修。

　　耶穌並不期待我們給他一個完美的答覆，他只要求我們發

出一個寬恕的願心，並且願意改變自己的想法。

(4:6~8) 如果上主的天音說他能夠學會這一課，只要他信得過，他必能學會的。他不再自行判斷此課的難易。他相信那位聖師不只會指引方向，還會具體指點他學習的途徑。

這幾句話再度點出〈教師指南〉至關重要的第二主題曲「仰賴聖靈幫助」。奇蹟學員經常落入的陷阱即是認為：「實在太難了！我們內心充滿那麼多的怨恨與批判，有誰能夠跨越得了這些障礙？」另有一些學員，心態則是過於光明樂觀：「這太容易了！只要向聖靈求助，我所有的判斷與特殊性需求就會銷聲匿跡了。」耶穌在此提醒我們，切莫自行判斷《課程》的困難**或**容易。我們需要做的是，一覺察自己又忘了彼此的一體關係，開始著眼於個別利益時，記得當下轉向耶穌，和他一起付之一笑就成了；如同面對當初相信自己可能與上主或聖子分裂的那小小瘋狂一念。如今，我們終於記得一笑置之了。

(5:1~6) 世界必會在喜樂中結束，因為這兒是哀傷之地。喜樂一旦來臨，世界就失去了存在的目的。世界會在平安中結束，因為這兒是殺戮戰場。平安一旦來臨，世界還有什麼存在的必要？世界會在歡笑中結束，因為這兒是涕泣之谷。歡笑者所到之處，還有誰會哭泣？

請記得，這一幸福結局唯獨奠基在「一切只發生於心靈內」這一前提。我們的心靈隨時可以選擇悲哀或喜悅，戰爭或

和平。我們可以選擇一掬同情之淚，也可以對自認有能力呼風喚雨左右真相的小我輕輕一笑：「又在幹傻事了！」

(5:7) 唯有全面寬恕，方能為世界帶來這一切祝福。

　　能把自己與他人的福祉等同視之，就代表全面的寬恕，表示我們在人間的學習過程就此結束了。聖子奧體之內全然無別；**形式**上的表相差異在所不免，但**內涵**則全然相同。容我重述一遍：我們全都共享小我的瘋狂、聖靈的清明，以及從中選擇的能力。我們一旦意識到彼此真的毫無差別，所有的判斷自然就止息了。唯有這一全面而徹底的寬恕，才終結得了我們的世界，也就是說，世界終於消失於無形了。

(5:8) 世界會在祝福中離去，它的結束和它的起始境界截然不同。

　　從罪咎、恐懼與仇恨誕生的世界，一旦受到寬恕溫柔的祝福，便結束了它虛無的存在。

(5:9) 上主之師的任務便是化地獄為天堂，因為他們教人的課程處處反映出天堂的幸福。

　　〈教師指南〉一開始便已指明，耶穌從不由行為層次切入，他在「上主之師的任務」（M-5.(三)）那一節也提到，如果要教導他的《課程》，自己必須先從心靈深處接受平安才行。正是如此，我們只能藉著轉變自己的心態，向人示範他

也有作出同一選擇的自由。圓滿一體之境是天堂的真相，它反映於人間的倒影即是：「我們不再著眼於聖子奧體內的差異表相了。」且在同時，這一選擇一舉撤銷了所有怨尤與判斷的藉口。

(5:10~12) **現在，懷著真正謙遜之心坐下來，好好體會這一事實：凡是上主願你去做的，你必能做到。切勿傲慢地說：你是不可能學會祂為你訂的課程的。祂的聖言確有另一番說詞：**

　　想一想，真理始終存於我內，我怎麼可能學不會？它就是我的本來面目，我怎麼可能學不會？

(5:13~15) **願祂的旨意成就！此外別無其他的可能。為這一必然結局而感恩吧！**

　　前文已經討論過，我們若從個人與世界的經驗層次出發，上述說法只會顯得荒誕無稽。唯有從心靈寂靜的核心出發，才可能體會耶穌教誨的真實意義。心靈是我們在天鄉之外的唯一居所，我們便是從這兒透過耶穌的眼睛去看待一切的，唯有如此，才可能對充滿特殊性的小我世界微微一笑，而世界就在這溫柔一笑中悄然遁形了。

拾伍. 每一個人最後都會受到審判嗎？

　　本篇的主題就是所謂的「末日審判」，它的基本論旨仍不出「什麼都沒發生過」這個救贖原則，也就是「上主完美的一體生命不曾受損分毫，一體生命之外沒有任何生命存在」。我們若要接受並加入上主的這一審判，就不能著眼於聖子奧體內任何的分裂表相。後文會繼續讀到，整部〈教師指南〉都離不開「一體生命」這一主軸。

(1:1) 當然會。

　　何等鏗鏘有力！是的，世上每一個人最終都會受到審判的，只不過，絕非世間所想的那種審判，更不是《聖經》裡上主只拯救綿羊而懲罰山羊那類耳熟能詳的預言（〈馬太福音〉25:21~45）。要知道，耶穌提到的最後審判，完全無關乎他會「乘著光輝榮耀的雲彩從天而降，審判一切生者與死者」那類的神話預言。事實上，耶穌說的審判，乃是延續上主之愛的一體境界，重申我們始終是那一體生命不可缺的一部分，判詞即是：「你仍是我的愛子，你不曾錯失天堂之歌的一個音符，世

間沒有一事一物改變得了永恆的愛。」

(1:2) 沒有人躲得了上主的最後審判。

　　這句話當然不是在威脅我們。事實上，「最後審判」在《奇蹟課程》思想體系占有舉足輕重的地位，它徹底修正了世人心目中的造物主形象，〈正文〉與〈練習手冊〉都深入討論過這個主題（T-2.VIII.2~5；W-PII.十.3~5）。充滿罪咎的人心，認定罪孽深重的兒女應受上主嚴厲的懲罰。這正是耶穌不厭其煩想要為我們一次又一次修正的信念。

(1:3~4) 誰能永遠逃避真相？但最後的審判會等到人們不再害怕它時才會來臨。

　　一旦相信上主滿懷復仇的怒火，我們自然會視祂的聖愛為畏途。然而〈正文〉進一步點出，其實我們真正害怕的，正是自己獨特的個體性一旦面臨救贖之愛便會銷聲匿跡，因為它在圓滿無缺的上主生命內毫無立足之地（T-13.III）。為此，我們光是動念要維護這個「獨特的我」，便會讓「我們觸怒了造物主」那個信念更加根深柢固。那種罪惡感勢必為我們招來「必遭天譴」的不祥之感。試想，一旦把上主當成天敵世仇，我們怎麼可能視祂為慈愛的天父？為了消除內心的惶恐不安，我們非將上述知見投射出去不可，於是，我們的對頭換成了外境。從此以後，外面的世界變得草木皆兵，小自一個細菌，大到身邊的人和物，乃至於政府或執政者，都好似隨時伺機傷害我

們，不置我們於死地絕不甘休。其實，這全是因為我們心知肚明——自己也懷有「不置上主於死地絕不甘休」的邪惡企圖。

(1:5~6) 等到有一天每個人都伸出歡迎之手，最後的審判就會在那一天降臨。他會聽見宣判他無罪的聲音迴盪在整個世界；當世界能夠接受上主對他的審判時，世界也重獲自由了。

請注意，此處所說的「迴盪在整個世界」，只是一種象徵性的說法而已，因為根本沒有所謂的世界可容無罪之聲迴盪其間。我們一旦在心裡接納了愛與平安，它便會自然迴盪於整個世界，只因**觀念離不開它的源頭**，而且上主之子只有一個心靈。為此之故，當耶穌由死亡噩夢覺醒之際，我們與他同在（M-23.6:9~10; C-6.5:5），齊聲宣判聖子無罪。只要我們願意接納上主最後的審判為唯一的人生真相，世界便得救了，因它**就是聖子的一體心靈**。

(1:7~9) 救恩靠的就是這個審判。使他重獲自由的也是這個審判。萬物與他同時在這審判中重獲自由。

萬物**全都**獲得了自由，不只某人某物而已。請記得，幻相沒有程度之分，人間一事一物全是我們的罪咎所投射出來的。**每一事每一物，都毫無例外！**因此，只要我們尚未徹底寬恕，尚未全面釋放自己的罪咎，我們的小我就會繼續投射下去。表面上，我們還可能認為有些人是好人，有些人則大謬不然，但只要心裡還存著一絲的怨忿，我們便會無意識間痛恨每一個人

和每一件事的。

(1:10~12) 永恆的腳步一臨近，時間便會暫停運作，整個世界頓時沉寂無聲，使每個人都能聽見上主對聖子的審判：

> 你是聖潔、永恆、自由而且圓滿無缺的，永遠安息於
> 上主的天心內。如今世界在哪裡？哀傷又在哪裡？

「你是聖潔、永恆、自由而且圓滿無缺的，永遠安息於上主的天心內」，這正是上主最後的審判，也是我們在神聖一刻所選擇的救贖原則。身為上主唯一聖子的我們，為了保全一個個別而獨特的自我身分，在無始之始因著恐懼而決心逃離祂的天心，為此，我們今天才會矢志抵制上主的「審判」，繼續選擇小我的判斷。我們認為自己完成了一個不可能的任務，終於擁有了獨特的存在，而且，拜「投射」之賜，一切反倒變成了上主的錯。因此，這一段懇切的話，實在是耶穌針對小我瘋狂思維所提出的修正，因為實相境界的上主根本不可能審判任何一個人。說得更徹底一點，我們心目中那位絕不放過人間罪惡的人格神，壓根兒就不存在。本篇之所以提出「上主最後審判」（Judgment）之觀念，純粹是為了修正小我版本的審判而已。小我的版本告訴我們，因著我們的褻瀆之罪，上主必會消滅我們，唯一的避風港就是這個失心的世界。其實，這個世界根本是一個「烏有之鄉」！

(2:1~4) 上主之師啊！你可能對自己作出這個審判結果嗎？你

可相信此言真實不虛？不能，你還不能。這仍是你有待努力的
目標，也是你身在此地的原因。

　　耶穌言下之意是在告訴我們：「別再假裝自己已經活在真
實世界了，也別再自欺欺人，說自己已經放下小我了；果真如
此，你根本無需學習這部課程。我知道你還沒有準備好接受上
主最後的審判，所以才給了你這部課程，將你一步一步領上寬
恕之路，化解你心中的罪咎，讓你終有一天能夠接納上主的聖
愛而回歸天鄉。」

(2:5~7) 你的任務就是培養自己得以聽見這一審判，而承認它
真實不虛。你只要徹底相信這一點，即使是短短的一瞬，你便
能超越信念而達到肯定不疑之境。只要你能超越時間片刻，時
間會就此告終。

　　我們所肩負的任務僅僅就是寬恕，唯有寬恕能幫助我們聽
見上主的審判。換言之，這幾句話是在提醒我們，好好覺察自
己「總是認為自己的利益與別人的福祉是兩回事」這個傾向，
我們才可能向耶穌發出肺腑之言：「請你幫助我，我又把這件
事看走眼了，因為我並沒有把所有的人都包括在聖子奧體之
內。」而耶穌的責任則是幫助我們看清，自己是如何把自我憎
恨投射於外，又如何為那些表相辯護，結果反倒把內在的判斷
及分別心弄得真實無比。這些幻相，追究其因，都是源自於我
們自以為與上主分裂的念頭。為此之故，我們每天的功課，就
是不斷把自己的幻相帶到耶穌的真相前，一個神聖一刻接著下

一個神聖一刻。如此一來，便足以將我們由時間領域帶向永恆之境，將自己的信念轉化為上主的肯定不疑。

(2:8) 不要判斷，因那無異於判斷自己，這會延誤最後審判的來臨。

每當我們判斷別人，而且還判斷得理直氣壯之時，我們其實是在投射自我的判斷。但我們完全意識不到這個事實，只因我們當時的注意力完全聚焦在別人的罪狀上頭，這正是所謂的「罪咎的魅力」（T-19.IV.一.(1)）。我們如此渴望在他人身上看到罪咎，以為這樣一來就無需面對自己內在的罪咎。然而，如果我們覺察不到罪咎其實是在**自己**的心裡，它便會陰魂不散，繼續滋生分裂、仇恨與批判的知見，使我們難以聽到、更難以接受上主的「聖子純潔無罪」這一慈愛審判。

(2:9~11) 上主之師啊！你還要怎樣判斷世界？難道你還未學會引退下來，靜聽心內神聖的審判之音？難道你還想要篡奪上主的角色？

我們又回到了第二個重要主題「聖靈的角色」。小我毫不掩飾對聖靈的不滿，故起而篡奪聖靈的地位；它認為自己比祂更勝任評判的任務，也更知道如何拯救世界、如何消除它的罪孽。這種心態與小我的基本策略其實如出一轍，把自知不善的陰暗罪咎投射出去，呈現為有罪的外境，然後大肆韃伐。如此一來，自己就無需正視內心的罪咎了，殊不知，反而因此錯失

了化解罪咎的機會。

(2:12) 學習靜下來吧，因為只有在寧靜中你才會聽到祂的聲音。

　　一句話就揭發了小我之所以唆使心靈叫囂不止的陰謀，也說明我們為何念念不忘自己的特殊性，不斷冒出仇恨的戰火。事實上，不論是個人的生活或國際關係，人們始終活在戰爭狀態，企圖藉著戰火的喧囂，覆蓋那一直在為聖子一體生命代言的微弱天音。小我為了一己之利以及內在的怨尤而不斷叫囂，也因此，如何止息小我的喋喋不休，成為我們共同的功課，然而我們必須先認清小我刺耳的喧囂是出於**自己**的選擇才行。現在，耶穌願意把他的耳朵借給我們，教我們聆聽，讓我們有重新選擇的機會。

(2:13) 只要你肯退至一旁，靜靜地等候天音，上主的審判就會降臨於你的。

　　每個人的心內都擁有那微弱的天音。此刻，不妨挑出你心目中視為邪惡的一個象徵人物，承認在你心中發聲的聖靈之音也在那人心中發言。你若懷疑這個事實，表示你仍不想聽到天音，如此而已。否認天音臨在於某人身上，適足以反映出你害怕聽到自己內在的天音。你一天不甘放下這個錯誤的看法，就一天聽不到那令小我膽戰心驚的慈愛審判。

(3:1) 你有時候悲哀，有時候憤怒，有時候感到自己沒有得到

應得的照顧，你盡了全力，不僅未得到別人的欣賞肯定，還受
到藐視；這些愚昧的念頭都可以放下了。

　　如果要提起我們對特殊性的癮頭，耶穌大可幾天幾夜說得
洋洋灑灑，不過，上述寥寥幾句話，也足以一針見血了。我們
渴望受到不公的待遇，才好擺出一副純潔無辜的面容。對此，
耶穌只是輕描淡寫地答覆我們：「那既不是罪，也非邪惡，只
是很笨而已。」我們就是因為這樣，才會聽不到代表上主最後
審判的天音。因此，我們既無需內疚，也無罪可贖，更無需打
造一個世界供自己藏身。毋寧說，耶穌是在告訴我們，他愛我
們都來不及，哪會懲罰我們？除了這點以外，我們對他及對上
主的其他信念，全是自己捏造出來的。

(3:2~4) 這些微不足道的想法，實在一刻都不配盤據在你聖潔
的心內。上主的審判正等著你給祂機會釋放你。你究竟還期待
世界給你什麼，不論那些禮物在你心目中重要與否？

　　耶穌其實是說：「你放下那些無聊的念頭，不是因為它們
邪惡或因為我要你放下。你放棄，只因為它們虛無得很，較
之於我要給你的美妙禮物，它們根本渺小到不值得一提。」在
此，耶穌把兩類禮物並排在前，一邊是充滿仇恨與判斷的小我
之禮，一邊是他給的寬恕之愛。他還不厭其煩，叮嚀再三，我
們所追求的私利是如此微不足道，與我們共有的心靈輝煌真相
相較之下，更是糞土不如。請銘記在心，唯有「聖子一體生
命」這一念方能帶來真正的幸福與平安。為此，耶穌要我們好

好深思：「在聖愛的呵護下，還有誰會在奇蹟與謀害之間舉棋不定？」（T-23.IV.9:8）他願我們明白，即使我們覺得自己對外在人事物所起的謀害之念是如此的天經地義，但別忘了，那股氣其實是衝著自己而來的。對此，我們必須反問自己：「我真的希望如此對待自己嗎？」

(3:5) 你必會受到一個公平而正直的審判的。

　　這種想法最令小我膽戰心驚了，因為小我心目中的公平正直之審判，在以個別利益為前提的分裂思想體系下，我們理當遭到天打雷劈才對。

(3:6~8) 上主誠實無欺。祂的許諾必然萬無一失。你只需記得這一點。

　　關於「許諾」的說法，耶穌在〈正文〉也提到兩次：「最後的結果必如上主一般屹立不搖」（T-2.III.3:10; T-4.II.5:8）；上主必會信守「我願與你合一，永不分離」的協定（T-28.VI.6:1）。上主一再承諾，我們與祂真的是同一生命。當然，這只是一種比擬的象徵說法，因為上主不可能真的作任何承諾的。試想，完美的一體生命還能對任何人承諾任何事嗎？祂所承諾的，不外乎在創造我們之際所賦予我們的唯一完美自性，而祂慈愛的審判，也不過是在提醒我們，我們仍是祂的聖子。

(3:9~11) 這個審判有祂的許諾作為保證，世界終將接受祂審判的。你的任務就是讓那末日審判早一點來臨而已。你的任務就

是把這審判珍藏於心中，並且帶給全世界，才能確保它永不失落。

　　如果我們想要把上主之愛安然保存於自己內，唯一的途徑，就是把它獻給世上**所有**的人，而不是某一部分人。耶穌在〈正文〉結尾為我們描述了一幅非常動人的遠景：

> 但你必須把慧眼之所見與身邊每一個人分享，否則你自己也無從看見。唯有給出這份禮物，你才可能享有這禮物的祝福。這是慈愛上主的天命，使你永遠失落不了這一禮物。（T-31.VIII.8:5~7）

　　「唯有給出這份禮物，你才可能享有這禮物的祝福」，這正是我們為自己保住這份禮物唯一的方式。自此，我們再也不會將任何人剔除於自己從救贖那兒領受的寬恕之外了！只要我們不從中作梗，寬恕的禮物便會自動通傳到聖子心靈的每一部分。為此，我們需要高度警覺小我的恐懼，每當心中生出「不是每個人都配得到我的寬恕或是你的寬恕」那類不神聖的分裂之念時，即刻將它交給耶穌，如此，我們便已經是把黑暗帶入光明了，而耶穌的光明會保證**整個**聖子都領受到上主的審判。

拾陸. 上主之師應該如何度日？

　　本篇與下一篇「上主之師該怎樣面對怪力亂神之念？」可說是姐妹作，兩篇都在討論怪力亂神。就本篇而言，除了開頭前五段為「上主之師如何展開一天的生活」提供一個基本架構之外，僅僅旁敲側擊簡略提到怪力亂神，到了後半部才開始對怪力亂神痛下針砭。至於怪力亂神的完整探討，必須到下一篇才會讀到全貌。

(1:1) 這問題對資深的上主之師而言，實在沒有太大的意義。

　　在論及上主之師十項人格特質時，耶穌曾為我們界定了三種程度的教師。剛剛攀上階梯底層的我們，全屬第一類。直到我們逐步攀升，接近梯頂之時，則成為資深教師，此時我們的小我思維已然殘餘無多，也逐漸能活出耶穌在第肆篇描述的十項特質。至於最高層級的教師，屬於耶穌之輩，他們已經抵達階梯頂端，表示旅程結束，進入真實世界，堪稱為眾師之師。

　　本段課文一開始，耶穌便將資深上主之師與第一類教師作

了一個對比。資深者其實已經不需要別人告訴他如何度日了，形式或架構對他們已是聊備一格，他們也不再像剛踏上旅程之初那般需要怪力亂神。在正念心境中的人，即使偶爾需要藉助一點怪力亂神，也不會與小我沆瀣一氣，或與奇蹟背道而馳，反倒可能產生激勵作用，讓自己更願意接納療癒的奇蹟。

(1:2) 人生的課程每天千變萬化，是無法預先設定的。

由於資深教師的小我已經滌除到微乎其微的程度，他只會聽到聖靈的聲音，也已能純然遵照內在的天音行事，故已幾乎沒有需要化解的功課了。為此，不論他說什麼或做什麼，只可能出自於愛。

(1:3~6) 然而，有一點，上主之師相當肯定：生活中的變化絕非偶然發生的。看出這一點，並了解此言真實不虛，他就能夠活得安心自在了。自然會有人告訴他，他在這一天以及每一天該扮演什麼角色。凡是有緣與他共同演出的人，自會找上門來，一起進行當天該學的功課。

這一段話又回到「共同福祉」的主題：我們是**一起**學習人生功課的——**我**需要學習與示範的功課，正是**你**需要學習與示範的功課。一切絕非偶然。不論發生任何事，都屬於聖靈教導我們寬恕這個大「計畫」裡的一部分。但這門功課呈現的形式，並非出於聖靈的選擇；出自於祂的，唯獨寬恕的內涵，聖靈僅僅需要藉它來修正並化解分裂與判斷的小我內涵。上主的

資深教師心中明白，自己的所言所行代表救贖發言，而且只是修正分裂妄念的一種方式而已。雖然你和我在外形上看起來是兩個不同的人，但內涵上絕非如此。我們的心靈始終為一，屬於同一生命。只要我們的所言所行是以「反映救贖」為目的，自然知道何種形式最能幫助他人學習、示範和接納寬恕。這類教師既然深知每個人都是同一回事，又豈會在意如何展開新的一天？不論外境帶來任何挑戰、指令或需求，資深教師始終只著眼於內涵層次，因為他們知道內涵代表了一切。他們這一生只有一個任務，就是親身為聖靈心目中的共同福祉作一表率，僅此而已。

(1:7) 他所需要的人絕不會缺席；凡是出現於他眼前的，必會帶來一個既定的共修目標，那就是他當天該學的課程。

　　每一次會晤都是一次神聖的會晤（T-8.III.4:1），因為一切全是同一回事。我們大部分人的目光經常不由自主地落於各種場景、關係與需求的差異，然而對於已經療癒的心靈而言，一切都是同一回事，而且毫無例外。為此之故，資深教師才能心無掛礙地輕鬆度日。他們只需隨順因緣而行；也許只是隨緣露個臉，內在的愛便會流露於他們的言行之中。因為少了小我，他們的心靈猶如清空了的容器，洋溢著愛，而且自動轉化為言語和行為，自然而然通傳出去。

(1:8~10) 因此，對資深的上主之師而言，這問題顯然是多餘的。這問題不只已經提出，而且已經答覆了，他與那終極答覆

始終保持聲息互通。他顯得胸有成竹，因為展現在眼前的路是如此平坦而安穩。

本篇一開始便說「上主之師應該如何度日」這個問題並無太大意義，此處又說「這問題顯然是多餘的」，這仍是針對資深教師而說的。如前所說，他們的小我已經化解得庶幾殆盡，也很清楚所有福祉都是相互共享的，因此任何聲音在他耳中都成了聖靈之聲。

至此，筆鋒一轉，耶穌開始談論我們這群剛剛踏上階梯底層的學生：

(2:1~4) 至於那些信心還不夠堅定的人，又當如何？他們仍未達到隨心所欲而不踰矩的地步。他們要怎樣才能學會把這一天交託給上主？我們可以提供一些基本原則，只是當事人必須衡量自己的狀況量力而為。

稍後，我們在〈教師指南〉第二十九篇的「未盡之言…」還會讀到耶穌再度的提醒：「這部課程非常注重因材施教。」（M-29.2:6）只因為每個人的條件和狀況都不盡相同，因此，當我們在運用這些一般性的原則時，仍應兼顧每一個人不同的背景以及特定需求。

(2:5) 若把它們當成例行公事，反而容易引發問題，因為它們很容易變為天條或偶像，而傷及原先設定這些原則的真正用意。

　　耶穌接著細說「例行公事化」的必要性，同時也一併指出可能衍生的弊端和陷阱。舉例來說，如果我們要跳脫自己習焉不察的小我牢獄，必然有賴於一部架構嚴謹的〈練習手冊〉，才足以扭轉大局。它從每小時憶起上主五分鐘，之後變成六分鐘，甚至十分鐘。另外，也有其他的明確指示，比如要求我們早晚各練習十五分鐘之類的型態。等到我們對每日一課的抗拒心態逐漸消退之後，它要我們重溫當日主題的次數就變得更加頻繁了。此外，當我們對心靈導師的畏懼之心慢慢減弱，它便順勢鼓勵我們多多向老師求助。〈練習手冊〉之所以要求我們如此按部就班練習，純粹是因為我們還處於初學階段。到了練習的尾聲，耶穌竟然告訴我們：「這個課程只是一個起步，而非結束。」（W-跋.1:1）原來，這一整年的培訓課程僅僅是把我們帶上正途，為我們引薦正確的老師而已。此後，我們只需沿著寬恕之梯逐階而上，每天的生活便慢慢化為一首寬恕的禱詞，或是綿延不斷的冥想，我們自然漸漸不再需要那些程序了。話說回來，在抵達那一境界之前，〈練習手冊〉這種層次分明而循序漸進的訓練，乃是不可或缺的操練過程。

　　為此，耶穌叮嚀我們勿忘這個形式架構的宗旨所在，它僅是協助我們完成目的的工具，而非最終的目的。耶穌在後文還會釐清形式與內涵的不同，以及怪力亂神與道地的奇蹟之別。此刻，我們需要留意的是，切莫和這些例行公事建立起特殊關係。比方說，一天沒有操練就感到這一天完全虛度了，或是某

日忘了練習就覺得自己實在不長進。當然，另有一類學員狀況
剛好相反：如果他在某段時日的練習完全符合書上的要求，便
開始自鳴得意，覺得自己不愧為優秀的奇蹟學員，在聖子奧體
中足以傲視群倫。事實上，這樣的念頭一起，當下就打回小我
分裂與判斷的體系了。總而言之，切莫讓例行公事或形式架構
變成另類偶像，要隨時謹記它們的內涵，心甘情願地放下小我
那套思維，決心迎請耶穌作為自己的老師與嚮導。

**(2:6~8) 我們可以這麼說：好的開始是成功的一半。但如果一
天之始就亂了腳步，他們隨時都可以重新開始。當然，若想要
節省時間的話，愈早開始獲益愈大。**

　　耶穌在〈正文〉「作決定的準則」（T-30.I）一節中也說了
類似的話。雖然他明知我們多半難以做到，依舊苦口婆心叮嚀
我們「一天之始」的重要性。

**(3:1~3) 一開始就懷著節省時間的初衷，是明智之舉。這當然
不是終極的評估標準，但在起步階段，它的效果最為顯著。開
始時，我們會再三強調節省時間的重要性，它在整個學習過程
也扮演著相當重要的角色，但是，愈到後來我們就會愈少強調
它了。**

　　耶穌在〈正文〉與〈練習手冊〉裡，三番兩次提到「節省
時間」。並非因為時間有多重要，而是由於我們始終用時間囚
禁自己，以致招來諸多無謂的痛苦，耶穌才想教導我們利用時

間來達到另一種目標。在操練《課程》的入門階段（這個階段可能耗「時」甚久），我們經常受困於時間，也因此，節省時間的觀念便大有意義了。世界上大多數人都在致力於節省時間，比如「速」食、「快」感，凡事都是愈快愈好。耶穌想要幫助我們修正的，正是這個錯誤傾向。操練《課程》確實有助於節省時間，只是目的截然不同。當我們逐步沿著寬恕之梯向上攀升之際，選擇神聖一刻的頻率會愈來愈多，也明白自己的存在其實超乎這個如夢似幻的世界之外，於是，我們與時空世界的認同度自然便漸漸降低了。當然，從絕對的角度來講，節省時間是毫無意義的。試想，節省「根本不存在」之物，又有何意義可言？

(3:4) 剛開始時，我們敢肯定地說，如果你能正確地開始一天的生活，必會幫你節省許多時間。

　　如果選擇與耶穌一起開始新的一天，那麼，這一天犯錯的機率必會大幅降低；犯的過錯減少了，自然就無需老是費心耗時地修正錯誤。順道一提，在筆錄初期，耶穌有一次提到自己得花許多功夫修正前一天的筆錄錯誤。他以半開玩笑的口吻訓誡海倫與比爾，如果他倆肯**事先**虛心請教一下，就無需浪費那麼多時間來修正了。可想而知的，耶穌只是希望海倫和比爾明白，他們實在不必招惹那麼多不必要的麻煩（《暫別永福／暫譯》P.253~258）。

　　總之，耶穌要提醒的是，少犯錯，自然就少耗費精力來修

正錯誤，這正是「節省時間」的用意所在。他好似對我們每一個人說：「每天乍醒之際，不妨憶起我來，想想我今天給你的目標，也就是看出每一件事情都是在幫助你化解小我。讓自己在這個新座標之下度過每一天吧！」

(3:5~7) 至於我們究竟該投入多少時間？這完全取決於上主之師的個人需要。他必須操練過整部〈練習手冊〉，才配稱為上主之師，因為我們的操練是以本課程為基本藍圖的。

當然，耶穌這段話完全是針對奇蹟學員而說的。如果你不是奇蹟學員，自然就沒有操練〈練習手冊〉的必要。

(3:8) 他需要按部就班地完成〈練習手冊〉的操練之後，才可把個人的需求列為基本考慮。

耶穌在〈練習手冊〉的結尾曾說，等到我們完成三百六十五課的練習之後，他就會將我們交託到聖靈手中（W-跋.4:1）。意思是說，我們此後只需隨時遵循聖靈的指引來行事即可。然而，這句話並不代表我們該放棄所有的形式架構。耶穌真正要說的是，我們需要哪類形式的操練，全憑當時的需要而定。由於每個人的需求不同，聖靈給此人的指示和給另一人的指示，往往大不相同。縱然內涵是一致的，但每個人所經歷到的指引卻可能大異其趣，只因仍活在幻相中的芸芸眾生，有待學習的功課以及各自的學習潛能本就不同之故。總之，我們的責任只有一個，就是選對老師，踏上正確的階梯。

(4:1~3) 這是一部相當具體務實的課程。上主之師一早醒來的環境未必適合靜心。在這情況下，他只需記住盡快為自己安排一段能與上主共處的時間即可，願他真能如此。

　　耶穌再度叮嚀我們，切莫拘泥於形式。換句話說，如果早上起晚了或有急事需優先處理，因而無暇冥想，這種情況，只消在那一刻想到上主就夠了，形式完全不拘。耶穌真正在意的是內涵而非形式。接下來的幾句話說得更清楚了：

(4:4~6) 時間的長短並不重要。一個人可能放鬆地閉著眼睛靜坐一個小時卻一無所得。一個人也能同樣輕鬆地騰出片刻的時間，卻在那一刻中全然結合於上主之內。

　　是的，再說一次，耶穌強調的正是**內涵**，而非**形式**！時間的「質」遠比時間的「量」來得重要。耶穌從未要求學生使用手錶或鬧鐘來鞭策自己，但對於初入門的學員來說，可能有此需要，甚至不無幫助。只不過，這些工具太容易搖身一變，轉為凶神惡煞來奴役我們，而非帶給我們自由。因此，請特別留意小我的陰謀，它老是要我們著眼於形體的表現，不讓我們接近心靈內涵的層次。

(4:7~9) 總之，大致的原則即是：醒來之後，愈早靜心愈好；當你開始坐立不安時，不妨再撐一兩分鐘。你也許會發現，那個障礙竟然變得無影無蹤。若非如此，就該在此結束你的靜心。

　　耶穌在〈練習手冊〉也作過類似的指示（W-95.7~10），他大意是這麼說的：「如果你覺得我要你練習的功課太難了，不妨暫緩一兩分鐘。如果仍感到焦慮、害怕或沮喪，就把練習擱置一邊。無論如何，對別人或對自己施壓，都是下下策，因為這又犯了把形式弄假成真的錯誤，會讓你更難回到溫柔仁慈的聖靈那裡。」其實，這全是因為我們自認為罪孽深重，才相信自己會受天父的懲罰。另外，奇蹟學員也很容易將耶穌視為嚴厲的老師，擔心萬一未能精進而道地操練〈手冊〉，耶穌就會大發雷霆。一旦覺察到這類心念生起，我們便知道自己又犯了老毛病，把特殊性那套思維投射到耶穌身上。要知道，即使我們經年操練奇蹟，而且不與任何宗教形式掛勾，並不表示我們就已經擺脫了小我，說不準這個小我在我們心中活得意氣風發，甚至比未修之前更狡詐、更心狠手辣。

　　因此，切莫忘了耶穌對每個人的慈悲之愛，我們必須隨時銘刻於心，讓他的愛來指引我們如何自處或對待他人。只要一失去溫柔仁慈的心，就表示我們已經把**形式**奉為神明，而遠離了**內涵**。

(5:1~5) **晚上靜心的步驟也大同小異。如果睡前一刻對你不太方便，你的靜心時間可以安排得早一點。躺著靜心，絕不是明智的選擇。最好坐著，挑個你最自在的姿勢。操練過一遍〈練習手冊〉後，你對此多少也累積了一些經驗。**

　　給出這麼具體明白的提醒，可說是耶穌絕無僅有的一次。他顯然不樂見我們修到昏昏欲眠的狀態，同時也不希望我們受到形式或時間的奴役。

(5:6) 可能的話，臨睡前是獻給上主的最佳時刻。

　　請注意，耶穌並非要我們抽象地想著上主，也不是與神建立什麼私密的關係；他要我們憶起的是上主的**目的**，也就是要我們親自接受救贖。耶穌希望我們不論是醒是睡，隨時記得每一天的同一目的。事實上，你無需在夜夜臨睡前對上主如何甜言蜜語，祂根本不期待聽到你有多愛祂。即使祂真的有一個聽得懂人話的「我」，祂也知道你說愛祂絕對不是真心的；因為你既然還活在肉體內，表示你對祂仍然避之猶恐不及。換句話說，你若真的愛祂，就絕不會害怕祂的「最後審判」而逃到身體內尋求庇護的。為此，把時間獻給上主，僅僅意味著將時間用在聖靈的目的。在「聖靈的課程」那一節裡，耶穌要我們「只為上主及其天國而儆醒」（T-6.V. 三），這一儆醒，其實是針對小我及它那充滿罪、咎與判斷的信念體系而說的。唯有隨時儆醒，我們才可能終有一天「不」選小我，只允許上主的平安留存心中。正如下文所說：

(5:7~8) 它會將你的心靈導入一種安息狀態，不受恐懼的侵擾。若為了權宜之計不得不提早你的靜心時間，至少在臨睡前騰出片刻，閉起眼睛，想一想上主。

　　其實，每個人都不難做到這一點。不論身體有多累，處境有多難，臨睡前至少可以想想「覺醒於祂」的人生目的。這就是「憶起上主」的深意。話說回來，如果你猛然察覺自己一整天壓根兒沒想過祂，寬恕一下就可以了。耶穌完全了然於心，清楚自己學生的能耐，也深曉我們沉溺於個別之我有多深，因此才會教我們把寬恕當成睡前的最後一念。雖說如此，耶穌真正期待的是我們時時銘記學習《課程》的目的——憶起自己淪落人間的原因。小我把我們騙到此地，希望我們永遠回不了家，幸好聖靈把我們在此地的所有經歷，全都轉化為學習祂的課程與返回天鄉的助緣。總之，小我的功課著眼於怪力亂神，聖靈則教導我們如何活出奇蹟。

　　到這裡為止的五段課文，尤其是最後兩段，耶穌要我們盡量記得上主。我也已經解釋過，他要我們謹記在心的，其實是上主的**目的**。至於如何不分日夜地具體活出這一心境，即是後半部要切入的重點。從第六段開始，耶穌把討論焦點轉向怪力亂神（magic）。在此，我先講解一下**怪力亂神**一詞在《奇蹟課程》中的特殊意涵。

　　怪力亂神可以簡單定義為**小我對不存在的問題所給的最糟的解決方案**。所謂**不存在的問題**，即是指「我們認為自己已經與上主分裂」這一信念，其中便包含了讓我們活得膽戰心驚的罪、咎、懼。在這樣萬劫不復的處境中，小我慫恿我們三十六計走為上策。它那套思維原本只是憑空捏造的神話，卻在充滿

怨忿的妄心中滋生出萬物來了。小我不但警告我們這個故事絕非虛構，不得輕忽，它還把一切都投注其上，將我們重新界定為與造物主分裂的受造物，罪孽深重，必遭天譴。不論我們如何彌補，都無法改寫這個命運，唯有它的怪力亂神能幫助我們逃離困境。

　　小我那套怪力亂神的解決方案，即是打造出一個世界與一具身體供我們藏身，然後再進一步造出種種特殊關係，讓我們糾纏其中，萬劫不復。我們不只夢想這些東西能夠保全自己分裂出來的個別身分，同時又能讓我們永遠擺脫罪過，不必再承受罪的苦果（也就是死亡的威脅）。為了實現這個企圖，我們才會把自己的罪咎投到特殊關係，成了小我**對不存在的問題所給的最糟的解決方案**。之所以說它最糟，是因為它根本解決不了任何問題。事實上，把自己的罪咎投射到他人身上，不僅無法帶給我們幸福與平安，反而會在自己心中植入一套駭人的思想體系；這套思想體系不斷提出警告，世上每個人和每件事都會前來跟我們索債。於是我們感到動輒得咎、草木皆兵，不是害怕被細菌侵入身體，就是擔心恐怖份子隨時會發動攻擊，更別提那一堆殘酷無情的冤親債主了，就連自己的家人也一樣，全都在伺機奪走我們的純潔善良與平安喜悅。

　　由於小我已經成功說服我們，這一瘋狂方案必定能解決問題，於是我們一感到焦慮緊張，便立刻投向小我懷抱，尋求怪力亂神幫助，始終不願面對引發焦慮、病態或沮喪的真正根源

（即天人分裂的信念）。在此同時，耶穌也提供了一套解決方案，但我們覺得這套辦法更加危險。我們心知肚明，一旦接受了奇蹟，那不存在的問題就會真的消失不見，這無異於要我們放棄自己的個別身分，消融於我們從未離開片刻的上主之內。為此，小我才會一再對我們洗腦，說問題絕非出在我們心靈當初所作的那個決定，一切全是外人和外境所引發的。我們於是情不自禁地奔回特殊性那套怪力亂神的思維，認定問題與解答都在心靈之外。如此一來，我更加確定我的問題是你造成的，解決之道即是把你除掉，或把你改造成我希望的模樣。再不然，就是認為問題出在自己的身體（也一樣是在心外），好好搞定身體才是正途。說穿了，所有這些解決方案全屬於怪力亂神。不論投射到肉體、心理或世界，一樣都是企圖在不是問題的地方解決問題。

(6:1~7) 你從早到晚應該特別把下面這個念頭牢記於心。它是一種純然喜悅之念、平安之念、無窮無盡的解脫之念；它之所以無窮盡，是因萬事萬物都會在這一念中重獲自由。你以為你已經替自己建造了一座安全堡壘。你以為自己擁有一種能力，足以將你由夢中可怕的魅影裡拯救出來。其實不然。那絕不是你的安全保障。你放棄的不過是那想要保全幻覺的大幻覺而已。

請留意這句「萬事萬物都會在這一念中重獲自由」，**萬事萬物**一語，再次表達了無所不包的宗旨。請記得，寬恕涵容一

切，**愛不會剔除任何一人**，在救贖中**絕無例外**可言。

我們以為自己在世界與身體裡找到了一處庇護之所（就是怪力亂神），而且深信心靈才是危險之地，因為報復之神藏身其中，伺機毀滅我們。然而，分裂之境以及它的一干嘍囉，亦即罪、咎、懼、判斷、死亡等等，其實都是幻相，根本沒有防禦或抵制的必要。既然沒有問題有待解決，那就更無需苦苦尋找什麼避風港了。

(6:8) 那才是你害怕的，你害怕自己得放棄那些幻相。

正是如此，我們擔心自己一旦放棄了「保全幻覺的大幻覺」，不僅必須放棄「身體能拯救我們」的信念，還要放棄「我們**就是**身體」的信念。耶穌在〈練習手冊〉針對「身體等於救恩」之信念，給了這番答覆：

> 你認為什麼能保障你的安全，你就會與什麼認同。不論那是什麼，你都會認定它是你的自家人。你的安全堡壘其實是在真理之內，不在謊言中。愛才是你的安全保障。恐懼並不存在。與愛認同，你才會安全無虞。與愛認同，你就已回家了。與愛認同，你便會找回你的自性。（W-PII.五.5）

反之，怪力亂神再三提醒我們，身體不只是我們的家園與避風港，而且就是我們自己。

(6:9~10) 害怕虛無是多麼愚蠢的事。那兒純然空無一物！

　　這句話一點也不誇張。我們害怕小我、身體以及世界，其實，我們真正害怕的是**對一個不存在的問題所給的最糟的解決方案**，也就是「保全幻覺的大幻覺」。話說回來，害怕子虛烏有之物，稱不上邪惡或有罪，只是很傻而已。整個世界就是建立於對子虛烏有之物的恐懼，不論是過去已然發生或未來即將爆發的戰爭，不論是與他人起的任何爭執，或是建立的每段特殊關係。甚至可以說，每個誕生到世上的人，都是從這荒謬無稽的恐懼中滋生出來的。說穿了，我們不過是藉用身體的子虛烏有來抵制心靈內子虛烏有的罪咎懼罷了。

(6:11~14) 你的種種防衛措施一無所用，其實，你的處境也沒有任何危險。你根本不需要這類防衛措施。一旦認清了這一事實，那些防衛伎倆就自行引退了。唯有如此，你才可能接受自己的真正保障。

　　這些防衛措施之所以一無所用，只因「所有防衛措施所『做』的，恰恰變成了它們所『防』的」（T-17.IV.7:1）。它們原本是要保護我們不受恐懼的侵襲，結果反倒陷我們於更深的恐懼。試想，若非心靈深處有個可怕的陰影作祟，又怎麼會需要那些防衛措施？為此之故，我們只要一啟動防衛機制，反倒強化了內心的信念：「我必須防禦某個恐怖之物。」是的，**防衛措施所做的，恰是它所防的**。這句話所影射的壞消息是，防衛措施根本無效；好消息則是我們並不需要它，因為心靈內沒

有一個魅影傷害得了我們，故也沒有什麼好防禦的。上主的記憶乃是心靈唯一的真相，其餘的都是我們自己捏造出來的。換言之，我們幻化出一個世界，為自己防禦一個不存在的天敵，這就是「保全幻覺的大幻覺」之深意。事實上，我們唯一有力的保障，來自「分裂從未發生過」這一救贖真理。分裂既然沒發生過，就不會有任何人向我們索命，更無需捏造一位想要置我們於死地的上主了。於是，幻相終歸幻相。

(7:1~4) 願意接受上主保護的教師，便能輕鬆自在地度日了。他以前為自己建造的安全措施，再也引不起他的興趣。因為他已安全了，而且內心對此肯定不疑。他的神聖嚮導絕不會辜負他的期待。

　　時間與空間，全是「分裂妄念孕育出來的罪咎懼」所投射的幻相。上主之師一旦親自領受了救贖，就已然超越時空的領域了。換言之，只要我們決心不與小我認同，時間與分裂之境便會一起銷聲匿跡，什麼也沒有發生，什麼也未曾失落。即使形體仍現身於此，但我們並不真的活在這裡，而是活在身體「不曾存在過」的神聖一刻裡（T-18.VII.3:1）。於是，特殊關係這類怪力亂神式的防衛措施，立即失去了它的意義與魅力。資深上主之師早已學會唯獨信賴那超乎世界之上的「大能」，也就是「絕不會辜負他的期待之神聖嚮導」。請回想耶穌在第肆篇深入討論過的「信賴」，資深教師只信賴夢境之外的聖靈思想體系，時時刻刻、分分秒秒指導自己如何無憂無懼地度

日，他們再也沒有興趣像唐吉訶德那般，朝著小我的風車（不存在的敵人）奮力衝刺了。

(7:5) 他再也不去評估問題的輕重難易，因為他已將所有問題交託給「那一位」了，他的解決方案是沒有難易之分的。

耶穌再次重申第一條奇蹟原則「奇蹟沒有難易之分」（T-1.I.1:1），可以說，整部課程都是圍繞著這一主題而編寫的。每個問題都是同樣的問題，因為一個幻相代表了所有的幻相。以此類推，化解一個問題等於化解了所有問題，因為每個解決方案的內涵不曾改變過，全都是把陰森幻相帶入光明真相內。這就是奇蹟的真義。

(7:6~9) 他不只現在是安全的，在幻覺侵入心靈以前以及放下一切幻覺之後，他始終安全無比。他的處境並不會因時因地而有所不同，因為對上主而言，它們全是同一回事。這是他真正的保障。除此之外，他不需要任何保障了。

連我們起伏不定的心境，也同屬虛幻，上主對此一無所知。後文甚至提到，上主根本不懂人間語言，遑論造出語言的分裂思想體系了。為此，只要活在神聖一刻，我們永遠安全無虞，因為分裂無法侵入那個當下。罪、咎、懼一旦消失，過去、現在、未來便無以立足，如此，我們更無需任何外物（也就是屬於特殊性的怪力亂神）來保護自己，也不再受子虛烏有的罪咎所苦了。

(8:1) 然而，在人生旅途中，上主之師一路上仍會遇到誘惑，從早到晚，他都需要提醒自己，什麼才是自己真正的保障。

　　耶穌的意思是說，他知道我們「從早到晚」都會不斷遇到問題。這句話一點兒也不假，人生在世，誰會沒有問題？單單是活在肉體之內，就會有永遠解決不完的問題，問題不論發生在自己或他人身上，我們都會情不自禁地投奔最擅長怪力亂神的小我，向那始終形影相隨的分裂老友（罪咎、攻擊、判斷）求助。

(8:2~4) 他該怎麼做？尤其是當他在為世間的俗務操心掛慮時。他只能量力而為，只要他有必成的信念，他遲早會成功的。但他內心必須十分清楚，成功並非來自於他，而是來自天恩，不論何時何地或任何境遇，只要他求，就會得到。

　　所幸，不論問題的形式為何，我們都能學會認出它們的同一內涵，它們都代表了「我們已捨耶穌而去」之念頭。此念一起，必會提醒我們與上主的分裂，於是所有的罪咎、焦慮與對天譴的恐懼，立即尾隨而至。這才是我們焦慮不安的真正原因。因此，唯有認清這一點，我們才可能轉向真正的安全堡壘求助。

(8:5~7) 當然，有些時候，他不免會三心兩意；心志一旦動搖，他就會掉入以前「求人不如求己」的誘惑中。不要忘了，這些念頭都屬於怪力亂神之流，與真實的援助相比，它只能算

是一種可憐的替代品。它配不上上主之師的，因為它配不上上主之子。

耶穌要我們在三心兩意、心志動搖之際，生起一念：「身為上主之師的我們，本是上主的聖子，與生命之源和造物主一體不分。」這一念，正是奇蹟為我們揭示的真相，足以化解我們所相信的怪力亂神。當然，耶穌並不指望我們「不」求助於怪力亂神，他只是警告我們這是必然的現實。只要一開始緊張焦慮，我們會馬上忘記這一切全是幻相，誠如詩人華茲華斯所言：「世界纏著我們不放！」我們確實感到世界一直在向我們施壓。在那一刻，我們會將往日所學的正見全都拋到九霄雲外，決心與小我為盟，並且立即回頭向「特殊性、恐懼以及個別利益」這些老盟友求援。

(9:1~2) 遠離這些怪力亂神，你就遠離了誘惑。所有的誘惑，說穿了，不過是一種想要取代上主旨意的企圖而已。

「想要取代上主旨意的企圖」這句話，即是小我怪力亂神之念的原型：「逃離天堂，日子會好過一點。」之所以稱它為怪力亂神之念，只因那根本是唬人的謊言，也就是我們一再說的，**對不存在的問題所給的最糟的解決方案**。我們要上主認可我們的特殊性與個體性，一旦遭祂「拒絕」，我們立刻轉頭而去，自立門戶，另行打造一個世界及特殊的形體，期待這些東西能給我們上主所拒絕給的愛。可以說，我們天天都在重施故技，企圖用瘋狂的怪力亂神來解決自己的問題。

(9:3~4) **這種企圖聽起來很可怕，其實只是一種病態的表現。它發生不了任何作用，更談不上什麼好壞，它不會犒賞你也不要求任何犧牲，它既無療癒之效也無破壞之力，既不能安撫人心也不足以激起你的恐懼。**

　　想用怪力亂神來取代上主的旨意，充其量，只能算是幹了一樁蠢事而已，因它根本一無所能，故也說不上是好是壞。它既沒有療癒之效，也沒有害我們生病的能耐。虛無只可能滋生虛無，而且自始至終就是虛無。因此，這類企圖在耶穌眼中不過是一種病態反應罷了。問題是，我們依舊義無反顧地想從那兒尋得幸福、平安和喜悅，結果可想而知，自然是白忙一場。

(9:5) **只要識破這些怪力亂神的虛無，上主之師就已達到修行的最高層次了。**

　　唯有徹底看透上主之外的一切全部是夢幻泡影，才堪稱為資深教師。夢境既然虛幻不實，夢中的種種便傷害不了人，我們自然沒有藉助怪力亂神的必要。容我再提醒一次，生病服藥，並非什麼過錯，孤獨時渴望一具溫暖的身體相伴，或缺錢時努力賺錢，也都無傷大雅，但我們要明白，這些慰藉或任何一種類型的怪力亂神，絕不可能給我們帶來上主的平安。基於這個了悟，不論你怎麼做，都無關緊要，只因一切終歸虛無。

(9:6~9) **所有中階課程都在致力於這一目標，將人導向這一認知。任何怪力亂神，不論化身為何種形式，最後都一事無成。**

正因它一無所能，才那麼容易擺脫。發生不了任何作用的東西豈會嚇得了任何人？

　　只要依然認同於身體，這段話對我們就沒有多大的意義，因為身體如此脆弱而不堪一擊，若無怪力亂神幫助，我們真的很難生存或活得幸福。唯有等我們認清這具身體根本不是真正的自己之時，耶穌這番話就成了暮鼓晨鐘，敲醒了我們：「我們的自性原來是愛，它不屬於這個世界，只可能倒映於正念之心。」回歸本篇的主旨，我們度日之道，不過是學習認出自己早就對怪力亂神上了癮，這當中，包括了世上所有我們認為可能帶來幸福與平安的一切。

(10:1~8) 世間沒有一物取代得了上主的旨意。簡而言之，上主之師應把他一天的精力為此真理作證。他一旦把任何替代品當真，他就被蒙蔽了。但只要下定決心不受蒙蔽，他就不可能受到蒙蔽。他不妨記住這句話：「上主與我同在，我不可能受到蒙蔽。」他也可以選擇其他的話，或是僅僅一個字，甚至一個字都不需要。然而，當他拒絕誘惑而不把怪力亂神當真時，心中應該非常清楚，那不是因為怪力亂神可怕，或是它多麼罪過，也不是因為它危險，而是因為它毫無意義。

　　耶穌早就把特殊關係界定為「上主聖愛的替代品」（T-24. I），因此他希望我們好好正視自己多麼輕易放棄真愛而選擇特殊關係，也就是好好看清自己又掉進個別利益、膜拜特殊性之神。但要切記，每當看清的同時，不要批判自己。換言之，

我們無需想方設法「改良」自己的特殊性，只需清楚自己的選
擇，知道自己又為了特殊性而放棄天堂。這個覺察極其重要！
唯有如此，我們才可能清楚意識到自己何等荒誕不經，看出自
己竟想用特殊性來取代世上唯一有意義的事情——學會「我們
彼此一體無別」這一門人生功課。

(10:9~10) **怪力亂神深深地紮根於犧牲及分裂之念（這兩者只
是同一錯誤的兩面而已），當他決定放棄怪力亂神時，他所放
棄的其實是自己不曾擁有之物罷了。作此「犧牲」後，天堂就
會重現於他的覺知當中。**

「犧牲」一詞特別加了引號，意思是說我們其實什麼也
未曾失落。犧牲與分裂，不過是同一錯誤的兩個面向而已。
我一旦選擇分裂，表示我已然犧牲了分裂出去的那一部分。因
此，所有的分裂，骨子裡都含有「犧牲」之念，也就是**非此即
彼**——有一方贏，另一方就得輸。只要我一重申自己的個體身
分，當下就犧牲了上主的一體生命；只要我一強調自己是無辜
的，你是有罪的，你我大不相同，我就因之犧牲了你。耶穌要
我們看清這種怪力亂神之念的真相。唯有看清它們的陰謀，才
會明白它們不可能帶來幸福，也才可能甘心放下這類念頭。

(11:1~4) **這種交易豈不是你夢寐以求的嗎？世界若知道有這麼
好的生意，誰會不樂意接受這一交易？上主之師必須奔相走
告：世上確有這種好生意可做。因此他們的任務就是先確定自
己已經學到這一本領了。**

　　我們此生的任務所在，即是決心終結犧牲之念。這不僅是為自己而學，且能身先士卒，激勵別人作出同一選擇。這等於親身向人證明：「無需攻擊他人也能活得幸福，而且這種幸福與任何外境無關。我們在世上活得幸福快樂，純粹是因為自己選擇了超乎世俗之上的愛和真理。」這樣的身教，反映出真正的福祉確實是所有人共享的，絕對沒有個別利益這一回事，而且我們彼此完全相同。我們心中的愛一旦不受他人的作為所左右，等於為救贖作了見證，也為世界學到了這一真理。

(11:5~7) 除非你仍然仰賴那些怪力亂神，你才會受苦，否則今天沒有任何危險感脅得到你。「除了上主旨意以外，沒有其他的旨意存在。」上主的教師深知這一事實，並且明白，上主旨意之外全都淪為怪力亂神之列。

　　是的，凡企圖保全自己分裂生命的一切心念言行，都不可能屬於上主的一體之境，而全屬於怪力亂神之流。

(11:8) 只要你相信某一個無聊的幻相還蠻靈驗，你就等於在為所有的怪力亂神背書了。

　　只因我們認定自己活在此地，才會覺得怪力亂神好似頗具靈驗。難怪我們煩惱一起，一感到痛苦或沮喪，便立即投奔怪力亂神。這無異於向世人宣稱：「你瞧，我身在此地，不在天堂；我明明是一具身體，而非靈性；我所有的經歷證明了怪力亂神很靈驗，特殊性很有用！」

(11:9~11) **上主的教師必須善用每天、每時，甚至每分每秒的機會，訓練自己看穿種種怪力亂神，並且認清它們毫無意義。你一旦不再害怕它們，它們就會知難而退了。天堂之門就會為你重新開啟，它的光明會再度照耀在你清淨安寧的心靈上。**

　　耶穌要我們認清自己是多麼依賴怪力亂神，如此認清就夠了，他並沒有要我們改變行為。他只希望我們看清那一切根本不是我們以為的那回事，它真的只是**對不存在的問題所給的最糟的解決方案**罷了，根本解決不了問題，因為它的基本預設就是不讓我們解決問題。反之，真正靈驗、能解決問題的，唯獨奇蹟。當我們面對怪力亂神時，只要不視之為罪大惡極而擔憂害怕，它就會自行消失的。心靈一旦重歸清靜無擾，寂然安息，上主的記憶便如曙光重現。世界終於接受了救贖的光明！

拾柒.
上主之師該怎樣面對怪力亂神之念？

　　本篇分為兩部分，再加上一個總結。前半部延續前一篇所討論的怪力亂神，進一步論述：當我們終於認清它的底細後，面對他人的怪力亂神之念，內心很「自然」生起憤怒情緒，這時，應當如何是好？後半部的探討焦點，則由憤怒的個人經驗層次，轉向它背後的形上意涵。

(1:1~2) 這對上主的教師及學生雙方都是個關鍵問題。這一問題若處置不當，上主之師不只會傷害了自己，還會侵犯到他的學生。

　　當我們看到別人使用怪力亂神來解決問題，例如只相信藥物而不去療癒自己的心靈、一再陷入類似的特殊關係猶然執迷不悟，或奇蹟學員對《課程》懷著迷信的心態，乃至於國際領袖打著和平口號發動戰爭……等等，簡而言之，如果我們為此憤怒，表示我們已然「處置不當」了。請記得，只要把任何事物看得極其嚴重，就掉入了怪力亂神的陷阱，不論涉及的對象

是公眾人物或個人的人際關係。

(1:3~5) 它〔侵犯〕會加深人的恐懼，使得這些怪力亂神對雙方都顯得真實無比。因此，如何處理人間的怪力亂神，成了上主之師必須掌握的一門重要課程。他的首要之務即是不去攻擊它。

這個原則必須普遍運用於所有可能引發憤怒情緒的事件，包括任何形式的怪力亂神，也許是欺壓百姓的暴君，也可能是兇狠無情的老闆，或者虐待子女的父母。

(1:6~8) 只要怪力亂神之念仍會激起上主之師一點憤怒的情緒，無可置疑的，他不只加深了自己對罪的信念，而且定了自己的罪。還有一點是可以肯定的，他會為自己招來更多的煩惱、痛苦、恐懼以及災禍。願他牢牢記住，這並不是他願傳授別人的，因為這不是他想要學到的東西。

說穿了，我們之所以生氣，純粹是因為我們在他人身上看到了自己心裡不想面對的問題。因此，在指責他人之前，不妨暫停片刻，問問自己：「我會為這種事情而定自己的罪嗎？」（W-134.9:3）這一反問，並非要你認同對方的作為，更非要你硬說對方是愛心的表現（不消說，那往往很沒愛心的）。事實上，你的憤怒反應代表你已經把他人的錯誤弄假成真了，因為你只想在別人身上看到陰暗面，卻絲毫不願承認自己內在一樣的陰暗。別忘了，「憤怒」與「眼之所見」毫無關係！「憤怒」

只是你對眼之所見的一種反應而已。

(2:1~3) 然而，人們常會情不自禁地與怪力亂神互通款曲，不知不覺地助長了它的氣焰。很少人能夠識破這一陰謀。事實上，它還常常隱身於助人的善意之下。

　　人們常會情不自禁地選擇怪力亂神，也就是**對不存在的問題的最糟解決方案**。這個不存在的問題即是我認定自己罪孽深重，也因此，我才會設法把罪投射到他人身上並且大肆攻擊。這種隱秘的心念通常會巧妙地躲藏在特殊之愛的背後，悄悄地運作。也就是說，我對你其實懷恨在心，卻用種種示愛的舉動來掩飾自己的恨意。不僅如此，這類怪力亂神往往給我帶來不少好處，它既能幫我在你身上看到罪的影子，還能讓我假惺惺地對你說：「無論你做了什麼，我仍然愛你，也會幫助你的。」然後又沾沾自喜地暗想：「上主，瞧瞧我多麼難得啊！這個滿懷怨恨的傢伙不斷攻擊我和別人，而我卻能寬恕他，還願意幫助他。」這正是耶穌所指「隱身於助人的善意之下」之陰謀。小我就是用這種偷天換日的手法展現一副純潔的面容，掩飾了我們內心深深埋藏的罪咎信念。

(2:4) 就是這別有企圖的用心，使得那個善行產生不了什麼作用，甚至還會導致種種令人不悅的後果。

　　這種怪力亂神式的助人之舉，顯然對人毫無益處，因為那只是企圖掩飾自己內心的恨意罷了。真正的助人，並不是藉著

我說了什麼或做了什麼，而唯有親自接受救贖，它所釋出的愛必會透過我們自己而通傳於人，讓人真正受益。因此，我最多只能提醒你，你也可以像我一樣選擇這種不排斥任何一人的愛。雖然在形式層次，我們不可能隨時隨地對全世界每一個人伸出援手，但在內涵層次，那種愛無遠弗屆，因為上主只有一個聖子。

(2:5~6) 可別忘了，它的結果對師生雙方都會產生同等的影響。我們已經強調過許多次，「你所給的一切都是給你自己的」。

這句話再度重申了第一主題曲「上主之子的一體性」。我不可能只幫到自己而對你一無助益，我也不可能幫了你而自己卻不獲益。甚至可以說，我不可能只幫到你一個人卻無助於整個聖子奧體，否則等於推翻了聖子奧體的一體性，那麼，我的幫忙就只會愈幫愈忙了。施與受是同一回事，純粹是因為施者與受者並非兩個個別生命體。**觀念離不開它的源頭**，愛的心念也離不開它的源頭，即上主唯一聖子的心靈。請留意，不是某一些聖子，而是**唯一**聖子，它包含了**所有的**上主之子。

(2:7~10) 沒有比上主之師協助別人的案例更能清楚地驗證這一觀點了。他會清楚看到他給的一切真的是給他自己的。因為他給出的必然是自己想要得到之物。而這份禮物藏有他對神聖的上主之子的判斷。

　　上主的終極判斷，即是祂只有**一個**聖子，這是針對小我基於「分裂與個別利益」的判斷所提出的修正。在小我的判斷下，只准許我們施予某一部分的人而非全部的人，或是偶爾施予一下而非時時刻刻都施予。然而，耶穌教導我們，除了全面的施予，其他形式的施予全屬怪力亂神之流，只因它會加深「罪」在我們心中的真實性，而且讓我們覺得只有某些特定對象才值得幫助。因此，想要幫助別人，很可能是我們企圖解除內在罪咎信念的一種怪力亂神手法，希望別人覺得自己多好，多麼仁慈溫柔、甜蜜體貼又周到。在助人的表相之下，我們其實想要掩飾自己是個不動聲色的兇手，為了滿足一己私心，不惜犧牲了上主。背後的玄機，我們留待本篇後半部再細說。

(3:1~2) 一個極其明顯的錯誤，如果它的後果是有目共睹的，就很容易修正過來。只要師生雙方有志一同，真誠地學習這一課，他們會同時得到解脫的。

　　第一主題曲在此表達得無比清晰。老師及學生，施者與受者共享同一心願，因為他們共具同一需求，同一目標，又是同一聖子。你的愛若不能涵括整個聖子奧體，就稱不上是愛（我指的當然是**內涵**，而非**形式**層次）。如果還得有人付出代價，救贖便尚未完成。換句話說，每一個人都得贏，否則無人能贏；不能有一個人輸，否則全盤皆輸。在耶穌的教誨裡，這一真理絕無妥協的餘地。

(3:3) 唯有當他們別有企圖，各懷鬼胎時，攻擊之念才會乘虛

而入。

分裂本身的定義就是攻擊，因為它存心推翻上主的一體性、聖子的一體性，以及造物主和受造物的一體性。

(3:4~5) 如果學習的後果並未帶給人任何喜悅，表示已經落入了上述的陷阱。如果教師本身能夠一心一意，就能將三心兩意的學生導向同一個方向，只要教師的求助別無二心。

這裡談的仍是第一主題。如果想要改變你的「三心兩意」，我就必須親身示範自己的「一心一意」。只要我不選擇小我，就表示我不選擇衝突，於是身為上主聖愛的我，等於在向你示現：你犯的錯誤並不代表你很糟糕或很邪惡，應該受到懲罰；你只是沒看清真相，忘記了上主之子從未離開過天父而已。

(3:6~7) 那麼，就很容易得到唯一的答覆了，這種答覆保証會進入上主之師心中的。它會由老師的心靈照入學生的心中，他們的心靈便合而為一了。

只要著眼於共同福祉而非個別利益，我等於在為聖子的一體生命作證。如此，可謂答覆了所有的問題。如果你的所作所為在我眼中若非愛的流露就是向愛求助（T-12.I），那麼，我的答覆也只可能是愛。身為你的慈愛弟兄，我除了提醒你「你就是那個愛，此外別無可能」之外，我沒有其他選擇。

(4:1~2) 沒有人會對一個單純的事實而發怒的，只要記住這一點，對你的幫助一定很大。任何負面的情緒都是你的詮釋勾引出來的，不論你是為了某種狀似事實的現象而氣得理直氣壯。

　　這一段話非比尋常，它可說是整部《奇蹟課程》針對「**知見等於詮釋**」這一奇蹟原則的最佳註解。不論外在現象呈現為侵略他國、欺壓異族、開除員工，或是虐待兒童，在夢境中固然都屬於客觀事實，但除非我把它詮釋為邪惡的行為（只因它嚴重影響到我，或傷害了我關心的人），我的憤怒才會顯得理直氣壯。

(4:3~11) 也不論你的怒氣多強或多弱。即使只是輕微的不悅，輕微得令人難以覺察。即使你已怒火中燒，生出了暴力的念頭，不論你只是在腦海裡遐想或具體付諸行動。這一切都無關緊要。所有的情緒反應全是同一回事。它們只是企圖蒙蔽真相而已，這與你情緒的強弱無關。真相對你若非歷歷在目，就是隱晦不明。你不可能只認出部分的真相。你若看不到真相，表示你已經落入幻相了。

　　在此，「全有或全無」的原則，表達得淋漓盡致，另在〈練習手冊〉，耶穌說得更是直截了當：

　　你會愈來愈清楚，一絲不悅只不過是掩飾震怒的一道
　　屏障罷了。（W-21.2:5）

　　不論我稍感不悅或大發雷霆，都表示我把你看成是身外的

另一人，而**你**所做的事衝擊到**我**了。在這個前提下，一絲不悅或大發雷霆其實毫無差別，只因幻相沒有層次之分，小我卻每每用相反的謊言來欺騙我們（T-23.II.2:3）。所以耶穌才不厭其煩開導我們，任何相信「人我有別」的知見都是幻相，更別提「因為你做了或說了什麼，害我不得安寧」這類的論調了。你究竟是投下一顆原子彈，或只是一不留神絆倒了我，也全都是同一回事。只要我被你激怒或稍感不快，甚至只是嚇一跳而已，我等於在重申：「我們的分裂狀態是有目共睹的，而且都是你的錯，要不是你的緣故，我原本會活得很平安。」總而言之，不論我們歸咎的理由為何，目的都不外乎此。

無妨這麼說，人間的種種言行或現象都屬於一種攻擊，因為「世界是為了攻擊上主而形成的」（W-PII.三.2:1）。世界起源於一個攻擊之念，而**觀念離不開它的源頭**。為此，每個攻擊之舉都是那原始之念的倒影，重申我們對造物主的抗議：「祢的愛滿足不了我，因此我要發動一場天堂革命，廢除祢的君權，永遠霸佔祢的王位，我要自己管理天國！」我們在個人層次與集體層次都不斷重演這種篡位戲碼，然後又不自覺地為自己「改朝換代」之舉定罪，這正是我們不得不把罪咎投射出去的真正緣由。

也就是說，不論我抓著什麼把柄來責怪你的不是，或對你大發脾氣，追根究柢，是我在你身上看到了自己罪孽深重，只因我還無法接受自己這一面目，才會將它投射到你身上。說穿

了，這個罪不過是最原初那個怪力亂神之念：「沒有上主，我會活得更痛快！**我**知道問題都是出在上主不認可我的特殊性，因此最好的辦法就是毀掉祂，自己打造另一個王國，永享特殊的待遇。凡是認可我的，就是**我的神**。」這個思維之所以屬於怪力亂神，只因我決心不正視真正的問題所在：我不僅萬分害怕失去這個別而特殊的自己，更不想回歸與生命根源一體不分的自性。

如果從另一個角度來談基督宗教的「原罪」，無非就是**自私自利**或**自我中心**。我為了鞏固自己的地位而犧牲上主，為了完成自己的心願，不惜攻擊「另一位」，寧可犧牲祂，也要滿全自己的需求。這類徹底**自我中心**的怪力亂神之舉，在我們心裡埋下深不見底的罪惡感，而且這齣戲每天都在我們的日常生活重演。為此，我們的眼光才會隨時盯著他人，企圖在他們身上偵測出這套繞著罪咎與防衛打轉，而且還借用怪力亂神打造出來的思想體系，只要發現一丁點蛛絲馬跡，便忍不住大肆攻擊。然而，當我們陰謀得逞後，小我又會反過來指責我們也在幹同樣怪力亂神的事，讓我們的罪惡感雪上加霜，直到被恐懼逼瘋，於是我們不能不變本加厲地繼續攻擊下去。這正是我們不斷在做的事——我們原是為了解除內心的攻擊之罪，才將它投射到別人身上的，但這種防衛手段反而讓我們陷入更深的恐懼中，也就是〈正文〉說的：「防衛措施所『做』的，恰恰變成了它們所『防』的。」（T-17.IV.7:1）我必須發動攻擊，證

明他人是罪魁禍首，上主才會懲罰那人而放過自己。問題是，
這一運作機制好似一面鏡子，不斷活生生地反照回來：「啊！
你終於露出廬山真面目了，**你**才是罪魁禍首，上天豈會放過你
這等罪大惡極之人！」在罪咎的追逼之下，我們不得不施展更
多怪力亂神的伎倆，就像實驗室裡不斷踩動轉輪的白老鼠，我
們也是一圈又一圈地繞著罪咎與攻擊的惡性循環，永無止盡
地輪轉下去。下一段的主旨就是幫我們由個人的經驗層次推到
形上思想體系，因那一信念體系才是一切問題的始作俑者。至
此，耶穌語鋒一轉，將我們領向本篇的後半部。

**(5:1~2) 若以瞋心來回應外界的怪力亂神，便會勾出人心最深
的恐懼。只要想一想這種反應的含意，就不難看清它在世俗思
想體系中扮演了何等關鍵的角色。**

我們已經看出，如果以瞋心來回應外界的怪力亂神，不可
能不引發內在的恐懼。試想，我若害怕被你傷害而先下手為
強，怎麼可能不擔心你報復？如此一來一往，我們便一起陷入
了攻擊與防衛的惡性循環了（W-153.3）。耶穌接著為我們點
出，這種互動模式底下所企圖隱藏的真正內涵。

**(5:3~4) 怪力亂神之念本身即是為自己與上主的分裂狀態背
書。它以最直接而清晰的方式重申自己的信念：「凡是相信怪
力亂神的心靈，都擁有一個與上主旨意相反的個別意願，並且
相信它有『心想事成』的能力。」**

小我說，怪力亂神可以幫助罪大惡極的我們逃掉原本應受的懲罰，因此，我們亟需一個充滿芸芸眾生的世界，作為罪咎的投射板。然而，唯一而且一體的上主，就其存在本質便足以證明分裂是不可能的事。當我們深信自己是一個活在世上的個體生命時，等於宣告自己已經完成了不可能的任務。「我」的存在證明我成功了：「別告訴我分裂是不可能的事，瞧！我存在了！」言下之意，我們的個體存在徹底毀滅了一體境界。這正是我們心中不可告人的罪。

(5:5~9) 這分明不是事實。但人們顯然已把它當作事實。它就這樣成了滋生罪咎的溫床。於是，篡奪上主之位而自立為王的小我，如今出現了一位致命的「敵人」。它必須赤手空拳地保護自己，為自己建立一套防衛措施，才抵擋得了上主難以撫平的義怒，以及永不饜足的天譴。

這一段讓我們看到了「罪、咎、懼」這個不神聖的三胞胎內所隱藏的深仇大恨。我們在內心深處都認定自己侵犯甚至謀害了上主，祂一定會陰魂不散地向我們索債的。在這樣的恐怖處境下，孤苦伶仃的我們不得不尋找一個庇護所，躲避那永不饜足的復仇之神。耶穌想要幫助我們了解，究竟是什麼心理在作祟，竟然會打造出《聖經》裡那種神明，還把祂塑造成一位憤怒的復仇者，伺機毀滅人類，甚至整個世界，一切只因我們當初所幹的那一檔子事。就在我們孤單無助之際，小我向我們伸出了援手。

(6:1~6) 這實力懸殊的戰爭會有什麼結局？結局已經註定，必然死路一條。那麼還有誰敢信賴自己的防衛措施？為此，你不能不轉身求助於怪力亂神。你還得把這場天人之戰徹底遺忘。先接受這個事實，然後把它忘掉。

　　小我祭出了看家本領，佛洛依德稱之為**壓抑**，《奇蹟課程》則稱為**否認**。意思是說，我先接受分裂的事實，接著把整件事徹底遺忘，埋藏到心靈深處（潛意識），然後再設法除掉它。耶穌接著解釋：

(6:7~11) 別讓自己憶起這盤永無勝算的賭局。也別讓自己憶起那強大得令你難以招架的「敵人」，更不要去想那個相形之下不堪一擊的自己。接受你的分裂狀態，但無需記得它是如何形成的。相信自己已經贏了一局，不要讓你頭號「對手」的真相在你心中留下一絲記憶。再把你的「遺忘」投射到祂身上，讓祂也好似忘了這一回事。

　　這時候，怪力亂神就派上用場了。我們向小我求助：「幫幫忙吧！瘋狂的復仇之神就要毀滅我了！」針對這種既無望又無解的處境，小我提出的救命仙丹就是：「將一切從我們的意識中抹去，快快投射到外邊，並且另外打造一個形體世界。」從此以後，我們只能以分裂個體的形式存在，承受自己的分裂狀態，卻忘了當初是怎麼分裂出來的，甚至忘了自己如何造出這種世界的。如此一來，我們便會一併遺忘那個頭號「對手」了。整個過程就像一場奇幻戲法，魔棒一揮便擺脫了上主的義

怒與懲罰，同時也一廂情願地冀望上主中蠱般地忘掉這檔子事。接下來，耶穌為我們點出這種怪力亂神手法根本一無所用的原因。

(7:1~2) 然而，你此刻對所有怪力亂神的看法會作何反應？那些念頭只會重新喚醒沉睡的罪咎，雖然你將它藏於心底，始終不願放棄。

觀念離不開它的源頭。我能夠將自己「為了一己之利而毀滅上主」這個「觀念」隱藏起來，然而這個觀念卻永遠逃離不了它的源頭。換句話說，它依舊存在於我們心裡，即使我想盡辦法把它投射到你身上、投射給大自然或外在的神明，但全都徒勞無功。當我看到你又用怪力亂神來維繫自身的生存時，你的行為點醒了我，**我**也一樣靠著怪力亂神維生。於是，那可怕的原罪連帶上主的懲罰，便一併在我的意識中還魂了。

(7:3~4) 每個罪咎都毫不留情地提醒你驚駭的心靈：「你已篡奪了上主之位，切莫以為祂會就此罷休。」

我們當初之所以造出世界及身體，就是想把自己打入「失心」狀態，說服自己上主真的忘了那檔子事。因為既然我忘了，祂也一定忘了。但是當別人使出怪力亂神的手法時，一下子就敲醒了我們最原始的怪力亂神之念：「還是別加入天國、成為上主一體生命的一份子為妙。在分裂與排斥的世界中自立為王，這才是上上策。」這類怪力亂神的思維無處不在，令人

觸目驚心，也使得可怕的罪咎之念始終陰魂不散，我們簡直無處可逃。

(7:5~7) 這是對上主的恐懼最冷酷的寫照了。因為罪咎就是靠這一念而把瘋狂推上了神的寶座。如今，希望已經破滅。

請看，不只我們被罪咎逼瘋，連上主也一樣瘋了。正如無明亂世法則第二與第三條所說的：上主變得跟我們一樣神智失常（T-23.II.4~8），我們又掉回了無始之始那一幕——「唯一聖子」感到孤立無援而且無路可退。我們自知是個兇手，故把上主也想成同路人，這個瘋狂殺手一心要置我們於死地，只因我們也是這麼對付祂的。而今，因著他人的怪力亂神之念，勾出了我類似的念頭與處境，我們再也無法跟它撇清關係了。

(7:7~11) 如今，希望已經破滅。除了置祂於死地以外，你別無出路。這是你唯一的「得救」之道。憤怒的父親開始向他罪孽深重的兒子討債了。你若不痛下殺手就得坐以待斃，這是你當前的唯一選擇。

這幾句話可說是「非此即彼」原則最透徹的描繪，也是主張個別利益的小我原則之形上源頭。簡言之，你必須為我的救恩付出代價。為此，「犧牲」在小我思想體系中才會變得如此神聖（請注意，**犧牲**sacrifice的語根就是「變為神聖」之意），同時，它也給予我們一個重新回歸上主生命的機會。無辜的我們在罪孽深重的迫害者手中受盡了苦難，上主必會歡迎

我們回歸天國的，而且祂一定會把那些人打入十八層地獄。由
此可見，凡是追求特殊價值的人，舉手投足都離不開「非此即
彼」的原始一念：「我若有所得，他人必須有所失才行！」

**(7:11~13) 你若不痛下殺手就得坐以待斃，這是你當前的唯一
選擇。此外別無出路，因為你所做的一切已經覆水難收了。斑
斑血跡是永遠清洗不掉的，手沾血腥的你，不能不以死亡來償
命。**

　　罪是如此的真實，也因此，非得「有人」為它受罰不可，
不是你，就是我。那斑斑血跡是永遠清洗不掉的，註定有人要
付出生命代價才行。耶穌在此借用了莎士比亞劇中的一景：參
與共謀弒君的馬克白夫人被自己排山倒海而來的罪惡感淹沒，
因而產生了手上血跡老是洗不掉的幻覺。如今，這成了我的噩
夢，謀殺上主的血跡怎麼也洗不掉，只好用幻術把血跡抹到你
手上，於是我的手乾淨了，該死的自然是你而不是我。然而，
我只要一看到自己投射到你身上的罪，便會想起真正不乾淨的
是**我的**手。換言之，一方面小我告訴我，把罪投射到你身上可
以保住自己的純潔無罪，而且這一怪力亂神的手法非常靈驗。
另一方面，基於**防衛措施所「做」**的，恰恰變成了它所「防」
的，我對你的攻擊與防衛只會更讓我想起自己的邪惡陰謀。因
此，小我這套伎倆註定一敗塗地，罪惡感只會把我逼得更加神
智失常。

　　請回顧一下小我「罪咎—攻擊」的惡性循環：我不斷否認

自己的罪咎，轉而攻擊你，結果只會更加深自己的罪惡感。世間所有大大小小的戰爭，不論開戰者是國家元首或平民百姓，也無論規模是無比慘烈或僅僅是相持不下，都可推溯到這一根本原因。既然身為小我的傀儡，不管在生理或心理方面，我都不能不恨，也不能不殺。我之所以不能不殺，因為我必須設法除掉手上遺留的罪的血跡。問題是，我愈投射給你，自己的罪咎就愈深，因為我投射出去的影像不斷令我想起自己隱秘的罪與深埋的恨（T-31.VIII.9:2）。所幸，如今這罪咎問題有一個「非怪力亂神式」的化解之道，就是奇蹟。最後兩段開始介紹這個會帶來圓滿結局的解決方案。

(8:1~4) 就在這令人絕望的世上，上主派來了祂的一群教師。他們從上主那兒帶來希望之光。為人類指出一條生路。這是可以學會也能傳授別人的課程，只是需要相當的耐心與充分的願心才行。

此處又是《課程》常見的擬人語法，當然，我們知道上主不會真的派遣教師到夢境來的。它的真義是說，有朝一日，身為上主之師的我們終於學會如何從自己認定的處境脫身，不再藉助怪力亂神的伎倆（也就是先把罪咎當真，接著否認它的存在，然後再投射出去）。另外，耶穌也一改先前「小小願心」的說法。他提醒我們，這一學習過程需要「充分的願心才行」，若無相當的毅力，是不可能學會這部課程的。事實上，我們對小我的認同絕非一朝一夕化解得了的，故需日以繼夜、

時時刻刻全力以赴，才可能看出自己幾乎隨時隨地都在選擇怪力亂神，也才可能看清那套伎倆確實毫無用處。終有一天，我們會看得明明白白，所有的怪力亂神真的只是**對不存在的問題所提供的最糟解決方案**，僅此而已。

(8:5~6) 在這個前提下，本課程的單純性就凸顯出來了，它會化為一道耀眼的白光劃過黑暗的長夜，那是道地的光明。憤怒既然來自你的詮釋，而無關於外在現象，你就再也無法憤怒得理直氣壯了。

這個核心觀念還會不斷重現於〈教師指南〉後面的幾篇。如今，我再也不能憤怒得理直氣壯了，因為你真的沒有對我做過什麼。或許你的身體的確對我的身體做了某些舉動，然而，我並不是一具身體，你也不是。不論你做了什麼，都侵擾不了存於我正念之心的救贖，一切全看我心靈作何選擇而定。也就是說，除非我賦予你傷害我的力量，否則你壓根兒影響不到我。這一領悟，遂成了寬恕的基石。

(8:7~9) 你只要稍微明白這一點，一線生機就會躍然呈現於你眼前。如此，你才可能踏出下一步。你終於能夠改變自己的詮釋了。

既然問題不在於對方或他們的言行作為，我就無需耗費心神去改變**他們**了。一旦明白問題出在自己的抉擇者，我們對這個錯誤便有了下手處。至此，才表示我們由衷地敞開心門，歡

迎耶穌的光明進入，容許光明照亮整個小我思想體系，將它的底細看得一清二楚。然後，和耶穌一起對這荒謬的想法哂然一笑：「我們竟會作出如此瘋狂的選擇！」寬恕便在這一刻迎來了救贖之光，照亮內心受盡罪咎折磨且充滿怨忿和判斷的陰暗角落。

(8:10~11) **從此，怪力亂神之念再也無法害你咎由自取了，因為它們已無激發罪咎的真實能力了。上主之師已能漠視它們的存在，這才是最上乘的遺忘功夫。**

小我的「遺忘」伎倆是先把那些妄念當真，然後再加以否定。一旦明白分裂未曾發生而且上主也從沒生氣，我們便能了解根本不需要怪力亂神之念，這可說是最上乘的遺忘功夫了。如此一來，那些妄念自然消失於自身的虛無中，過去的一切也消融於永恆的當下了。除了自己當初那個瘋狂選擇以外，什麼也沒有改變，正如下一段所說的：

(9:1~2) **發狂的心只是看起來很恐怖。它實際上一無所能。**

「發狂的心」即指「我自以為毀滅得了上主，還能在祂之外打造出一個自己，以及供一己藏身的世界」。然而，這**小小瘋狂一念**對實相之境畢竟產生不了任何影響。試想，一個根本不存在的念頭，哪裡需要靠怪力亂神來保護？

(9:3~5) **就像那供它使喚的怪力亂神一樣，既無打擊能力，也無保護能力。你若著眼於怪力亂神而且承認它的思想體系，你**

就等於著眼於虛無之境。虛無豈有激發憤怒的能力？

前一篇提到的「虛無」此刻又出現了。我們一旦從正念之心出發，也就是在耶穌的愛相伴下，去看妄心裡的一切，必會發現那兒真的什麼也沒有，既無罪咎，亦無天譴的恐懼。既然什麼也未曾發生，我們便無需防備或抵制任何東西，至此，怪力亂神就告終了。

(9:5~7) 虛無豈有激發憤怒的能力？這是說不通的。因此，上主之師，請記住這一點：憤怒眼中所看見的那些事實其實並不存在；反之，你的憤怒倒是具體證明你已把那現象弄假成真了。

我不只相信自己真的有罪，還把它投射出去，認定我在你身上看到的罪真實無比；因為唯有如此，我才能認為自己的憤怒是理所當然的。我之所以看到你罪孽深重，只因我也是如此看待自己。畢竟，挑你的毛病，定你的罪，比懲罰自己容易太多了。我的憤怒要向你和世界表達的，正是這一點。

(9:8) 除非你能看清自己的情緒反應只是針對你投射到外界的詮釋而發的，否則你是不可能擺脫它們的。

可以說，本篇乃是將小我思想體系的運作模式描繪得最為淋漓盡致的一篇了。我們先把分裂之罪當真，又受不了罪惡感的折磨而投射到世界上，暗中幻想一揮這根魔術棒，自己就能從中解脫。然而，只要誠實地往內去看，不難發現心靈深處

的絕望感，只因世上每個人最終都難逃一死。從小我思想體系誕生的世界，怎麼可能帶給人長久的平安與幸福？為此之故，我們真的沒有必要去改變世界。不論我們施展什麼怪力亂神之術，只會讓自己愈陷愈深，還會加深那種絕望感。由此可知，真正的希望僅僅只有一個，便是改變自己的心念。這正是奇蹟的宗旨，它要把我們的焦點由外往內移，唯有回到心靈，我們才改變得了原初那個錯誤的選擇。

(9:9) 現在就放下你那把無情的劍吧。

毋庸贅言，我們得自願交出這把無情的劍才行，只要我們還緊抓不放，耶穌是不可能將它拿走的。如果想撤除自己手中這把憤怒批判之劍，我們必須先正視自己早已相信小我闖下大禍這一回事，然後，下定決心不再賦予它任何力量奪走自己的平安。

(9:10~12) 死亡並不存在。這劍也不存在。你對上主的恐懼是毫無理由的。

恐懼乃是源自罪的信念，而罪的信念等於重申我們與上主的分裂。既然根本沒有這一回事，上主的一體生命分毫未損，依舊是「終極事實」，我們自然沒有內疚的必要，也無需把罪投射給任何人因而擔心受到懲罰。故說：**對上主的恐懼是毫無理由的。**

(9:13) 然而，他的聖愛卻給了你超越一切恐懼的絕對理由，只

有它才是永遠存在而且永遠真實的。

　　上主的理由（聖愛）就在我們的正念之心內，由聖靈為我們妥善保存著。祂的救贖原則不斷重申：「我們並沒有和生命源頭分開，因此也沒有和任何人分開；我們仍是同一生命。」於是，罪與咎投射出來的一切外境頓時失去了立足之地，因為它們的源頭本身如此虛幻不實。唯有領悟到這一點，我們才可能憶起聖愛；「愛」，才是我們存在的終極之因以及永遠真實的身分。

奇蹟資訊中心
出版系列：

《奇蹟課程》
（A Course in Miracles）──新譯本

《奇蹟課程》是二十一世紀的心靈學寶典，更是近年來各種心理工作坊或勵志學派的靈感泉源。中文版已在 1999 年由若水譯出，並由作者海倫‧舒曼博士所委託的「心靈平安基金會」出版。

新譯本乃是根據「心靈平安基金會」2007年所出版的「全集」，也是原譯者若水在「教」「學」本課程十年之後再次出發的精心譯作。全書分為三冊：第一冊：〈正文〉；第二冊：〈學員練習手冊〉；第三冊：〈教師指南〉、〈詞彙解析〉以及〈補編〉的「心理治療」與「頌禱」二文。新譯本網羅了《奇蹟課程》所有的正式文獻，使奇蹟讀者從此再無滄海遺珠之憾。（全書三冊長達 1385 頁）

《奇蹟課程》
〈學員練習手冊〉新譯本隨身卡

《奇蹟課程》第二冊〈學員練習手冊〉共三百六十五課，一日一課地，在力求具體的操練中，轉變讀者看事情的眼光，解開鬱積的心結。

若水由十餘年的奇蹟課程教學譯著經驗出發，全面重譯這部曠世經典。新譯版一本經典原文的精確度，語意更為清晰，文句更加流暢。精煉再三的新譯文，吟誦之，琅琅上口，饒富深意，猶如親聆J兄溫柔明晰的論述，每天化解一個心結，同享奇蹟。

為方便現代人在忙碌生活中操練每日一課，經三修三校的重譯版，首度以隨身卡形式發行，以頂級銅西卡精印，紙版尺寸 8.5 × 12.6 公分，另有壓克力卡片座供選購。（全套卡片共 250 張）

《奇蹟課程》雖是一部自修性的課程，只因它的理論架構博大精深，讀者常易斷章取義而錯失精髓，故奇蹟資訊中心陸續推出若水的導讀系列、米勒導讀，以及一階理論基礎及二階自我療癒DVD、其他演講錄音或錄影教材，幫助讀者逐漸深入這部自成一家之言的思想體系。

若水導讀系列

（一）《創造奇蹟的課程》（全書 272 頁）
（二）《生命的另類對話》（全書 272 頁）
（三）《從佛陀到耶穌》（全書 224 頁）

若水在這三冊中，解說《奇蹟課程》的來龍去脈與理論架構，透過問答的形式，說明崇高的寬恕理念如何落實於生活中；最後透過《奇蹟課程》的理念，闡釋佛陀和耶穌這兩位東西方信仰系統的象徵，在實相裡並無界域之別，而只有人心的「小我分裂」與「大我一體」的天壤之隔。

米勒導讀
《奇蹟半生緣》

一位慧心獨具卻不得志的記者，三十多歲便受盡「慢性疲勞症候群」的折磨，群醫束手無策，他在走投無路之下，不禁自問：「究竟是誰把我這一生搞得這麼慘？」

《奇蹟課程》讓他看到，自己竟是一切問題的始作俑者。他對這一答覆百般抗拒，直到有位心理治療師對他說：「恭喜你！你若讀得下這本書，大概就不需要心理治療了！」

《奇蹟半生緣》全書穿插作者派屈克‧米勒浮沉人生苦海的經歷，但他並不因此獨尊自身的經驗和詮釋，而以記者客觀實証的精神，遍訪散居全美各地的奇蹟講師與學員，甚至傾聽圈外人的質疑。本書可說是一部美國奇蹟團體的成長紀實。（全書 319 頁）

奇蹟課程有聲教學教材

奇蹟資訊中心歷年發行《奇蹟課程》譯者若水的演講錄音或錄影光碟，將《奇蹟課

程》的抽象理念與現實生活銜接起來，幫助讀者了解《奇蹟課程》的精髓所在，是奇蹟學員不可或缺的有聲輔讀教材，由於教材內容每年不盡相同，欲知詳情，請上網查詢。

www.acimtaiwan.info 奇蹟課程中文網站
www.qikc.org 奇蹟課程中文部簡体網

肯恩實修系列

《奇蹟原則50》

許多讀者久仰《奇蹟課程》之盛名，興沖沖地讀完短短的導言後，就怔忡在一條一條有如天書的「奇蹟原則」之前。讀了後句忘前句，「奇蹟」的概念好似漂浮在字裡行間，始終無法在腦海中落腳，以至於閱讀了一兩頁之後便後繼無力，難以終篇，竟至棄書而逃。

「奇蹟原則」前後五十條，其實是整部課程的濃縮，若無明師指點，讀者通常都不得其門而入。於今多虧奇蹟泰斗肯尼斯旁徵博引，以深入淺出而又幽默的問答形式，將寬恕與奇蹟的精神落實於生活中，為初學者乃至資深學員提供了一個實修的指標。（全書209頁）

《終結對愛的抗拒》

追尋心靈成長的人，學到某個階段往往面臨一個瓶頸：儘管修習多年，一遇到某種挑戰，就不自覺地掉回原地，因而自責不已。問題到底出在哪裡？

佛洛依德在他的臨床經驗中，驚異地發現，病人的潛意識中有「拒絕療癒」的本能，肯尼斯根據《奇蹟課程》的觀點，犀利地剖析人們「拒絕療癒或轉變」的原因，又仁慈地為讀者指出穿越小我迷霧的關鍵，由停滯不前的窘境中突圍。對於追尋心靈成長和平安的人而言，本書不但有提點指授的功效，更有當頭棒喝的力道。（全書109頁）

《親子關係》

坊間論及親子問題的書籍可謂汗牛充棟，泰半繞在親子關係複雜且微妙的糾結情懷，唯獨肯尼斯·霍布尼克不受表象所惑，借用《奇蹟課程》的透視鏡，澈照出親子之間愛恨交織的真正關鍵。

本書表面上好似在答覆「如何教養子女」、「如何對待成年子女」以及「如何照顧年邁雙親」等具體問題，它其實是為每一個人點出我們在由「身為兒女」，到「照顧兒女」，繼而「照顧雙親」的艱苦過程，以及我們轉變知見時必然經歷的脫胎換骨之痛。（全書238頁）

《性・金錢・暴食症》

在紛紜萬象的世界裡，性、金錢與食物可說是人生問題的「重頭戲」，最易牽動小我的防衛機制，故也最具爭議性。作者肯恩沿用《奇蹟課程》中「形式與內涵」的層次觀念，針對性、金錢等等所引發的光怪陸離現象（形式），揭露它們背後一貫的目的（內涵）—— 小我企圖藉無止盡的生理需求，抹滅心靈的存在，加深孤立、匱乏、分裂等受害感，最後連吃飯、賺錢與性交都可能變成一種攻擊的武器。

肯恩與學員的趣味問答，反映出我們日常是如何受制於這些生理需求的；然而，我們也能藉聖靈之助，將現實挑戰化為人生教室，將小我怨天尤人的陰謀，轉為寬恕與結合的工具。（全書196頁）

《仁慈——療癒的力量》

這是一部針對奇蹟教師及資深奇蹟學員的實修指南。全書分上下兩篇，上篇列舉奇蹟學員常有的現象，例如以奇蹟之名攻擊他人，或以善意為由掩蓋自己批判的心態；下篇探討如何用仁慈的眼光來看待自己與他人的缺陷，教我們將自身的限制或缺陷轉為此生的「特殊任務」，在人間活出寬恕的見證，成為聖靈推恩的管道。（全書251頁）

《逃避真愛》

本書是針對道理全懂卻難以突破的資深學員而寫的，它一針見血地指出，綑綁我們修行腳步的，不是世界的黑暗，也非人間的牽絆，而是自己打造出來的一道心牆。

只因我們深怕真愛會消融了自己的特殊性，故把心靈最深的渴望隱藏到心牆之後，與之「解離」，在人間展開一場虛虛實實又自相矛盾的追尋。一邊痛恨小我的束縛，一邊又忙著為小我說項；以至於內心有一部分奮力向前，另一部分則寧可原地觀望。藉著裝傻、扭曲、辯駁，把回歸真愛的單純選擇

渲染成複雜又艱深的學問。

《逃避真愛》溫柔地解除了人心無需有的恐懼，讓我們明白心牆的「不必要」，陪伴我們無咎無懼地跨越過去。（全書156頁）

《假如二二得五》

從古至今，多少人心懷救苦救難的大志，傾注一生之力貫徹自身理想，卻往往受現實所困而終不能及。我們這些凡夫俗子，亦不乏拼搏自救之心，然而在現實面前，還是屢屢敗陣，活得憋屈而無奈。問題究竟出在哪裡？

對此，本書剴切提出：整個世界其實一直按照 2＋2＝4 的「鐵律」來運作，萬物循著固定的軌跡盈虧盛衰，一切可謂「命中註定」，無怪乎歷史上的種種救世之舉皆以失敗告終。然而，《奇蹟課程》識破世界的詭計，小我既然使出 2＋2＝4 的苦肉計，它便祭出 2＋2＝5 的救贖原則，破解小我編織的羅網，溫柔地引領我們走出世界的幻境。本書即是教導我們，如何在貌似 2＋2＝4 的世界活出 2＋2＝5 的生命氣象，而且更進一步，迎向天地間唯一真實的等式 1＋1＝1。（全書171頁）

肯恩《奇蹟課程釋義》系列

《奇蹟課程序言行旅》

如果說《奇蹟課程》是一首曠世交響曲，《序言》便奠定了整首樂曲的氣質與基調，不僅鋪敘出奇蹟交響樂的關鍵理念，還將讀者提升到奇蹟形上思想的高度和意境，堪稱《正文行旅》最佳的暖身之作。

肯恩有如一流的樂評家，領著讀者，在宏觀處，領受樂章磅礡的主旋律，在微觀處，諦聽暗藏其中的千百種變奏，致其廣大，盡其精微，深入課程之堂奧，回歸心靈之家園。（全書121頁）

《正文行旅》（陸續出版中）

《奇蹟課程》在人類靈性進化史上的貢獻可謂史無前例，而《正文行旅》乃是《奇蹟課程釋義》三部曲的完結篇。肯恩由文學，詩體，音樂三重角度，依循各章節的主題，提供了「重點式」以及「全面性」的導覽，幫助學員深入奇蹟三昧，沉浸於智慧與慈悲之海。

這部行旅可說是肯恩一生教學的智慧結晶，奇蹟學員浸潤日久，必會如他所願：奇蹟，發自心靈，必將流向心靈。（第一冊335頁）

《學員練習手冊行旅》（陸續出版中）

整套《奇蹟課程釋義》的問世，可說是無心插柳。1998年起，肯恩應學生之請，為〈學員練習手冊〉做了一系列的講解，基金會將研習錄音增編彙整為逐句詮釋的〈練習手冊行旅〉。此案既定，〈正文行旅〉以及〈教師指南行旅〉應運而生，為奇蹟學員提供了最完整且精闢的修行指針，訂名為《奇蹟課程釋義》，幫助學員將〈正文〉理念架構所引伸出來的教誨，運用到現實生活中。這三部《行旅》，可說是所有踏上奇蹟旅程的學員最貼心的夥伴。

《學員練習手冊行旅》的宗旨，乃是幫助奇蹟學員了解三百六十五課的深意，以及它們在整部課程中的作用。更重要的是，幫助學員將每日一課運用於現實生活中，否則《奇蹟課程》那些震古鑠今之言可謂枉費唇舌，徒然淪為一套了無生命的學說。（第一冊346頁）（第二冊292頁）（第三冊234頁）

《教師指南行旅》（共二冊）

〈教師指南〉是《奇蹟課程》三部書的最後一部，它以「如何才是上主之師」為主軸，提綱挈領地梳理出〈正文〉的核心觀念，全書以提問的形式鋪敘而成，為其他兩部書作了最實用的補充。

肯恩在逐句解說〈教師指南〉時，環繞著兩個主題：「個別利益」對照「共同福祉」，以及「向聖靈求助」。因為若不懂得向聖靈求助，我們根本學不會「共享福祉」這門功課。當然，全書也穿插不少副題，如「形式與內涵」、「放下判斷」等等，就像貝多芬的偉大樂章那樣，不時編入數小節旋律，讓主題曲與變奏曲銜接得更加天衣無縫。肯恩說：「我希望藉由本書讓學員看出，耶穌是如何高明地把他的基本訊息串連為一個整體，一如交響樂以主旋律與變奏曲那般交叉呈現、迴旋反覆地將我們領上心靈的旅程。」（第一冊337頁）（第二冊310頁）

《寬恕十二招》

《寬恕十二招》的作者保羅‧費里尼，有鑒於人們的想法與情緒反應模式，早已定型僵化，成了一種「癮」，不是一朝一夕可以化解得掉的。因此，他將《奇蹟課程》的寬恕理念，分解為十二步驟，一步一步地引導我們超越自卑、自責以及過去的創痛，透過自我寬恕而領受天地的大愛。這是所有準備好負起自我治癒之責的人必讀的靈修教材，也是曠世靈修經典《奇蹟課程》的輔讀書籍。（全書 110 頁）

《無條件的愛》

作者保羅‧費里尼繼《寬恕十二招》之後，另以老莊的散文筆法，細細描述我們每一個人心中都擁有的「無條件的愛」。他由大我的心境出發，以第一人稱的對話方式，直接與讀者進行心與心的交流，喚醒我們心中沉睡已久的愛，開啟那已被遺忘的智慧。此書充滿了「醒人」的能量，是陪伴你走過人生挑戰的最好伙伴。（全書 215 頁）

《告別娑婆》

宇宙從哪兒來的？目的何在？我究竟是什麼？為什麼會在這裡？我要往哪裡去？我該怎麼活在這個世界裡？當你讀完本書，會有一種「千年暗室，一燈即亮」的領悟。

全書以睿智而風趣的對話談當今世局、原子彈爆炸，一直說到真愛、疾病、電視新聞、性問題與股價指數等等，讓我們對複雜詭異的人生百態，頓昤生出「原來如此」的會心一笑。它說的雖全是真理，讀起來卻像讀小說一樣精彩有趣，難怪一問世便成了西方出版界的新寵。（全書 527 頁）

《一念之轉》

作者拜倫‧凱蒂曾受十餘年的憂鬱症所苦，一天早上，她突然覺悟了痛苦是如何形成又如何結束的。由此經驗中，她發明了四句問話的「轉念作業」（The Work），引導你由作繭自縛中徹底脫身，是一本足以扭轉你人生的好書。（全書 448 頁，附贈轉念作業個案 VCD）

《斷輪迴》 阿頓與白莎回來了！

繼《告別娑婆》走紅之後，葛瑞的生活形態發生重大的轉變，也面臨了更多的挑戰。葛瑞仍是口無遮攔地談八卦、論是非、臧否名流，阿頓和白莎兩位上師在笑談棒喝中，繼續指點葛瑞如何在現實挑戰下發揮真寬恕的化解（undo）功能，徹底瓦解我執，切斷輪迴之根。（全書 279 頁）

《人生畢業禮》

本書是保羅與 Raj 在 1991 年的對話記錄。對話日期雖有先後，內涵卻處處玄機，不論由哪一篇起讀，都會將你導入人類意識覺醒的洪流。

Raj 借用保羅的處境，提醒所有在人間孤軍奮鬥的人，唯有放下自己打造的防衛措施，才可能在自己的心靈內找到那位愛的導師。也唯有從這個核心出發，我們才會與所有弟兄相通，悟出我們其實是一個生命。（全書 288 頁）

《療癒之鄉》

《療癒之鄉》中文版由美國「獅子心基金會」委託台灣「奇蹟資訊中心」出版。

作者羅賓‧葛薩姜把《奇蹟課程》深奧又慈悲的教誨化為一套具體的情緒啟蒙和心靈復健課程，協助犯罪和毒癮的獄友破除心理障礙，學習處理人與人之間的衝突，調整情緒，建立自信，切斷「憤怒→攻擊→憤怒」的惡性循環。《療癒之鄉》陪伴無數受刑人度過獄中歲月。

《療癒之鄉》也是為所有困在自己心牢裡的讀者而寫的。世間幾乎沒有一人不曾經歷童年的創傷、外境的壓迫，以及為了生存而形成種種不健康的自衛模式。獄友的心路歷程給予我們極大的啟發，鼓舞我們步上心靈療癒之路。（全書 440 頁）

《我要活下去》

這本書不只是一本鼓舞信心的療癒指南，還是一個女人把自己從鬼門關前拉回來的真實故事。

作者朱蒂‧艾倫博士（Judy Edwards Allen, Ph.D.） 原本是成功的專業顧問、大學教授、大學教科書作者，四十歲那年獲知

罹患乳癌的「噩耗」，反而成為她生命的轉捩點，以清晰、熱情的文筆，記錄了她奮力將原始的求生意念成功地轉化為「康復五部曲」的歷程。讀者會看到她如何軟硬兼施地與醫生打交道，如何背水一戰克服無助感，又如何透過寬恕，喚醒內心沉睡已久的愛與生命力。最後，她終於超越自己對生死的執著，在這一場疾病與療癒的拔河大賽中，獲得了靈性的凱旋。（**全書 280 頁**）

《時間大幻劇》

人們對於時間，存在著種種截然不同的看法，比如：時間是良藥，可以癒合一切創傷；善惡終有報，只等時候到；時間是無情的殺手，終將剝奪我們的一切……人類早已視時間的存在為天經地義，戰戰兢兢地活在過去的懊悔、現在的焦慮和對未來的恐懼中。我們好似活在一座無形的牢籠裡，苟延殘喘，等待大限的到來。

《奇蹟課程》的泰斗肯恩博士曾說：「不了解時間，不可能讀懂《奇蹟課程》的。」他引經據典，將散落全書有關時間的解說，梳理出一個完整的思想座標，猶如點睛之龍，又如劃破文字叢林的一道靈光，讓我們一窺《奇蹟課程》的究竟堂奧（究竟義）。此書可說是肯恩留給奇蹟資深學員最珍貴的禮物。（**全書413頁**）

《奇蹟課程誕生》

《奇蹟課程》的來歷究竟有何玄虛？為什麼它選擇經由海倫‧舒曼博士來到人間？它的記錄方式及成書過程，與它傳給人類的訊息有何內在關係？有幸親炙此書的我們，又該如何延續奇蹟精神的傳承？

不論你只是好奇《奇蹟課程》的精采傳奇，還是有心以「史」為鑒，窮究奇蹟的傳承精神，本書都提供了最可靠的第一手資料。作者因與茱麗、海倫與比爾等人交往密切，故受這些開山元老之託，冷靜而客觀地梳理《奇蹟課程》的記錄及成書經過，在以三位奇蹟元老的親筆自白，融鑄成一部信實可徵的《奇蹟課程》誕生史，帶領讀者重新走過五十年前那段精采神奇的心靈歷程。

（**全書195頁**）

《飛越死亡的夢境》

本書榮獲美國出版界著名的「活在當下書籍獎」（Living Now Book Awards），全書以嶄新的視角詮釋曠世靈修經典《奇蹟課程》的教誨，為讀者削切指出「起死回生」的著力點。

作者特別選取在人間每個角落不時作崇的「死亡陰影」入手，揭露小我抵制永恆生命的伎倆。作者以親身的經歷為奇蹟作證，並且提供了極其實用的反省練習，解除我們潛意識中對死亡的恐懼，為百害不侵的生命本質開啟了一扇門，真愛與喜悅得以流過人間，讓奇蹟成為日常生活裡「最自然的事」。（**全書524頁**）

國家圖書館出版品預行編目資料

奇蹟課程釋義：教師指南行旅. 第一冊（序言～17篇）
／肯尼斯・霍布尼克博士（Kenneth Wapnick, Ph.D.）
著；若水譯 -- 初版 -- 臺中市：奇蹟課程・奇蹟資訊中
心，2019.9
　　面；　　　公分
　譯自：Journey through the manual of a course in
miracles
　ISBN 978-986-95707-6-3（平裝）

　1.靈修

192.1
108014171

奇蹟課程釋義

教師指南行旅　第一冊

作　　者	肯尼斯・霍布尼克博士（Kenneth Wapnick, Ph.D.）
譯　　者	若　水
校　　譯	林妍蓁
責任編輯	李安生
校　　對	李安生　黃真真　吳曼慈
封面設計	林春成
美術編輯	陳瑜安工作室
出　　版	奇蹟課程有限公司・奇蹟資訊中心
	桃園市光興里縣府路 76-1 號
聯絡電話	（04）2536-4991
劃撥訂購帳號	19362531　戶名　劉巧玲
網　　址	www.acimtaiwan.info
電子信箱	acimtaiwan@gmail.com

印　　刷	世和印製企業（02）2223-3866
經銷代理	聯合發行公司
	電話（02）2917-8022 # 162
	（03）212-8000 # 335

定　價　新台幣 350 元
出版日期　2019 年 9 月初版

ISBN　978-986-95707-6-3
【版權所有・翻印必究】
（缺頁或破損的書，請寄回更換）